KB038809

학교의 미래,
이룰 수 없는 꿈?

돈이 목적이 아닌 행복한 삶을 위한
교육이 바꿀 미래 학교

수전 엥겔 지음 | 김두환 옮김

The End of
the Rainbow

How Educating
for Happines
(Not Money)
Would Transform
Our Schools

차례

일러두기

1 이 책은 다음을 완역한 것이다. Susan Engel. 2015. *The End of the Rainbow: How Educating for Happiness (Not Money) Would Transform Our Schools*. the New Pres.

2 되풀이해서 나오는 주요 고유명사는 필요하면 가장 먼저 나오는 곳에서 원어를 함께 표기했다.

3 본문에 등장하는 도서, 신문 등의 표기에서 단행본 제목에는 『 』, 단편소설, 보고서, 노래 제목에는 「 」, 신문이나 잡지 제목에는 ≪ ≫, 영화와 연극 제목에는 〈 〉를 사용했다.

4 맞춤법과 외래어 표기는 국립국어원 표준국어대사전과 외래어표기법을 따랐다.

들어가는 말

Prologue

행복이란 삶의 의미이자 목적이요. 인간 존재의 총체적 향방이고 도달점이다.

— 아리스토텔레스Aristotle

행복은 진실이다.

— 퍼렐Pharrell

당신이 아는 누군가 중 교육을 잘 받은 사람을 떠올려보라. 왜 그 사람이 그렇게 보이나? 매년 나는 대학생들에게 이렇게 해보도록 한다. 그리고 매년 학생들은 아주 흥미로운 사람들 목록을 든다. 할머니, 6학년 때 선생님, 코치, 그리고 아빠다. 학생들에게 그 사람을 떠올린 특별한 이유를 들어달라고 하면, 아주 매력적인 이유들을 말한다. "그녀는 그녀를 둘러싼 세상에 관심이 있어요." "그는 스스로에게 무엇이든지 가르칠 수 있어요." "그녀는 쉼 없이 책을 읽어요." "그는 정말 다양한 것들에 대해 잘 알고 있는 것 같아요."

"그녀를 속일 수는 없어요." "그는 인정 많고 현명해요." "그는 배우는 걸 좋아해요." 이렇게는 절대 말하지 않는다. "철자법에 능해요", "어휘나 수학 문제를 아주 잘 풀어내요", "글을 보고 문법적인 오류를 잘 찾아내요." 그리고 25년 동안 이 질문을 하면서 아무도 이렇게 대답하지는 않았다. "부자예요." 하지만 아이들, 부모, 교사, 교육정책가의 일상생활에서는 깨달음이나 삶의 웰빙well-being보다는 돈의 추구가 교육의 원동력으로 보인다. 우리가 이 사실을 밝혀내기 위해 탐정이나 심리학자가 될 필요는 없다. 단지 사람들이 학교에 관한 이야기를 할 때 들어주기만 하면 된다.

어느 날, 초등학교 구내식당에서 서성거리다가 점심을 먹으면서 떠드는 작은 무리의 3학년 아이들 이야기를 우연히 엿듣게 되었다. 다섯 명이 있었는데, 그들은 많은 시간을 함께 보내는 것이 분명했다. 그들은 입속을 가득 채운 채 이야기를 나누고, 여러 번 식탁에서 요란한 킥킥거림이 터져 나왔다. 그럼에도 그들은 몇 가지 중요한 주제를 다루고 있었다. 처음엔 그날 결석한 반 친구에게 무슨 일이 있는지 추측했다. 여러 가지 가능성(질병, 여행, 발 골절, 땡땡이)을 들다가 여덟 살짜리 아이들이 종종 그렇듯 갑자기 방향을 바꾸며 주말에 치른 시험에 대해 의논하기 시작했다. 그중 한 명이 "우리 엄마는 계속 내가 집중해야 하고 최선을 다해야 한다고 해. 아니면 내년에 뒤떨어질 거래"라고 말하자 또 한 아이가 고개를 끄덕이며, 토마토소스를 입 양쪽 귀퉁이에 묻힌 채로 "그러니까. 우리가 왜 그래야 하는데? 난 대학에 가고 싶지 않거든" 하자, 한 명이 갑자기 끼어들며 "너 말이야 집중해야 해. 집중해야만 해. 너 부자가 되고 싶지? 안 그래? 나는 백만장자가 될 거야" 하고 말했다.

그런데 교육의 주된 목적이 사람들이 돈을 벌 수 있도록 해주는 것이어야 할까? 교육은 돈보다 더 깊고 고결한 것을 목표로 해야 하지 않을까?

이 책은 우리 아이들이 학교로부터 진정으로 얻기를 바라는 것에 관한 것이다. 비록 그것이 분명하고 오래된 주제처럼 보이겠지만, 대체로 사람들이 실제로는 그 문제를 신중하게 생각하지 않는다. 지난 35년간 아이들뿐만 아니라 부모, 연구자, 교사들과 이야기를 나누며 보냈지만 교육의 더 큰 목적에 대해 말하는 것을 거의 듣지 못했다. 아마도 그것은 모든 사람이 이미 알고 있으며 그 대답이 명백하다고 암묵적으로 가정하고 있기 때문일 것이다. 하지만 아니다. 조금만 더 따져보면 우리 중 많은 사람이 교육의 목표에 대해 혼란스러워하고, 조금만 더 깊은 대화를 나누면 우리 사이에 커다란 차이가 있다는 것이 명백해진다. 어떤 사람은 아이들은 은행 계좌를 관리하고, 도형에 관한 문제를 풀고, 철자법과 컴퓨터 활용법을 배워야 한다며 능력skill을 강조한다. 다른 경우는 아이들이 미국의 역사, 세계 지리, 서양 고전 등 필수적인 핵심 사항을 배워야 한다고 할 것이다. 또 다른 사람들은 비판적 사고, 합리적 소비, 선한 사회적 구성원 등의 일반적인 능력에 초점을 맞출 것이다. 아마 대개는 분명한 답을 모를 것이다. 내가 아는 대부분의 부모들도 그렇다. 어떤 날은 아이들에게 원하는 것은 오로지 배우는 것을 좋아했으면 한다고 하고 다른 날은 아이가 수학에서 뒤처져 심란하다고 한다. 대개 부모들은 그저 아이들이 문제없이 하루를 마무리하기를 원한다. 아이들이 초등학교를 마치면서 의미 있는 교육의 목적은 훨씬 더 편협한, 특히 돈을 중심으로 한 협소한 생각에 밀려난다.

몇 년 전, 어느 커피숍에서 옆 테이블에 앉아 있는 두 아빠의 대화를 엿들었다. 내가 들은 바로는 그 둘의 아이가 모두 6학년임이 분명했다. 한 명이 풀 죽은 표정으로 말했다. "댄이 학교를 싫어해. 하루도 빠짐없이 발을 질질 끌면서 통학 버스에 타. 수학이 싫다고 해. 수학에 매력이 없대. 영어는 지루하다고 하고. 학교에서 보내는 하루 중 걔를 설레게 하는 건 하나도 없어."

다른 남자가 얼굴을 미심쩍게 찡그렸다. "그게 무슨 상관이 있어? 걔는 그걸 좋아할 필요가 없어. 그 친구는 그냥 그걸 해야 되는 거지. 내 말은. 아이고. 학교 수업은 생일 파티가 아니야. 걔들은 준비되어야 하니까 그냥 학교에 가는 거야."

그의 친구는 머리를 약간 갸우뚱거렸다. "준비? 무슨 준비?" "그들 자신의 무언가를 만들 준비. 밝은 뱀 구덩이와 다름없어. 난 너에 대해 모르지만 루디는 도움받기를 원해. 그리고 만약 걔가 그저 그런 대학에 내가 학비를 내줄 것이라고 생각한다면, 걘 허망한 꿈을 꾸는 거지. 이 모든 학교교육에는 이유가 있어. 단지 걔가 기분이 좋아지라고 하는 게 아니야."

교육이 일자리를 얻게 되는 최우선의 가장 중요한 통로라고 생각하는 것이 결코 부모들만은 아니다. 미국의 열정적인 교육 옹호자들 대부분은 학교교육이 개인과 사회 모두에게 보상을 돌려준다는 것을 보여줌으로써 같은 생각을 해왔다.

빌 드 블라시오Bill de Blasio는 2014년 1월에 뉴욕시 시장이 되었을 때, 시의 모든 어린이가 이용할 수 있는 초기 아동기를 위한 프로그램을 만들자고 재빨리 제안했다. 그의 이러한 관심은 초기 아동기의 훌륭한 사회적 그리고 지적인 환경이 아이의 건강한 발달을 위한 열쇠라는 그의 진보적 가치관과 이해(정치인 편에서 보면 철 지난 지 오래된)가 반영된 것이었다. 계획은 제안되자마자 강한 반대에 부딪혔다. 그런데 이 정치적 갈등 초기에 두드러진 것은 신문들이 그 이슈를 어떻게 다루었냐는 것이다. 드 블라시오의 제안과 그 반대 측의 의견을 쓴 초기 기사들은 아이들이 적절한 돌봄을 받을 때와 받지 않을 때 일상이 어떻게 달라질 수 있는지에 대한 것과 같은 실제 아이들에 대해서는 사실상 아무것도 다루지 않았다. 그 대신에 기사들은 그 제안의 경제적·정치적 파장만 논했다. 이를테면 만약 유아기 아동이 시가 제공하는 주간 돌봄day care을 받는다면 장기적으로 무엇을 얻을 수 있는지 말이다. 이 이야기만 읽어서는 아무것도 알 수 없다. 정말로 어린아이들이 잘 먹고, 잘 자고, 읽어주는 책을 잘 듣고, 안전하고 쾌적한 곳에서 잘 놀고, 친절한 어른

학교의 미래, 이룰 수 없는 꿈?

들이 필요한 것을 채워주고, 나날들을 즐겁게 보내는지 아니면 그렇지 않은 지 말이다. 아이들에게만 집중하기보다 교육을 금전적 목표를 달성하는 수 단으로 보는 단편적인 시각은 아이들을 아이들에게 필요한 금전적 유용성 측면을 중심으로 보게 되는 시기를 훨씬 앞당긴다.

1729년에 조너선 스위프트Jonathan Swift는 끔찍한 빈곤이 창궐한 아일랜드 에 한 가지 해결책을 제안하면서 길고 풍부한 표현의 다음과 같은 제목을 붙였다. 『아일랜드의 빈곤층 아이들이 부모나 국가에 부담이 되는 것을 막 고, 공공의 혜택이 되도록 만드는 온건한 제안A Modest Proposal for Preventing the Children of Poor People in Ireland from Being a Burden to Their Parents or Country, and for Making Them Beneficial to the Public』.[1] 제안에서 스위프트는 아일랜드인들이 자신 들의 아기들을 먹어버림으로써 일석이조의 효과를 거둘 수 있다고 했다. 그 는 이 방법으로 아일랜드인들이 고갈되지 않는 식량의 원천을 확보하고 먹 여 살려야 하는 인구를 줄일 수 있다고 주장한 것이다. 게다가 이렇게 해서 레스토랑 사업에도 도움이 될 것이라고 덧붙였다.

그의 풍자는 터무니없다. 누가 자기 아이를 먹을까? 누가 어른들 세상의 웰빙well-bing을 위해 아이들의 웰빙을 희생할까? 나이 어린 구성원을 증오하 는 사회나 그럴 것이다. 표면적으로 보면 이 견해는 21세기 초반 미국의 상 황과 반대인 것처럼 보인다. 우리는 어린이들에 대한 걱정으로 가득 차 있 다. 풍부한 어린이 돌봄 정보, 교육 제품, 의류 상품, 어린이를 위한 건강 식 단 계획, 그리고 귀여운 어린이를 보여주고, 최선의 부모가 되도록 조언해 주는 대중매체의 특집 등이 그렇게 보인다. 우리는 아이들에게 사로잡힌 사 회인 것처럼. 하지만 말보단 행동이 중요하다. 스위프트의 조롱처럼, 오늘 날 미국의 어른들은 아이들의 웰빙을 등한시한다. 특히 다른 사람 아이들의 웰빙을 등한시한다.

우리는 집과 학교에서 아이들이 병들게 할 음식을 먹게 내버려 둔다. 우리는 수백만 명의 아이들이 좋은 주간 돌봄에 접근할 수 없다는 사실에 눈감는다. 고용주들은 아이가 태어난 후 부모들이 빨리 직장으로 돌아오도록 압박을 가해, 부모가 새 자녀와 집에서 매우 중요한 시기를 함께 보내지 못하게 한다. 아마 가장 역설적인 것은 많은 아이들이 안전하지 않은 학교 건물, 복잡하고 불편한 교실에서 지루함, 속박감, 엄격함, 그리고 무시를 마주하며 나날을 보내도록 우리의 교육 체제가 압박하고 있다는 것이다. 그래서 스위프트의 조롱은 언뜻 볼 때의 기막힘과 달리 좀 더 적절하기도 하다.

아이들 일상의 웰빙을 무시하는 것은 직접적이지는 않지만 유력한 방식으로 드러난다. 예를 들어, 우리는 가장 자질이 부족한 대졸자들에게 교직을 권장하고, 가장 좋은 자격을 갖춘 대졸자들에게는 그러지 말라고 한다. 나는 발달 심리학 박사학위를 취득하자마자 초등학교 2학년 교사에 지원했다. 교장은 내 이력서를 보더니 "당신은 어린 애들을 가르치기엔 넘치는 자질을 가진 것 아니요?"하고 물었다. 윌리엄스 칼리지Williams College의 많은 학생이 내게, 그들의 친척들은 뛰어난 학위를 쓰레기로 만드는 것이라며 교사가 되는 것을 말린다고 한다.

종합해 보면, 어린아이들의 삶에 관한 이 모든 사실은 우리가 어린 시민들이 나날에서 겪는 기쁨과 슬픔에 관심이 거의 없다는 것을 시사한다. 어린이들에 대한 공개 담론은 보통 어린이들이 어른이 되었을 때 어떤 일이 일어날지에 관한 것이고, 후에 일어날 그 결과들은 보통 경제적 측면의 틀 안에서 논의된다. 하지만 유아기와 경제적 결과 사이의 장기적인 관련성이 어린이들이 실제로 느끼고, 생각하고, 하게 될 것들에 대한 우리의 관심을 배제시킬 필요도, 배제시켜서도 안 된다. 미래의 돈이 현재의 웰빙을 가로막아서는 안 된다.

돈의 중요성에 관한 우리의 편협한 강조는 또 다른 치명적인 문제를 낳는다. 그것은 가난한 사람들을 위한 학교와 세상의 주인들을 위한 다른 종류의 학교를 나누는 음험한 계층 차별 교육관의 연료가 되었다. 대개 이러한 견해를 퍼뜨리는 사람들은 가난한 사람들에 대해 걱정하는 척 하는 얄팍한 부자들이다. 나는 2010년 한 신문 칼럼에서 '증가 일로에 있는 교실에서 가르칠 기량skills과 지식 정보information에 대한 긴 목록을 간단하고 짧은 것으로 대체해야 한다'고 주장했다. 아이들이 놀고 생각하고 이야기할 시간이 필요하다고도 주장했다. 이 짧은 사설에 대한 반응은 대단했다. 몇몇 독자들은 내 주장을 좋아했고, 몇몇은 싫어했다. 가장 격앙된 반응 중 하나는 벤처 투자자에게서 왔는데, 그는 상당한 시간과 돈을 그가 살고 있는 도시의 차터 스쿨charter school에 지원했던 사람이다. 그는 블로그에서 나를 격하게 비난했고, 내가 그 남자를 화나게 만들었다는 것에 매우 기뻐하는 전국 교사들의 반응으로 인터넷이 뜨거워지고 나서야 나는 그가 얼마나 화가 났는지 알았다. 몇 개의 오해를 정정하려고 그에게 글을 썼을 때, 그는 답장에서 내가 생각하는 종류의 학교는 그의 세 딸들에게는 아주 좋을지 몰라도, 그가 도우려고 했던 가난한 아이들에게는 전혀 도움이 되지 않을 것이라고 했다.

지난 100년간 우리는 명확하게 그렇게 할 뜻이 없으면서 학교를 두 갈래로 나아가게 했다. 한편으로는 학교가 더욱더 절박한 위기의식을 가지고 사회적·감정적 그리고 지적 결함을 가진 아주 가난한 아이들을 사회의 최하층에서 중산층으로 끌어올리도록 요구했다. 우리는 그간 학교가 이런 무거운 책임을 더 잘할 수 있게 어설프게 학교를 고쳐왔지만, 학생들에게는 더욱더 많은 상위 수준의 지식skills을 학습하도록 요구하기도 했다. 기초적인 읽기와 산술만이 아니라 문학적 분석, 대수학, 역사, 컴퓨터 문해력, 발표력, 제2외국어, 과학적 방법론 말이다. 어떤 이는 이 목적들 중 하나는 뒤로 미루고 다른 것에 집중할 것을 주장하고, 다른 이들은 두 종류의 학교가 필요하다고 주장했는데, 하나는 끌어올릴 필요가 있는 최하층을 위한, 다른 하나는 뻗어나갈 필요가 있는 사람들이 있는 상층을 위한 학교다. 이 두 가지 다에서 우리는 잘못 이끌려왔다.

돈의 추구가 우리의 교육 실천을 이끌도록 용인하면서 우리는 모두를 잘못 교육해 왔다. 우리는 사회적 약자인 아이들이 일자리를 얻게 하는 능력 skills(읽기와 같은 인지적 능력 그리고 규칙을 따르는 것과 같은 사회적 능력)을 가르치는 것에 지나치게 몰두했다. 그러다 보니 만족스러운 삶에 이르게 할 수 있는 학식 있는 사람들과 함께하는 즐거움, 일을 의미 있게 하는 방법 또는 함께하는 사람들로부터 힘을 얻는 방법을 가르쳐주지 못했다. 중산층과 특권층의 아이들이 학교교육의 모든 단계를 부를 획득하는 것이 목적인 미래의 성공을 위한 플랫폼으로서 거치도록 등 떠밀린다면 그런 교육이 나쁜 교육인 것과 다를 바 없다. 이런 교육은 그들에게서 진정 관심 있는 것과 열린 마음으로 복잡한 주제들을 숙고하는 것, 그리고 삶에 대한 목적의식을 찾아낼 기회를 앗아간다.

하지만 대안은 있다. 만약 우리가 모든 아이의 현재와 미래에 모두 적절한 목표로 돈을 대체하면 학교 내의 가장 큰 난제를 해결할 수 있을지도 모른다. 그것은 어떤 이들은 행복으로 생각하는 웰빙이다. 심리학자들과 철학자들이 몇 세기에 걸쳐 밝혀내 왔듯이, 인간은 행복을 추구하며 산다. 그리고 대부분의 부모들은 마음속 깊이 아이를 위해 다른 무엇보다도 행복을 바란다. (순간의 쾌락에 반대되는) 진정한 행복은 우리를 다른 종들과 구별해 주면서, 인간 정신이라는 선물을 매우 소중한 것으로 만든다. 학교는 아이들이 기쁨, 만족, 목적, 사람들 사이의 연결을 느끼게 해주는 곳이자 어른으로서 행복한 삶을 이끌 수 있게 할 습관과 기술을 터득하는 곳이다.

역설적이게도, 행복은 많은 이에게 위험한 소망으로 보인다. 얼마 전 동해안의 작은 마을에서 강연을 했다. 나는 고등학교 교장과 교사가 해야 할 최우선의 일은 학교를 머물고 싶은 곳으로 만드는 것이라 주장하고 있었다. 강연 말미에 지역의 학교에 다니는 한 고3 학생이 다가와 말했다. "내 친구들 대부분은 끝나기만을 기다리며 온종일을 보내요. 그러면 하교할 수 있어요. 말이 안 되죠." 머뭇거리다 찡그린 미소를 보이며 "어쨌든, 아마 그럴 거예요. 많은 사람이 아이들이 학교생활을 그다지 즐기지 못하면 나중에 어른이 되었을 때 몹시 불행한 삶을 잘 견딜 준비를 잘하고 있는 거라고 깊게 믿고 있는 것 같아요". 그는 틀리지 않았다. 에모리Emory 대학교의 마크 바우얼린Mark Bauerlein은 고등학교 학생들의 학교생활 참여 수준에 대해 너무 걱정하는 것은 실수라고 주장했다.[2] 그는 마치 앞의 고등학생이 추측하듯이 이유를 들었다. 학생들은 어른이 되어서 겪을 삶의 엄청난 지루함을 견뎌야 할 가능성이 크기 때문에 학교를 재미난 곳으로 바꾸려고 하지 말고 그 지루함을 견디도록 준비하게 하는 편이 더 낫다고. 이는 유혹적인 사고 실험이다. 아이들과 10대들이 권태와 (내 삶과) 관계없음, 좌절을 정말 잘 견디어낼 수 있도록 열심히 준비시켜 보면 어떨까?

하지만 우리도 모르는 사이에 우리의 교육 체제는 학교에서 겪는 지루함이 어른이 되어 지루한 삶이라는 미래의 성공을 위해 받아들일 수 있는 대가라는 전제에 의해 이끌려왔다. 이 방식은 거의 작동하지 않는다. 이 나라의 많은 아이가 학교에서 지루함, 좌절감, 속박감을 피하기 위해 에너지를 쓴다. 최악의 경우 그들은 학교를 그만둔다. 기껏해야 그저 머리를 숙이고 있거나, 아무 탈 없이 보내려 한다. 때로 이런 식이 상처를 받지 않고 학교를 다니는 것을 의미하지만 흔히 새로운 생각, 경험, 혹은 관점의 근본적인 변화에 성공적으로 저항하는 것을 의미한다. 이것이 아무리 잘 작용한다 하더라도 좋은 해답은 아니다. 연구에 따르면 학생들의 미래 임금을 위해 자신의 16년을 욕구를 억누르고 견디어 낸다 해도 상황은 좋지 않다고 한다. 불만족한 어른이 된다. 우리 중 어느 누가 우리 아이가 그렇게 되는 것을 바랄까?

그들이 다른 목표를 추구한다면 학교는 훨씬 나아질 수 있다. 방향을 바꾸려면 우리가 현재의 처지에 빠지게 된 기원을 추적하는 것으로 시작해야한다. 그리고 그 뿌리는 150년 전에 일어난 사건에서 찾을 수 있다.

1

돈을 따라 가는 길

The Money Trail

1848년. 펜실베이니아주 슬랩타운Slabtown. 면직 공장에서 실패에 실을 감는 일을 하는 열세 살 소년이 매일 아침 일터로 나가는 것을 상상해 보라. 소년은 같은 공장에서 일하는 아버지와 함께 피츠버그의 잿빛 공단 지역 동네를 통과하는 어두운 길을 나선다. 소년은 작은 키에 아래턱이 넓고 폭이 큰 코를 가진 특별할 것 없는 생김새다. 그 당시 또래의 다른 아이들처럼 일주일이면 6일을 학교가 아닌 공장으로 향한다. 소년은 하루에 1달러 20센트를 벌고 그의 가족은 그럭저럭 생활해 나가고 있다. 소년은 이렇게 그 시절을 기억한다. "힘든 생활이었어요. 겨울이면 아버지와 나는 어두울 때 일어나 아침을 먹고 해가 뜨기 전에 공장에 도착했죠. 그리고 짧은 점심시간을 빼고 어두워질 때까지 일했죠. 그 시간이 내게는 과중해서 일 그 자체는 내게 아무런 기쁨이 되지 못했어요."[1]

하지만 당시의 매우 많은 다른 미국인들의 이야기처럼 이 소년의 이야기도 미국이 아닌 다른 곳에서 시작한다. 앤드류Andrew는 열두 살까지 그의 부모와 형제가 함께 살았던 스코틀랜드 던펌라인Dunfermline에서 태어났다. 그는 어린 소년 시절 대부분을 집에서 집안일을 도우면서 보냈다. 학교에 다닌 것은 2년뿐이고 직업교육을 받지는 않았다. 그는 교육의 의무 때문에 학교에 다닌 것이 아니다. 그저 형편이 허락하는 만큼 짧은 기간 동안 다닐 수 있었다. 당시의 모든 아이에게 그랬던 것처럼 앤드류에게도 학교에 다니는 것은 가족이 비용을 댈 수 있을 때 누릴 수 있는 사치였다. 그리고 앤드류가 학교에서 배운 것은 일터에서는 쓸모없는 것이었다. 앤드류는 철자법, 더하기와 빼기, 암송하기 같은 배우고 싶은 것을 배웠다.[2]

하지만 어린 앤드류의 교육이 학교 울타리 안에서만 이루어진 것은 아니다. 앤드류의 외가인 모리슨Morrison가家는 지식에 밝은 학식 있는 집안이었다. 게다가 무신론자들이었다.[3] 앤드류의 외삼촌은 반종교적이어서 주일이 되면 일부러 농장에 나가 일했는데 이러한 행동은 이웃들이나 앤드류의 친가 사람들에게는 신성모독이었다. 모리슨가 사람들은 또한 정치 활동가, 작가, 언론인들이었다. 당시나 오늘날이나 많은 아이가 그런 것처럼 앤드류의 친인척들은 학교 선생님들만큼이나 앤드류의 성장에 영향을 주었다. 비록 가난한 동네에서 살고 있었지만 다른 스코틀랜드 사람들처럼 앤드류도 책을 많이 읽었다. 아주 어린 시절에도 삼촌의 지도를 받으면서 셰익스피어의 희곡과 모든 종류의 시를 읽고 외웠다. 앤드류는 그 삼촌으로부터 영국 왕가의 역사를 배우고 얻은 역사의 교훈을 이런 식으로 묘사한다.

삼촌은 아이들을 대하는 비상한 재주로 우리에게 많을 것을 가르쳤어요. 그중에서도 내가 기억하는 것은 그가 영국의 역사를 가르친 방식입니다. 그것은 방의 벽면 특정한 위치에서 영국의 왕들 각자가 수행한 널리 알려진 행위를 상상하는 겁니다. 그래서 내게는 오늘까지 존 왕이 벽난로 앞에 앉아 대헌장 Magna Charta에 서명하고 빅토리아 여왕은 무릎 위에 아이들을 앉히고 문 뒤에

학교의 미래, 이룰 수 없는 꿈?

있어요.[4]

이제 어른이 된 이 소년은 그의 어린 시절 일을 되돌아보면서 그가 받은 어린 시절 교육을 다음과 같이 요약한다.

난 읽고 쓰고 셈을 할 수 있었고 이미 대수학과 라틴어 공부를 시작했죠. 미국으로 향하는 배 안에서 삼촌 로더Lauder에게 보냈는데 반송된 편지를 보면 당시의 내가 지금보다 더 능숙한 글쓰기를 했어요. 나는 영문법과 씨름을 벌였는데 대개 아이들이 아는 만큼, 즉 아이들 수준에 맞게 가르치도록 되어 있던 수준만큼 영문법에 대해 조금 알고 있었던 거죠. 월리스Wallace, 브루스Bruce, 번스Burns에 대한 것을 제외하고 난 거의 읽은 게 없었어요. 하지만 익숙한 여러 편의 시를 마음속 깊이 새기고 있었죠. 거기에 어린 시절의 요정 이야기들과 특히 아라비안나이트 이야기를 더해야 해요. 이 이야기들은 나를 새로운 세계로 인도했거든요. 이 이야기들을 탐독할 때 나는 꿈나라에 있었죠.[5]

앤드류가 이렇게 책 속의 이야기들을 읽을 땐 꿈나라로 갈 수 있었지만 현실은 아니었다. 앤드류는 열두 살 때 가족이 미국으로 이민을 떠나 펜실베이니아주 앨러게이니Alleghany 지역에 스코틀랜드 사람들이 모여 사는 마을에 정착했다. 이때가 아버지 월급이 가족의 생계에 충분하지 못해 앤드류가 면직 공장에 일하러 가던 시절이다. 하지만 그 기간은 길지 않았다. 이내 그는 실패에 실을 감는 일a bobbin boy을 그만두고 면직 공장에 동력을 공급하는 증기기관을 운전하는 일을 얻어 옮긴다. 앤드류는 이 일도 싫기는 마찬가지였다. 하지만 그는 후일까지 당시 그 일이 가족의 생계에 얼마나 큰 도움이 되었는지 기억하고 있다. 몇 년 만에 증기기관 운전을 그만둔 앤드류는 전신 회사 배달부messenger가 되었다. 그는 이 새로운 일에 대해 다음과 같이 말한다.

그 일이 1850년에 어떻게 제가 인생의 진정한 첫 출발을 했는지 말해 줍니다. 석탄 먼지를 뒤집어쓰고 일주일에 2달러를 받고 증기기관을 가동하던 어두운 지하실에서 생활이 가했던 영향의 흔적도 없이 나는 낙원으로 끌어올려 졌어 요. 신문, 펜, 연필, 그리고 내 주위의 햇살과 함께 저는 그렇게 느꼈어요. 그래 요, 천국이었죠. 무언가를 배울 수 없다거나, 배워야 할 것들이 얼마나 많고 아 는 것은 얼마나 조금인지 알아차릴 수 없는 시간은 거의 없었습니다. 제 발은 사다리 위에 있었고 올라가야 한다고 생각했어요.[6]

2년밖에 다니지 못한 학교, 여러 해 동안 겪은 어려움, 이민, 그리고 지루 한 노동. 이 모든 것은 그를 어디로 이끌까? 앤드류의 경우 아주 먼 곳이었 다. 그가 읽은 시의 페이지에 숨어들어서, 삼촌이 들려준 이야기, 면직 공장 의 고된 노동 그리고 전신 회사 사무실의 흥분은 이 소년을 돈, 박식함, 성취 와 사회 공헌 같은 엄청나게 좋은 것들로 가득한 삶으로 이끌기에 충분했다. 앤드류 카네기Andrew Carnegie는 미국에서 가장 부유한 사람이 되었고, 더 중 요한 것은 죽기 오래전에 자기 재산의 90%를 도서관, 대학교, 사회사업 등 에 기부했다.

전기 작가 데이비드 나소David Nasaw에 따르면 카네기는 인생행로 어디에 선가 돈을 버는 것뿐만 아니라 교양도 갖추겠다는 결심을 했다고 한다. "그 가 스스로를 교양을 갖춘 사람으로 확고하게 만든 것은 그가 돈을 버는 능력 만큼이나 그의 글과 지성으로도 유명해지고 존경받는다는 뜻이다."[7] 그리고 그의 친가는 외가보다는 전통에 매달리고 교양이 부족했지만 카네기는 자신 이 가진 마음의 습속이 친가와 외가 모두로부터 온 것으로 생각했다. 그는 후일 그 자신의 엄청난 성공을 양친의 가계 모두의 덕으로 돌렸다. "그래서 나의 낙서하는 성향은 양친의 가계 모두가 물려준 것으로 보인다. 왜냐하면 카네기가家 사람들도 독서와 사색을 즐겼기 때문이다."[8]

카네기 이야기가 알려주는 익히 알려진 도덕적 교훈은 학교가 커다란 성취에 반드시 필요한 것이 아니라는 점이다. 누구라도 타고난 재능과 독창성을 가진 사람은 충분히 열심히 노력하면 커다란 성취를 이룰 수 있다는 것이다. 그리고 삶의 통상적인 단계를 건너뛰고도 대다수 우리들은 알지 못하는 높은 성취를 이룬 흔하지 않은 사람이 매 순간마다 출현하는 것도 사실이다. 1848년에도, 오늘날도 그러하다. 그러나 이야기를 그렇게 하면 대부분의 우리는 배울 게 별로 없다.

그렇다. 카네기는 엄청난 돈을 벌었다. 그러나 역사에는 우리가 전혀 기억하지 못하는 부자들이 많다. 그 가운데서 카네기를 돋보이게 하는 것은 그가 번 돈으로 그가 한 일들이었다. 그리고 그것이 우리가 교육에 관한 교훈을 얻을 수 있는 이야기다. 그의 인생에 스며들어 있고, 그가 세상에 남기고 간 것을 형성한 열정적이고 내면 깊숙이 자리한 책과 음악, 과학적 발견의 가치에 대한 믿음이다. 많은 사람에게 깨달음의 보물을 주려 했던 그의 결단은 그의 돈이 했던 일보다 더욱더 흥미롭게 카네기라는 사람이 누구인지 말해 준다. 카네기가 보였던 배움에 대한 열정은 학교에서 보냈던 2년이란 짧은 시간으로 추적해 낼 수 없을 것이다. 아마도 삼촌을 비롯한 외가의 많은 사람이 그가 책 읽기를 좋아하도록 만들고 지식에 목말라하고 사색의 힘에 대한 깊은 존경심을 가지게 했을 것이다. 그러나 카네기가 우리에게 주는 진짜 교훈은 그가 경험한 교육 경로가 아니라 우리로 하여금 어떤 교육을 해야 하는지 다시 생각해 볼 기회를 준다는 점이다.

카네기의 이야기는 학교에 관한 책으로 훌륭한 이야기다. 왜냐하면 그가 두 나라, 가난과 부유, 소년 시절과 성인 시절 사이를 가로지른 문턱을 건너 이 나라에 도착했을 때 미국의 교육 또한 다소 위험한 뿌리인 농촌과 산업화된 미래 사이의 결정적 국면에 서 있었기 때문이다. 카네기가 미국에 도착했을 때, 공교육은 여전히 상당한 정도의 특권이었다. 부자들에게는 누릴 수 있는 권리였고 빈자들에게 조금씩만 주어지는 것이었다. 그 시대에 학교를 다니는 것은 일자리를 위한 준비가 아니었다. 정규 학생으로든 때로는 심지어 시간제로라도 학교를 갈 수 있다는 건 일자리에서 요구하는 것이 아닌 문학에 대한 지식, 자기주장을 펼 수 있는 능력, 지난 역사의 의미에 대한 이해 같은 고상한 것을 학습하는 것이고 살고 있는 동네의 한계를 벗어나는 삶의 창구를 제공하는 것이었다. 하지만 카네기의 손주들이 학교를 다닐 즈음인 50년 후에 그 모든 것이 달라졌다.

19세기 중반, 미국에서 학교는 오늘날과 같은 교육 경로의 틀이 잡히는 두 지각변동을 겪는다. 공업이 농경과 장인 직업을 대체하자 학교는 팽창하고 그 목적을 재정의한다. 1800년대 중반까지 정규 학생으로 공립학교를 다닌 미국 아이들은 전체의 절반에도 미치지 못했다. 농촌 아이들은 씨를 뿌리거나 수확에 그들의 노동력이 필요하지 않았던 겨울에만 학교를 다녔다. 여자아이들은 대개 모두 학교를 다니지 않았다. 흑인과 인디언 아이들은 교육 체제에서 완전히 배제되었고 새 이민자들도 학교에 다니지 못하는 일이 다반사였다. 학교는 분명히 모두를 위한 곳이 아니었다. 그리고 일하는 많은 사람에게 그런 상황은 완전히 말이 안 되는 것이었다.

농부와 수공인手工人, tradesman의 아이들이 학교를 다니게 되었을 때 배운 것은 삶의 지평을 조금 확장해 주는 것이었다. 앤드류 카네기처럼 스코틀랜드에서 대개의 아이는 학교를 몇 년간 또는 한 해의 일부만 다니며 교실 밖 삶을 풍요롭게 해줄 지식과 지적 도구를 조금 얻으려고 애쓸 수 있었다. 학교는 일과 직업을 위한 준비를 해줄 필요는 없었다. 아이 아버지나 이웃의 수공인이 그 준비를 할 수 있었다.

그러나 19세기 중반 동안 노동자들은 농토와 작업장을 떠나 공장으로 향했다. 이러한 변화는 집에 남아 있거나 이웃 동네 상점에 남은 사람들이 점점 더 감소한다는 뜻이다. 일자리가 집에서 더욱더 멀어지자, 농장 그리고 소규모 작업장, 마을에서 갑자기 성인들이 사라졌다. 아이들에게 직업훈련을 해주던 숙련 기술을 보유한 어른의 수가 상당히 줄어든 것이다. 이런 변화로 벌어진 일 중 하나는 가난한 집의 많은 아이가 공장으로 일하러 간 것이다. 왜냐하면 집에 아이들을 돌볼 어른이 없기도 하고 아이들이 벌어오는 잔돈도 아쉬웠기 때문이다.

최소한 몇몇 사람들은 가족 농장에서 일하는 것과 공장에서 일하는 것이 같지 않다는 것을 알아차렸다. 존 스파고John Spargo는 1906년에 출간한 『아이들의 쓰디쓴 울음The Bitter Cry of the Children』에서 아이들이 부모와 함께 일하지 못하고 공장에서 낯선 사람들과 함께 일하면서 벌어진 일들에 대해 통탄해 마지않았다.

아이들은 늘 일을 해왔지만 아이들의 일이 마치 노예의 일처럼 된 것은 기계의 지배 이후다. 지난날 단순한 가내수공업 형태에서는 아주 어린아이들조차도 가족 안에서 자기 몫의 일이 주어졌다. 하지만 이런 형태의 어린이 노동은 좋은 일이고 건강에 도움이 되는 것이었다. … 그들(부모와 자녀) 사이에는 관심이라는 연대가 있었다. 아버지가 지닌 부모로서 자부심과 관심은 다른 어떤 상업적 관계가 할 수 있는 것보다 무한히 더 크고 더 강력한 선한 것이었다. … 그러나 기계의 도래와 함께 이 모든 것은 바뀌었다. 지칠 줄 모르고 영혼 없는 기계가 장인craftsman을 대체했다. 아이도 여전히 일한다. 그렇지만 날쌔고 복잡한 기계의 진동에 맞추어 거대한 공장에서. 부모의 관심과 애정의 자리에는 아이들의 복지나 기술자artificer로서의 숙련이 아니라 돈을 벌기 위해 엄청나게 끊임없이 확대되는 시장에 물건을 공급하는 것에만 신경 쓰는 거칠고 무자비한 권위를 가진 고용주나 직업소개소가 있었다.[9]

아이들이 공장의 경험을 경유해 어른이 된다는 생각에 소름 끼쳐 한 것은 스파고만이 아니다. 하지만 걱정의 대부분은 공장 노동이 종국에 아이들을 어떻게 형성할 것인지가 아니라 아이들의 어린 시절이 얼마나 끔찍한 것인지에 대한 것이었다. 이때는 철학자, 생물학자, 심리학자들이 아이들에게 필요한 것이 어른들과 어떻게 다른지에 대한 탐구를 시작할 무렵이었다. 보통 사람들이 아이들은 다르게 대해 주어야 할 필요와 그럴 만한 이유가 있다는 것을 점차 깨닫기 시작하자 스파고가 묘사한 끔찍한 상황으로부터 아주 어린 시민들을 보호하기 위한 노동법이 도입된다. 아이들의 생활을 개선하려던 이 노동법은 역설적이게도 점증하는 사회문제와 복잡하게 얽힌다. 집에서 이웃이나 친족과 함께 일할 수 없고 공장에서 노동하는 것이 그들에게 해롭다면 아이들은 어디로 가야 할까? 학교가 폭넓게 확산된 아동 돌봄의 어려운 문제에 대한 해결책으로 등장한다.

도시인구가 폭발하면서 도시 학교는 새로운 학생들로 미어터졌다. 1905년 ≪뉴욕타임스*New York Times*≫는 증가 일로에 있는 학생 인구를 "60만 대군"으로 묘사한 기사를 싣기도 했다. 우선 학교는 집이나 작업장 또는 이웃에서 아이들이 배운 것의 질적 수준을 끌어올리는 식으로 소규모 아이들을 교육하는 곳이었다. 이제 또 다른 학교는 지역공동체에서 직업교육을 받지 않은 수많은 어린 여자·남자 아동들을 가르치는 곳이다. 그렇게 해서 미국 교육에 관한 역사 이야기에서 우리는 또 다른 전환점에 이른다.

변화는 학교에 다니는 아이들이 빠른 속도로 늘어나기 시작했다는 것만은 아니다. 도시 학교들은 그 안에 동유럽 출신의 유대인과 중국인, 멕시코 사람들을 더욱 많이 받아들였다. 뒤따를 수백만의 흑인 이주 노동자의 선발대 집단도 도시를 메우고 아이들을 학교에 보내기 시작했다. 점점 더 다양한 생김새의 아이들이 미국 학교의 교실을 채우면서 교육의 목적에 대한 생각에 변화가 시작된다. 정책 입안자들과 교장들은 모든 아이가 같은 것을 배워야만 하는 것은 아니라는 생각의 전환에 이른다. 지난날 부유한 소수의 사람들이 학습한 것을 모든 아이가 배울 수도, 그래서도 안 된다는 만장일치에 가까운 합의가 있었다. 후일 하버드 대학교 총장이 된 찰스 엘리엇Charles Eliot이나 헨리 제임스Henry James와 윌리엄 제임스William James에게나 어울리는 학교는 무수한 이민자와 노동자 계급 출신의 아이들과 당시에 뉴욕, 피츠버그, 시카고의 만원 교실에 넘쳐나는 유색인종 학생들에게 적합해 보이지 않았다.

학교는 권력을 가진 사람들이 유용하다고 생각한 것에 따라 개개 인구 집단에 특화된 교과과정과 프로그램을 고안하기 시작했다. 오클라호마주의 터스키기Tuskegee에 있는 아메리카 인디언 학교의 아이들이 생생한 한 예다. 이 아이들은 백인 아이들로부터 분리되어 "문명화된다". 그런데 그 문명화는 백인 아이처럼 옷을 입고, 백인 어른들이 올바르다고 생각하는 대로 행동하고, 백인 지역공동체에 유용하다고 생각되는 제화, 요리 또는 금속가공 같은 직업 기술trades을 배우는 것이다. 터스키기 일반 산업연구소Tuskegee Normal and Industrial Institute의 사진 속에 아메리카 인디언 학생들은 타면기(목화에서 솜과 씨를 갈라내는 기계) 작업을 하거나 가구를 만들고 있는 모습이다. 펜실베이니아 칼라일 인디안 학교the Carlisle Indian School의 한 사진 속에서 학생들이 마차를 수리하고 있는 모습을 볼 수 있다.[10] 이런 수많은 학교는 특정한 아이들에게 집이나 지역공동체에서 부족한 것들을 가르친다고 생각했지만 사실 그런 전문화 교육은 아이들 집단 사이의 거리를 멀어지게 하는 구실을 하는 것이 다반사였다.

하지만 아메리카 인디언이나 흑인 아이들만 그러한 실용적 학교 수업을 받은 것은 아니다. 점진적으로 각성enlightenment이 아니고 일work이 모든 학교에서 교육을 조직하는 원리가 된다. 1901년 3월 27일 자 ≪뉴욕타임스≫는 한 시민이 "흔히 우리 공립학교에서 유행이라고 불리는 것은 전혀 유행이 아니다. … 그것은 아이가 그 자신의 손으로 무언가를 할 수 있게 하려는 진보적 생각이다. 사회는 공립학교를 졸업한 아이들이 사고 능력은 물론 직무 능력을 갖추기를 요구한다"[11]고 말한 것을 인용한다. 직업학교의 급속한 증가가 미래로 향한 길을 닦을 것이라는 생각이다. 같은 주제를 말한 또 다른 강사는 "수작업 훈련과 기술학교는 뉴욕에서 이제 막 시작되었다"고 했다.

1908년 ≪뉴욕타임스≫ 기자는 뉴욕시 아동들의 필요를 충족해 줄 일곱 가지 학교를 다음과 같이 묘사한다. "젊은 선원을 육성"하는 학교, (수작업 훈련과 농업 훈련을 요하는 부랑인을 위한) "부모 학교", "정신지체 장애인" 학교, "교정이 어려운 불량인incorrigibles"을 위한 학교, "청각장애인 학교", "시각장애인을 가르치기 위한" 학교, "산업학교".[12] 이 중 가장 중요한 것은 산업학교였다. 이 학교는 일하는 아동들이 다닐 수 있는 야간 교실을 운영했다. 이 야간 학교는 다음과 같이 묘사되었다. "이번 학년도의 가장 중요한 특색은 의심의 여지 없이 산업훈련 강의의 확대다. 수천 달러가 소요되는 야심 찬 이 계획은 이론적 지식만을 가지고 일생을 시작하는 공립학교 졸업생들이 생겨나는 걱정스러운 상황을 해결해야 한다는 점에서 공식화되었다." 이 기사를 쓴 사람은 뉴욕뿐 아니라 온 나라에서 학교교육에 대한 대중의 관점에 드러난 중요한 추이를 포착했다. 일자리 준비를 위한 교육에 직접적인 연관이 없는 생각의 힘ideas과 지식을 가르치는 것은 자원의 낭비이고 공교육을 오용하는 것이다.

달리 말해 미국의 학교는 대중들이 각성한 삶을 살도록 학교 문을 대중들에게 열어젖힌 게 아니다. 더욱 다양한 배경을 가진 더 많은 아이에게 학교 문을 개방했을 때 학교는 산업의 도구였고 돈을 버는 길이 된 것이다. 이러한 산업과 교육의 초기 결합은 20세기 내내 별다른 변화가 없었다.

이 사실은 우리가 미국 교육 역사에 더 역설적인 비틀림들 중의 하나에 이르게 한다. 19세기 말 앤드류 카네기가 이미 부유한 노인이 되고 미국의 학교들이 아이들을 교육하기보다 훈련하는 체제로 전환했을 때 진보적 사상가들 사이에 교육 논쟁이 시작되었다. 당시의 진보적 교육 사상을 대변하는 가장 유명한 존 듀이John Dewey는 학교는 아이들의 삶에 다가가 닿는 데 실패했고 대부분의 아이들이 그들 마음 깊은 곳에 가진 관심과 흥미에 학교가 부합하지 않는다는 것을 알아차리고 있다고 말한다. 후속 연구가 바르게 입증한 것처럼 듀이는 태어날 때부터 아이들은 공동체의 일원이 되려고 애쓰고 자기 주변의 어른들을 흉내 내고 싶어 한다고 지적했다.[13] 듀이는 이런 사실이 의미하는 바는 교과 내용이 이웃과 공동체의 생활에 연결되어 있을 때 아이들의 학습 동기는 더욱 고취된다는 뜻이라고 주장한다. 듀이는 그가 "직업occupation"(예를 들어 목공과 바느질 두 가지를 후일 시카고 대학교 부속학교가 되는 그의 대학 소속 초등학교에서 교육에 활용했다)이라고 부른 것을 통해 아이들이 지식을 획득하도록 하는 학교에 대한 설득력 있는 새로운 전망을 제시했다. 다시 말해 그가 직업이라고 부른 것은 아이들을 속한 사회와 연결하고 지식을 삶과 묶어주는 활동이다. 그의 저작은 20세기 초반, 교육 혁신의 돌풍을 주도했다. 사람들은 그의 생각을 실용화하고 교육을 새롭게 창조하려는 거대한 열기에 불붙이면서 새로운 학교를 열었다.

이어지는 20세기 동안 유사한 생각들이 주기적으로 확고해졌다. 1960년대에는 존 홀트Jhon Holt와 허브 콜Herb Kohl 같은 저자들은 학교는 아이들이 배우는 것에 주의를 기울이고 자기들 인생에 의미 있는 것을 배우는 장소라는 유사한 전망을 제공했다. 1990년대에 다시 한번 비슷한 생각이 확고해지면서 사람들은 "능동적 학습자"의 중요성과 "프로젝트 기반" 학습의 가치에 대해 이야기했다. 교육자들은 단순히 정보를 받아들일 때(단어 목록을 통한 철자 공부, 구구단 암기, 과거 시대에 관한 책 읽기)보다 활동(만들기, 요리하기, 그리기, 수리하기)을 하면서 대부분의 아이들에게 더 많은 학습이 일어난다는 것을 깨달았다. 얼핏 보면 듀이의 선구적 관점이 반복적으로 등장하는 것은 타당해 보였다.

하지만 시간이 흐르면서 듀이의 전통을 잇고 있다는 믿음을 가진 교육자들이 듀이의 실제 생각으로부터 멀어졌다. 그의 책『학교와 사회*The School and Society*』와『아동과 교과과정*The Child and the Curriculum*』을 면밀하게 읽어보면 명성 높은 하버드 대학교 총장이었던 또 한 명의 진보적 사상가인 찰스 엘리엇이 제시한 지적 성취와 자기실현이 듀이의 생각 속에 있었다는 것을 보여준다. 엘리엇처럼 듀이도 학교의 목적은 교육하는 것이지 훈련하는 것이 아니라는 굳건한 믿음이 있었다. 그 목적은 학생들의 지식이 풍부해지고 사려가 깊어지게 만들어서 그들과 똑같이 풍부한 지식과 깊은 사려를 가진 사람들의 공동체 안에서 새로운 생각ideas을 구상하기도 하고 평가할 수 있는 능력을 갖추도록 하는 것이다.

하지만 이 중요한 시대를 거치면서 듀이의 교육관에 두 가지 이상한 일이 벌어진다. 첫째, 듀이의 활동을 통한 학습*이 현재 우리가 생각하는 "직무 훈련vocational training"을 지칭하게 되는 뒤틀림이다. 교육자들이 아이가 나무 탁자를 제작하는 경험을 산업의 역사, 제작에 쓰인 재료의 기원, 경제체제의 구조를 가르칠 기회로 삼는 것이 아니라 단순히 목공이라는 작업을 가르칠 기회로 보게 된 것이다. 듀이의 교육관을 비틀어 둘째로 발생한 이상한 일은 더 중대하게 우리의 교육 체제에 더 큰 악영향을 준다. 직업occupation을 활용한 교육을 총명한 모든 아이가 흑인이든 백인이든, 부유하든 가난하든, 미국 태생이든, 이민자든 지식을 쌓고 생각을 단련할 수 있는 세계로 들어가게 하는 방법으로 보기보다는, 교육 개혁가들은 마치 듀이가 직무 훈련의 중요성을 강조한 것으로 붙들어 매어버린 것이다. 그래서 듀이의 교육관을 잘못 이해한 많은 사람의 그 오해는 직무 훈련이 학문적 인지능력이 부족해 보이는

• 　노작교육(勞作敎育) ─ 옮긴이.

아이들을 교육하는 새롭고 매혹적인 길이 된다.

진보 교육이 제2의 바람을 맞았던 1960년대에, 가장 적극적으로 활동적인 교실을 선호했던 교육자들이 적어도 일부 아이들에게 직무 훈련 프로그램을 주창하기도 했다. 이러한 계몽된 교육자들은 학생들이 그들의 관심사를 추구하고 공부하는 과목에서 개인적인 의미를 찾을 수 있는 기회를 주면서, 그들의 마음을 일깨우려고 의도했다. 그들에게 그러한 의도는 모든 사람을 보편적 교과academic 교육의 길로 밀어 넣어서는 안 되며, 모든 사람이 독서가와 사유하는 사람이 되고 싶어 하는 것이 아니라는 신념과 함께했다. 1960년대에 진보적 교육을 옹호하는 사람들은, 60년 전의 기자, 교육자, 권력자들이 가난한 아이들과 이민자들, "지저분한 동네"와 "손보지 않은 집"에서 "무지한 부모" 손에 자라는 아이들에게 보편적 교과 교육이 낭비라고 주장하고 이 아이들에게는 육체노동을 위한 실용적 교육이 훨씬 더 이득이 된다고 했던 것을 분명하게 말하지 않았다. 1960년대의 대부분의 진보적인 교육자들은 그리고 오늘날까지도 계속, 직무 훈련을 옹호하면서 그들이 두 계급 체제를 밀고 있다는 것을 깨닫지 못하고 있을지 모른다.

그러고는 지난 50년 동안 무슨 일이 일어났는가? 학교의 목적이 직업trade에 대해 배우거나 돈 벌 준비를 하는 곳이라는 믿음을 넘어섰나? 어떻게 하면 학교를 모든 사람이 깨달음을 얻을 수 있는 곳으로 만들 수 있는지 알아내기는 했을까? 답은 아니오다.

어떤 의미에서 지금 우리는 그 어느 때보다 야심 차다. 우리 부모나 조부모보다 더 많은 과목을 더 많은 아이에게 가르치려고 한다. 카네기가 2년 동안 학교에서 습득한 기초 능력은 더 이상 충분하지 않다. 어느 공립학교에 들어가든지 관리자가 가진 기대에 대해 말하는 것을 들어보라. 모든 아이가 읽고, 숫자를 알고, 기술technology의 활용법을 이해하고, 협력하고, 건강한 선택을 하고, 편안한 마음으로 청중들 앞에서 발표하고, 화학과 생물학을 이해하며, 논리적으로 생각하고, 적절한 논거를 갖춘 글을 쓰게 되길 원한다(그리고 이는 기대 목록의 짧은 버전이다). 그 목표의 묶음은 광범위하고 드높게 들린다. 뒤에서 나는 그것이 불가능한 목록이라고 주장할 것이다. 하지만 이 목표는 당신이 생각하는 것만큼 광범위한 것도 아니다. 여러분이 실제로 교육자들이 그 목록에 있는 항목(또는 그것의 일부 버전)에 대해 이야기하는 것을 들을 때, 그 모든 이야기 뒤에는 돈이 숨어 있다. 어떤 사람은 "21세기의 학생들은 내일의 산업에서 일하기 위해 혁신가가 되어야 합니다. 취직하려면 컴퓨터 기술에 대해 확실하게 이해해야 해요"라고 말한다. 다른 이는 미래의 경제에서 유연성의 가치에 대해 이야기한다. "이 아이들은 아마 적어도 일곱 번은 하는 일job을 바꿀 겁니다. 그러니 민첩하게, 새로운 내용을 배우는 데 능숙해야 하죠." 심지어 다른 사람들과 잘 어울려야 하는 것과 같은 목표도 직장에서의 성공이란 관점에서 주어진다. "주위를 둘러봐요. 고용된 사람들은 팀워크를 잘하는 사람들이에요. 이 아이들은 협동하는 법을 배워야 하죠." 즉, 아이들이 무엇을 배워야 하는지에 대한 우리의 모든 생각은, 좋은 교육은 재정적 성공으로 측정될 수 있고 나쁜 교육의 위험은 가난이라는 의미와 결합된다. 이러한 강조는 학교를 순수하게 공리주의적 목적에 초점을 맞춘 기관으로 만들면서, 학교들이 목표로 삼았을지도 모르는 더 높은 포부를 서서히 앗아갔다.

이런 생각에 사로잡히게 된 것은 모든 아이가 학교에 가야 한다는 생각에 우리가 꽤 오랜 기간 매달려왔기에 불가피해 보일지도 모른다. 토착민이나 이민자, 영어를 사용할 수 있든 아니든, 지적으로 재빠르거나 느리거나 미국의 학생 집단은 다른 어느 나라보다 다양하다. 보편적인 교육에 대한 생각은 사과 파이처럼 전형적으로 미국적이다. 아니면 아마도 맥도날드처럼 미국적이라 말하는 게 더 정확할 것이다. 왜냐하면 음식처럼 모든 사람에게 교육이 주어져야 한다는 것이 교육의 질을 낮추는 것이라고도 생각하는 것처럼 말이다. 우리가 학교를 모든 아이의 권리로 정의해 온 만큼, 우리는 그 권리를 성격상 주로 재정적인 것으로 생각해 온 것이다. 개인인 아이에 대해서는 학교가 경제적 안정을 얻는 하나의 길이 되고 사회 전체에 대해서는 학교는 빈곤을 사라지게 하는 장치가 되어왔다. 부와 가난에 미치는 영향의 관점에서 학교를 건설하는 것은 가차 없이 우리로 하여금 경제적 성공을 교육적 성공으로 재량하도록 이끌었다.

이런 (관행의) 증거는 어디에나 있다. 수년 전에, 여러 차터 스쿨*의 주장에 호기심을 가진 나는 그들이 기존의 표준적 공립학교보다 아이들을 잘 가르치는지 확인해 보기 시작했다. 나는 100개 이상의 연구들을 검토했다. 이후의 장에서 논의할 그 연구들의 발견은 이야기의 일부에 불과하다. 연구원들이 사용했던 평가 방법들도 흥미로웠다. 몇몇 연구는 차터 스쿨에 다니는 아이들이 특정 과목의 시험에서 더 좋은 성적을 내고 있다는 신호들을 찾았다. 다른 연구는 차터 스쿨에 다닌 아이들이 고등학교와 대학교에 진학할 가능성이 더 높다는 신호를 찾았다. 하지만 모든 연구는 시험 성적이든 졸업률이든 더 나은 성과는 아이가 어른이 되고서 더 많은 소득을 얻는다는 것에 연결되어 있었다. 아무리 뒤져보아도 명시적이든 암시적이든 재정적 안정이라는 척도를 사용하지 않는 연구는 찾을 수 없었다.

학교를 물질적 목표로 나아가는 수단으로 활용하는 것은 미국 역사의 또 다른 행로에도 뿌리를 두고 있다. 1957년 10월 4일, 사회주의 러시아Soviet Union는 지구 궤도를 도는 첫 번째 인공위성 스푸트니크Sputnik를 발사했다. 전 세계 사람들이 그것을 볼 수 있었고, 그것의 무선 주파수를 탐사할 수 있었다. 러시아가 과학적 혁신의 선두에 있다는 극적이고 구체적인 조짐이었다. 우리가 현재 우주시대라고 생각하고 있는 것에 불을 붙인 것이다. 우리

---

* 공적 자금을 받아 교사, 부모, 지역 단체 등이 설립한 학교 — 옮긴이.

는 러시아와의 냉전에 갇혀 있으면서 모든 측면에서 러시아를 능가해야 한다는 것을 확신했는데, 스푸트니크는 엄청난 기술, 과학 그리고 군사적 진보를 향한 촉매제였다.

스푸트니크는 미국의 교육 정책 입안자들과 행정가들 사이에서 긴급한 논의를 촉발했다. 1900년대까지 과학은 대부분의 아이들에게 교육의 일부가 아니었다. 오직 최고의 특권층 학생들만이 화학이나 생물학 또는 과학적 방법에 대해 무엇이든 학습했다. 심지어는 이런 특권층의 소수마저도 과학은 대학에 진학한 후에나 학습 가능한 것이었다. 하지만 19세기에 토머스 헉슬리Thomas Huxley, 허버트 스펜서Herbert Spencer, 마이클 패러데이Michael Faraday, 엘리엇 같은 지적 전문가들이 과학 공부는 아이들에게 연역적으로 추론하는 법을 가르쳐주기에 소수만이 아니라 다수의 아이에게 핵심적인 토대로 과학을 보아야 한다고 주장하기 시작한다. 1916년 존 듀이는 과학은 개인들에게 독립적으로 행동할 수 있는 힘을 준다고 주장했다. "자연과학이 전문가에게 어떤 것이든, 교육적 목적을 위해서 인간 행위의 조건에 대한 지식이다."[14] 대략 50년 안에 과학은 초·중등K-12교육에 도입된다. 하지만 만약 초기 과학 교육이 자연계와 인간 행위를 이해하는 더 깊고 더 엄격한 수단이 되었다면, 스푸트니크 발사의 파장으로 불어닥친 과학은 다른 곳을 향했다. 교사나 과학자가 아닐지라도, 우주로 향한 경쟁에서 러시아에게 뒤처진다는 것은 정치인들에게 기존의 교육적 접근이 적절하게 작동하지 않는다는 명백한 신호였다. 과학 교육을 이제 경제적·군사적 힘을 키우는 결정적 통로로 보게 된 것이다.

교육이 국가적 이해를 증진하는 수단이라는 이 절박한 생각은 다음 수십 년 동안 더 심화되기만 한다. 로널드 레이건Ronald Reagan 정부 때인 1983년, 미국 교육부는 「위험에 처한 국가A Nation at Risk」라는 보고서를 출간한다. 보고서는 이런 내용을 발표한다.

한때 도전 받지 않던 우리의 교역, 산업, 과학 그리고 기술 혁신 분야의 탁월함은 전 세계의 경쟁자들에게 추월당하고 있다. 이 보고서는 이 문제의 다양한 원인과 차원 중 오직 하나의 문제에 대한 우려일 뿐이지만 미국의 번영, 안보 그리고 시민성을 뒷받침한다. 미국 국민에게 알린다. 미국의 학교와 대학들이 미국과 미국인들의 안녕에, 역사적으로 성취하고 공헌한 것에 대한 정당한 자부심에도 불구하고, 미국 사회의 교육적 토대는 국가와 국민으로서 바로 우리의 미래를 위협하는 평범성의 밀물로 지금 무너지고 있다. 한 세대 전만 해도 상상할 수 없었던 일이 일어나고 있다 — 다른 국가들이 미국의 교육적 성과 수준을 따라잡고 심지어 넘어서고 있다.[15]

이 보고서는 미국 내에 학교교육의 실패가 국가를 경제적 곤궁 상태로 만들 수도 있다는 생각을 불러일으켰다.

역사는 게으른 자를 위한 것이 아니다. 천연자원의 풍부함과 지치지 않는 인간으로서 열정, 낡은 문명사회의 악성 문제들로부터 비교적 분리되어 미국의 운명이 보장받던 시대는 오래된 과거다. 세상은 사실상 하나의 지구촌이다. 우리는 결단력 있고, 잘 교육받고, 강하게 동기부여 된 경쟁자들과 살아간다. 미국은 그들과 국제적 위상과 시장을 놓고 제품뿐만 아니라, 우리 연구실과 근린 공장의 아이디어에서도 경쟁한다. 국제 사회에서 미국의 위상은 예외적으로 잘 훈련받은 여성과 남성 모든 사람 덕분에 한때 꽤 안전했는지 모른다. 이제는 아니다.

일본이 미국보다 더 효율적으로 자동차를 만들고 개발과 수출에 대한 보조금을 지급하는 것만이 위험은 아니다. 한국이 최근 세계에서 가장 효율적인 철강 공장을 짓고, 한때 세계의 자랑이었던 미국 기계들이 독일산으로 대체되는 것뿐만은 아니다. 이는 이런 발전들이 세계에 숙련된 능력을 재분배함을 의미한다. 지식, 학습, 정보 그리고 숙련된 지능은 국제 무역의 새로운 대상이며,

1. 돈을 따라 가는 길

과거에 기적의 약이나 합성 비료, 청바지가 그랬듯이 오늘날 격렬히 전 세계로 퍼져나가고 있다. 만약 우리가 여전히 세계 시장에서 조금이라도 점유하고 있는 경쟁우위 분야를 유지하고 향상시키려고 하면, 반드시 나이, 경제력, 다수와 소수에 관계없이 모두의 이익을 위한 교육 체제의 개선에 헌신해야 한다. 학습은 우리가 들어서고 있는 "정보 시대"가 요구하는 성공에 없어서는 안 되는 투자다.

앤드류 카네기가 펜실베이니아주에 도착했던 1848년에서 「위험에 처한 국가」가 출간된 1983년 사이에, 학교는 180도 달라졌다. 공교육은 필수적인 요소가 되어서, 더 이상 특권이나 일로부터 유예가 아닌, 개인의 성공을 위한 핵심적인 것으로 여겨지게 된다. 한때 깨달음을 받아들일 수 있는 사람들에게나 어울리는 사치이던 것이, 20세기 후반에 이르러 일자리를 얻고 적절한 소득을 올리려는 사람이라면 누구에게나 필수가 되었다. 학교는 더 이상 교양을 획득하거나 정신적 삶을 위한 통로가 아니었다. 학교는 일자리에 이르는 길이 된다. 그리고 그것은 단지 개인에 관한 것이다. 그 과정과 함께, 학교가 노동자 부대를 양성하는 곳이 되어가면서, 국가 이익을 증진하는 수단이 되었다. 학교에 관한 논쟁은 국력에 관한 논쟁의 일부가 되어버렸다. 이것이 우리를 21세기로 이끈다.

조지 부시George W. Bush가 '아동낙오방지법No Child Left Behind: NCLB'을 발표했을 때, 그가 뜻한 의도는 모든 아이가 학교에서 똑같이 좋은 출발을 하도록 보장해 주는 일련의 실행을 적극적으로 지원하고 이후에 그에 대한 평가를 제도화하려는 데에 있었다. 여기에는 부유층과 빈곤층 사이의 소득 차이를 메우는 것이 학교에 달려 있다는 이제는 익숙한 전제가 내포되어 있었다. 이것이 할 수 있는 가장 유익한 형식에서라면, 많은 아이들의 삶이 확연하게 달라질 수 있도록 할 수 있었다는 것이다. 만약 '아동낙오방지법'이 모든 아이가 읽는 법을 배우고 어떤 아이도 낙오되지 않을 만큼 환멸을 느끼지 않도록 보장했더라면 굉장히 훌륭했을 것이다. 하지만 '아동낙오방지법'은 그렇게 진행되지는 않았다.

단지 몇 년 안에, 교사들은 표준화된 시험에서 아이들이 전년도보다 좋은 성적을 받게 만드는 데에 급급했다. 교육장들 역시 지역의 학교가 매년 더 높은 점수를 내는 걸 보지 않고서는 못 배길 지경이었다. 모든 아이가 우리 교육 체제의 열매를 누리는 것을 보장하는 수단으로 홍보했던 것이 시험 성적 올리기의 무자비한 압박이 되어버린 것이다. 매년 점수가 측정하려던 교육에는 초점이 약해지고 점점 더 점수 그 자체에만 관심이 쏠렸다. 정치가들은 만약 우리가 모두를 교육하지 않으면 국가는 다시 한번 뒤처지게 될 것이라고 위협했다. 이 담화는 모든 사람에게 읽기 능력을 갖게 하거나 시민 생활에 사색적 참여 또는 생각의 기쁨을 누리게 하는 것에는 관심이 적고 모두가 적절한 임금을 벌 수 있도록 하는 것에 더 큰 관심이 있었다.

부시가 임기를 마치고 떠날 때까지도 별다른 변화는 없었다. 2008년 버락 오바마Barack Obama가 부시가 있었던 백악관을 뒤이었고 안 던컨Arne Duncan을 교육부 장관으로 임명했다. '아동낙오방지법'은 아이들에게는 말할 것도 없고 부모, 교사 그리고 교육행정가에게 문제만 일으켰으니, 학교에 관심이 있는 많은 이는 오바마와 던컨이 '아동낙오방지법'을 축소시키거나 없앨 것으로 생각했다. 그렇지만 그게 그렇게 단순한 문제가 아니었다. 비록 약간 감춰진 형태일지라도, 돈은 다시금 아이들이 무엇을 학습하고 왜 학습 해야만 하는지에 관한 담론을 형성했다.

던컨이 교육부 장관으로 가장 먼저 한 일은 우리의 교육 의제의 새로운 이름을 알리는 것이었다. 아이들을 낙오하게 두지 않는 것 대신에 우리는 이제 정상을 향한 경주에 뛰어든다는 것이다. 물론, 그 의미는 미국이 다른 나라들을 이기기 위해 경주한다는 것이다. 또한 아이 개인은 다른 학생을 이기고 결승점에 먼저 도달한다는 뜻이다. 이 두 동기는 이제 교육의 거의 모든 공적 토론에 내재되어 있다. 국가의 평균 시험 점수가 보도될 때, 전형적으로 다른 국가들의 점수와 비교하는 표나 그래프로 제시된다. 2009년 미국은 국제학업성취도평가Program for International Student Assessment: PISA에서 중국(상하이), 핀란드 그리고 에스토니아보다 순위가 낮지만, 라트비아, 태국, 파나마보다는 높다. 그러나 이것이 경쟁인 것을 직감하지만 무엇으로 그런 비교를 하는지 알아내기는 매우 어렵다. 종국에는 이 순위가 우리가 교육하려고 애쓰는 아이들에 대해, 그리고 우리 교육 체제가 어떻게 아이들을 형성하고 있는지에 대해서는 아무것도 알려주지 않는다.

그러나 이 국가적 경주는 이야기의 한 조각일 뿐이다. 교육을 정상을 향한 경주로 규정하는 것의 의미가 무엇일지 잠시 생각해 보자. 가장 단순한 수준에서 누군가는 가장 바닥에 있어야만 한다는 것이다. 이 나라에서 현재 시행하고 있는 평가 방법을 잠깐만 살펴보면 그것이 아이들의 삶에 미치는 중대한 실제 영향을 보여준다. 아이들은 단순히 그들이 읽고 더하고 단어 문제를 해결하고 자료를 분석할 수 있음을 보여주는 게 아니다. 그들은 다른 아이들보다 잘해야만 하고, 이전의 그들보다 잘해야만 한다. 교사도 역시 이러한 끝이 없어 보이는 경쟁의 관점에서 등급이 매겨진다. 어떤 사람은 교육을 항상 교육받을 것과 탐구할 것 또는 숙달할 것이 더 남아 있는 과정으로 보는 것이 모두에게 좋다고 주장해 왔다. 모두 좋게 들린다. 하지만 이게 아이들과 교사가 정상을 향한 경주를 경험하는 방식은 아니다. 대부분을 위협적이고 무자비한 고된 일로서 그것을 경험한다. 다른 친구와 과거의 자신이 이루어 낸 성과를 능가할 수 있을 때만 성공에 도달하는 것이라 믿게끔 아이들을 몰아붙인다. 이런 지향의 역설적인 증상은 올해보다 내년에 더 향상된 모습을 보이기 위해 교사들이 공통적으로 그해의 목표를 낮게 잡으라고 말하는 것이다. 교육이 다른 사람보다 더 잘하는 것에 달려 있다는 암묵적 믿음은 돈을 지향하는 우리 마음가짐이 학교교육에 대한 우리의 생각을 형성해 온 또 다른 방식일 뿐이다.

물질적 재화에 관해서 경제학자들에게는 이 세계관을 위한 용어가 있다. 경제학자는 그것을 '지위표시 부positional wealth'라고 부른다. 예상할 수 있듯이, 당신이 옆집 남자보다 더 부유한지에 대한 당신의 의식에 기반을 둔다는 것을 뜻한다. 한 예시가 그러한 견해가 얼마나 보편적인지 보여준다. 나는 8월을 내가 자란 뉴욕의 사가포넉Sagaponack에서 보낸다. 한때는 농장 마을이었지만, 지금은 부유하고 유명한 사람들의 여름 놀이터로 악명이 높다. 어릴 적에 내가 아는 남자 어른들은 소형 트럭을 몰았고, 여자 어른들은 스테이션왜건station wagon을 몰았다. 눈에 띌 만한 여름 휴가객summer residents은 녹색 재규어를 몰았다. 모두가 그 차에 대해 얘기를 나눴다. 몇 년 사이 여름에 마을을 찾는 휴가객이 증가함에 따라, 도로에서 볼 수 있는 자동차의 기준도 높아졌다. 내 아이들이 태어났을 때는 여름 휴가객이 그 섬을 점령했다. 이제 아우디Audi와 지프Jeep는 적어도 7~8월에는 어디에나 있다. 내 아이들이 10대였을 때, 도로에는 포르쉐Porsche와 성능을 올린 랜드로버Land Rover가 줄지어 있었다. 10년마다 새로운 수준의 차를 과시하는 일이 일어났다. 그것은 단지 여름 피서객들만이 아니었다. 매 10년마다 지역 인구도 자동차 과시 게임에 참여하는 것처럼 보였다. 마지막으로 방문했을 때, 상주 주민 진입로에 레인지 로버Range Rover가 있었다. 여러분의 이웃들이 모두 지프를 가지고 있다면, 여러분도 지프 한대를 소유하고 있는 것은 충분하지 않다. 여러분은 조금 더 멋진 무언가가 필요하다. 그것이 경제학자들이 말하는 지위표시 부이다.

이 원칙은 우리가 교육 수준에 대해 생각하는 방식으로 작용한다. 모든 아이가 읽을 수 있도록 하는 것으로는 충분하지 않다. 그들은 그것이 무엇을 의미하든 다른 나라의 아이들보다 더 잘 읽을 줄 알아야 한다. 한 무리의 학생들이 단어의 70%를 정확하게 아는 것으로는 부족하다. 그들은 한 마을 건너 학교 학생들보다 15% 더 좋은 점수를 받아야 한다. 나는 시험 점수가 지역 신문에 실릴 때 지역사회가 반응하는 것을 지켜보았다. 사람들이 말하는 첫 번째는 어떤 학교가 다른 학교들보다 더 잘했고, 어떤 학교가 더 못했는지에 관한 것이다. 내내 성적이 좋았던 학교들은 (즉, 대부분의 아이들이 4학년이 될 때까지 한 페이지 분량의 글을 읽을 수 있거나, 상당수의 아이들이 고등학교 과정 수학에서 만족할 만한 점수를 받았더라도) 점수가 오르지 않으면 한심하게 보였다. 기저를 가로지르는 것은 학업 성과는 항상 비교의 문제일 뿐이라는 것이다.

　기자들 역시 교육을 부의 수단으로 생각하도록 하는 데 한몫했다. 수년 전에, ≪뉴욕타임스≫에 전화를 걸어 교사들이 어떤 방식으로 자신의 교습 기예를 발휘하고, 매일 발생하는 교습 문제를 해결하는지를 보여주는 정기 기고 시리즈를 제안했다. 통화한 교육면 담당 편집자는 열성적이었다. 그녀는 말했다. "우리 신문이 항상 교육의 큰 주제를 다루느라 바빠서, 가르치는 일에 관해서는 거의 보도하지 않아요." 이렇게 말할 때, 그녀의 목소리에는 모순적이거나 놀라는 기색이 전혀 없었다. 그녀의 관점에서 보면, 실제로 교실에서 일어나고 있는 일은 그들이 집중할 수 없는, 인간적 관심이라는 시각에 가까웠다. 그녀의 말에 깜짝 놀란 나는 주요 신문의 교육 관련 이야기와 사설들을 확인하기 시작했다. 당연히 대부분의 기사는 정책에 관한 것이었다(차터 스쿨의 설립과 폐교, 학교 (총)장의 임명, 학교 이사회의 정치, 그리고 시험에 대한 논쟁까지). 그럼에도 가장 공통적인 주제는 돈이었다. 기자들은 우리에게 교육에 재정적 지원을 하라고 권한다. 교육에 대한 재정적 지원이 우리의 생활수준을 높이고, 소득 격차를 좁히고, 국제적 지위를 향상시킬 것이기 때문이다.

　≪뉴욕타임스≫ 칼럼니스트 토머스 프리드먼Thomas L. Friedman은 교육에

대해 가장 열렬한 논설 기고자 중 한 명이다. 그는 아이들이 특정한 주제에 대해 많이 아는 것보다 호기심과 열정을 갖는 게 더 중요하다고 주장해 왔다. 하지만 이러한 가치value 있는 것을 경제적 평가worth의 틀 안에 가둔다.

우리는 "올바른" 교육이 덜 올바른 교육을 받는 것보다 중요하다는 것, 쉽게 대체될 수 있는 것보다는 기술에 보완적인 능력을 개발할 필요가 있을 것, 그리고 자동화와 소프트웨어에 의해 일상routine 업무에서 해방되는 사람들을 고용하기 위해 새로운 제품과 서비스를 혁신할 사람이 누구나 필요로 한다는 것을 알고 있다. 승자들은 단지 지능지수IQ가 높은 사람들이 아닐 것이다. 또한 새로운 디지털 도구를 모두 활용하여 일자리를 찾는 것뿐만 아니라 하나를 발명하거나 다시 발명하는 것, 그리고 단지 배우기만 하는 것이 아니라 평생 동안 다시 배우는 더 높은 P.Q.(열정 지수)와 C.Q.(호기심 지수)를 가진 사람들이 될 것이다.[16]

우리 학교를 개선하려는 그의 생각은 대부분 경제적 시각의 주장이다. 그의 요점은 우리 학교(그리고 학생들)가 뒤처지면, 개인 차원에서도, 그리고 다른 국가들과 경쟁하는 국가로서도 우리의 재정적 안정에 타격을 줄 것이라는 것이다.[17]

돈이 또 다른 창구를 통해 학교에 스며들었다. 은행가들과 사기업 운영자들은 자신들이 학교를 개선할 사람이라고 결정했다. 2010년에 교육사학자인 다이앤 라비치Diane Ravitch는 시험 중심 교육educational testing과 차터 스쿨의 가능성에 대해 극적으로 태도를 바꾸었다.[18] 이 두 가지 모두에 대해 야단스럽고 영향력 있는 지지자였던 그녀는(무엇보다도 그녀는 조지 부시 행정부에서 일했다) 최근 몇 년 동안 시험에 대한 국가적 집착이 사실 우리 학교의 교육과정을 개선하기보다는 타락시키고 있다는 것을 알게 되었다. 그녀는 또한 차터 스쿨이 교실에서 일어나는 일을 조정하는 일에 상업적 이해관계가 끼어들게 하고 공립학교 체제로부터 생명선을 빨아들이고 있다고 생각하기 시작했다. 그녀의 저서 『위대한 미국 학교 체제의 죽음과 삶The Death and Life of the Great American School System』은 사기업과 금융에 종사하는 사람들이 영향력을 행사하고 부모들과 교사들의 의견을 무시해 온 몇몇 방식을 기록한다. 이러한 영향의 신호는 항상 감지하기 어렵고 일시적인 것도 아니다. 전국의 학교 강당과 교실 안에서 보고 들을 수 있다.

이러한 영향의 가장 음흉한 사례가 1990년대 초 크리스 위틀Chris Whittle이 설립한 영리 학교 운영 회사인 에디슨 프로젝트다. 위틀의 계획은 그의 판단에 따라 문제가 있는 교육을 하는 학교를 우월한 교육 실천을 하는 학교로 대체하기 위해 기존의 공립학교를 인수하는 것뿐만 아니라 새로운 대규모 선단의 차터 스쿨을 설립하는 것이었다. 그 시작에서 에디슨은 혁신의 가면을 썼다. 그 학교들은 활기차고 효과적이며 잘 운영될 것이다. 학교 이사회의 관료주의로부터 해방된 책임자들은 평생을 교육자로 살아온 사람들의 흐릿한 성과와 기존 학교 교과과정의 황량함에서 벗어나 교육을 재창조하려는 것이다. 이 프로젝트에 훌륭한 사람들이 참여했는데, 그중 벤노 슈미트Benno Schmidt는 전 예일 대학교 총장이었다. 겉보기에는 선의로 보이는 이 그룹은 에디슨 프로젝트의 목표에 대해 명확하고 설득력 있는 진술을 했다. 슈미트는 이 프로그램을 설명하면서 "우리는 첨단 기술의 건전한 사용과 학생들을 제약하기보다 그들의 정신을 자유롭게 하는 교육 공간을 어떻게 조직할 것인가 하는 미래를 고려했다"[19]고 말했다. 이 계획은 학교가 아이들을 안목 있고, 창의적이고, 열린 마음을 갖도록 해준다는 생각을 수용했다. 이 단체의 모토는 "에디슨 프로젝트는 우리 사회의 다른 분야에서 매우 중요한 창의적이고 기업가적인 힘이 공교육에 새로운 생명을 불어넣을 수 있다고 믿는다"는 프로젝트의 편견을 분명히 표현했다. 기업가나 기업인이 맡으면 학교가 더 좋아진다는 얘기다.

그 프로젝트는 아이들과 그들의 미래에 대한 이상주의로 어른거렸다. 유일한 문제는 이 운 좋은 아이들을 교육시킬 각 교실에는 위틀의 회사가 디자인한 텔레비전 프로그램과 그의 회사에 수입을 창출하는 광고가 들어 있어야 한다는 것이었다. 아이들의 정신을 자유롭게 하겠다는 이상주의는 순전히 이익을 추구하는 동기 ─ 아이들에게 광고를 주입하겠다는 ─ 에 묶여 있다. 어떤 새로운 가능성에 대한 기대와 함께 에디슨의 계획에는 돈 냄새가 풍겼다. 다음은 ≪뉴욕타임스≫의 짤막한 기사에 기술된, 1998년에 개교한 제1에디슨 학교에 대한 안내이다.

에디슨 프로젝트가 새로운 학교를 설립하기 위해 재정 지원을 받다

영리 목적형 공립학교를 운영하려는 뉴욕에 있는 회사의 에디슨 프로젝트는 어제 2500만 달러에 이르는 새로운 보조금의 도움으로 전국 25개 도시에 있는 48개의 학교로 사업 규모를 두 배로 확장하겠다고 발표했다. 이 특이한 자선사업은 샌프란시스코의 갭Gap 의류 체인점 소유주인 도널드 G.Donald G.와 도리스 피셔Doris Fisher가 설립한 새로운 재단에서 나온 것이다. 에디슨 프로젝트를 채택하고자 하는 캘리포니아 학군을 위한 보조금으로 사용될 2500만 달러는 차터 스쿨로 알려진 15개의 자율형 공립학교를 만들어낼 것이다. 이번 가을 개교 예정인 곳은 총 네 곳이다. 북부 캘리포니아의 레이븐스우드에 두 개, 나파 밸리에 한 개, 남부 캘리포니아에 위치한 웨스트 코비나에 한 개.[20]

사실 에디슨 프로젝트는 크게 실패했다. 회사는 인수한 학교 대부분에 대한 통제력을 잃었다. 에디슨 스쿨에 참여한 학생들은 위틀이 그렇게 자신 있게 약속했던 것처럼 다른 학교의 아이들과 비교했을 때 시험에서 더 좋은 성과를 내거나 더 높은 졸업률을 보이지 않았다. 그것의 현재 유일한 가시적인 프로젝트는 맨해튼에 있는 비싼 특권층 사립학교다.

에디슨 프로젝트와 같은 프로그램들은 교육을 돈의 길을 따라가도록 더 부추겼다. 지난 수십 년 동안 돈은 새로운 역할을 맡게 되었다. 돈은 더 이상 단지 교육의 의도된 결과나 교육적 성공의 척도 정도가 아니다. 이제는 아이들이 무엇을 배워야 하고 어떻게 배워야 하는지 결정해 주는, 교육 그 자체 과정에 대한 보이지 않는 손이 되어버렸다.

최근 몇 년 동안 돈에 대한 집착은 초·중등K-12교육뿐만 아니라 대학에 대한 우리 생각의 형태를 만들면서 위로 스며들었다. 그리 멀지 않은 과거에 사립대학은 소수만이 누릴 수 있는 사치였다. 하지만 19세기에 처음에는 호러스 맨Horace Mann이, 그 후에 찰스 엘리엇이 대학 입학 자격을 가문의 유산보다는 능력으로 만드는 일에 앞장섰다. 비록 그 의도가 가족의 부나 저명한 가문의 혈통이 지적 능력, 동기, 학문적 성향을 보장하지 않는다는 것이었지만, 이 또한 대학 졸업장이 인생의 문을 열고 미래 삶의 행로를 바꾼다는 깨달음에서 비롯된 것이다. 같은 시기에 우수한 주립 대학 제도의 도입은 대학 교육을 받을 돈은 없지만 명석하고 의욕적인 청소년들에게 또 다른 유사한 길을 제공했다.

하지만 대학이 소수를 위한 사치에서 모두를 위한 필수품으로 바뀌었을 때, 초·중등K-12교육도 재정의 되었다. 한때 시야를 넓히고, 명작을 읽고, 새로운 학문들을 접하고 지적 담론에 참여하는 법을 배우는 곳에서 일자리를 얻거나 더 좋은 일자리로 이직하기 위한 단계가 되었다. 대학에서 초점이 교육을 받는 것에서 학위를 취득하는 것으로 바뀌었다.

2010~2014년 사이의 주요 신문이 대학 교육에 대해 다룬 거의 모든 기사는 대학 교육 비용을 학생들의 장기적인 금전적 혜택과 비교했다. 대학의 "가치"에 대한 경제 분석 대부분은 간단한 질문에 초점을 맞춘다. 대학 과정을 마친 사람들은 대학 과정을 마치지 않은 사람들보다 더 많이 돈을 벌고,

더 확실한 경제적 안정을 누리며, 더 좋은 일자리를 얻나? 질문이 왜 이런 식으로 틀에 박힌 것인지 이해하는 것은 쉽다. 일자리와 소득 자료를 얻고 졸업장처럼 단일하고 구체적인 것으로 대졸자들을 견주어보는 것이 4년의 경험이 세상을 어떻게 생각하고, 느끼고, 그에 접근하는 방식을 바꾸었는지 알아내는 것보다 훨씬 더 쉬우니까. 그럼에도 불구하고, 대개 그러하듯 연구자들이 사용한 방법은 현상을 정의한다.

하지만 돈을 벌기 위한 통로로서 교육을 강조하는 것은 신문과 연구자, 사업체, 정부 탓만은 아니다. 대부분의 사람들이 의식하고 있든 아니든 학교 교육을 돈의 측면에서 생각한다.

나는 50여 명의 학생들이 처음으로 아이들에 대한 연구와 교수법 및 학습에 대한 연구를 읽는 강의 수업을 하고 있다. 우리는 학교에 있는 아이들의 영상을 시청한다. 우리는 교육 이론들에 대해 토론한다. 우리는 교과과정을 짜보고, 아이들을 묶는 더 나은 방식을 생각하며, 혁신적인 평가 접근법을 고안한다. 몇몇 학생들은 이 주제에 관심을 가져서 나의 심화 강의인 교수법과 학습 세미나에 등록하기도 한다. 이 강의를 듣는 학생들은 일주일에 여덟 시간을 지역 학교의 교실에서 일하며 보낸다. 또한 그들은 주간 세미나 토론에 참석하고 교수법과 학습에 대한 논문과 책을 읽는다.

어느 날, 세미나 수업을 듣는 학생 하나가 수업 후에 만나서 이야기를 할 수 있는지 물었다. 연구실에 도착해 자리를 잡고 그는 조용하게 말했다. "저는 이 일이 좋아요. 이 일에 대해 생각하는 것을 멈출 수 없어요. 이건 제가 평생 동안 하고 싶은 일이에요."

"잘 됐네!" 하고 말했다. "네가 이 분야를 더 깊이 파고들 수 있는 몇 가지 강의들에 대해 이야기해 볼까?"

"아뇨, 전 못 할 거예요." 그는 불확실한 표정으로 대답했다. "저는 교육을 사랑해요. 저는 가르치고 싶어요. 하지만 부모님을 생각하면 그럴 수 없어요. 부모님께서는 저를 대학에 보내려고 힘들게 일하셨어요. 그 모든 걸 아는 제가 어떻게 부모님께 교사가 되고 싶다고 할 수 있겠어요? 저는 돈을 많이 버는 분야로 가야 해요. 좋은 경력을 보장해 주는 곳이요. 저는 컴퓨터 프로그래밍을 전공할 거예요."

나는 이런 종류의 사정을 반복해서 들었다. 그리고 이것은 표면적으로는 완벽하게 그럴듯해 보인다. 만약 자녀를 대학에 보내는 것이 가족의 번영을 위한 것이라면, 왜 학생들은 대학에서의 경험이 가치 있다는 사실을 확실히 하기 위해 모든 노력을 다해서는 안 되는 걸까? 그러니까 질문은, 우리가 의미하는 '가치 있는' 것이란 무엇일까? 만약 그들의 아들이 교사가 되어 매일 아침 일터로 가고 싶어 일어나고 매일 밤 그가 한 일에 만족한 채 잠자리에 드는 것이, 그가 하는 일을 싫어하지만 돈을 많이 버는 것보다 가족에게 가치 없는 일일까?

지금은 2014년이지 1848년이 아니다. 고향에서 대안이 없어 미국으로 이민 온 어린 소년을 생각해 보자. 이 소년은 명석하고 에너지가 넘친다. 그의 가족은 친절하고 근면하지만 딱히 특별한 점은 없다. 아마도 그들은 문맹일 것이다. 미국에 도착하면, 그들은 고국에서 온 다른 사람들이 먼저 정착한 지역으로 간다. 하지만 이 소년은 150년 전 앤드류 카네기가 그랬듯이 곧장 일터로 가지는 않는다. 그 대신에 사실상 지금의 미국의 모든 어린아이가 그렇듯이 곧장 학교로 간다. 학교가 그에게 제공하는 것은 무엇일까? 그리고 그를 어떤 길로 이끌까? 어떤 자질들을 육성하고 강화하며, 어떤 자질들을 누그러뜨릴까? 학교는 아이들의 삶을 풍부하게 만들 교육을 제공할까? 모든 카네기의 업적들 중에, 오늘날의 학교가 아이들을 몰아가고자 하는 것을 꼽자면 돈이다. 그리고 아주 역설적이게도 그들 중 누구도 부자가 되지 않는다는 것이다. 학교에 다니는 것이 아이들이 더 많은 월급을 받을 기회를 극적으로 높이지만, 학교가 카네기를 정의한 다른 자질들로 이끌어줄지 모를 경험들을 제공하는지 전혀 명확하지 않다. 지식 정보와 생각ideas에 대한 그의 갈망, 책의 가치에 대한 이해, 공동선을 위한 헌신, 인내심과 근면함, 혁신에 대한 관심 그리고 언어적 재능. 우리는 앤드류 카네기, 빌 게이츠Bill Gateses 그리고 스티브 잡스Steve Jobses로부터 잘못된 것을 배워왔다. 아이들이 열망해야 하는 것은 그 부유함이 아니다. 학교가 성공을 위해서 불필요하다는 것도 아니다. 소수의 사람들만이 엄청난 부자가 된다. 그렇지만 카네기는 우리의 생각을 이끌어줄지 모를 다른 위대한 것들을 이루었다. 그는 포부와 전문적 지식, 독창성, 깊은 사려, 박식함 그리고 공동체에 대한 꾸준한 관심을 소유했다. 물론 그가 이러한 자질들을 다소 기발하고 우연한 방식으로 습득한 것으로 보이는 건 사실이지만, 운에 맡길 필요는 없다. 이는 교육으로 얻어질 수 있으며 엄청난 재산과는 달리 누구나 가용할 수 있는 것이다.

교실 문 안을 가까이 들여다보면 지난 150년간 우리는 아마도 깨닫지 못한 채 교육의 목적이 돈을 버는 것이라고 생각하게 되었다. 비록 학교에 가는 것이 아이들이 성인이 되었을 때 적절한 월급(임금)을 받을 기회를 크게 올려주지만, 그 사실이 '아이들이 **무엇을** 그리고 **어떻게** 학습해야 하는지'에 대한 우리의 생각을 정의할 필요도, 정의해서도 안 된다. 적절한 임금은 학교를 다니는 것의 매우 바람직한 결과일 수 있다. 하지만 그것은 돈이 교육의 목표나 성공의 척도가 되어야 한다는 뜻은 아니다. 물론, 돈을 학교의 목적으로 지정하는 것에 어떤 해로운 것이 있는지 회의론자들이 물어볼지도 모른다. 다음에 살펴보는 것처럼 아주 많다.

THE END OF THE RAINBOW

How Educating for Happiness (Not Money)

Would Transform Our Schools

2

어떻게 돈이 교육을 망가뜨리나
How Money Impoverishes Education

몇 년 전 아주 재능 있고 열정적인 윌리엄스Williams 칼리지의 학부생, 로즈 마리Rose Marie와 일했다. 그녀는 윌리엄스에 다녔지만 특권층 출신은 아니다. 그녀가 어린아이였을 때 가족이 푸에르토리코에서 뉴욕의 북부에 있는 한 작은 산업도시로 이사했다. 아빠는 경찰이었고 엄마는 학교에서 사무원으로 일했다. 자라며 함께해 온 대부분의 친구와 이웃은 가난했고 중앙아메리카에서 미국으로 이주해 왔다. 그녀는 똑똑하고 발랄하며 에너지가 넘쳤고, 가르치는 일에 대해 강한 목적의식이 있었다. 그녀는 교실에서 자연스러웠다. 내가 지역의 3학년 학생들을 가르치는 것을 관찰할 기회에, 그녀가 아이들에게 일종의 권위가 있고 교실에서는 금과 같지만 돈으로 살 수 없는 자신감과 통솔력을 볼 수 있었다. 그녀가 가르치는 일을 아주 좋아한다는 것이 그녀에게서 발산되어 나왔다. 삶의 경험과 성격, 교사로서 성공할 교육과 어울리는 대학 졸업자가 있었다면 단연 로즈 마리일 것이다. 하지만 평생을 교사로 살기로 선택하는 것은 그녀의 입장에서 대담함을 필요로 했다. 그녀의 부모님은 그녀를 윌리엄스에 입학시키기 위해 열심히 일했다. 로즈 마리는 부모님의 자랑이자 기쁨이었고, 그들은 그녀를 위해 더 대단한 것을 상상했다. 교사가 아니라 의사가 되기를 원했다. 하지만 로즈 마리는 자신의 열정을 포기할 수 없었다. 4학년 크리스마스에 집에 가서는 교사가 되어야 한다고 그것이 자신의 소명이라고 말했다. 부모님은 그녀를 사랑했기에 그녀의 결정을 받아들였다. 당연히 그녀는 몇 가지 훌륭한 제안을 받았고, 뉴욕시의 차터 스쿨에 취직하게 된다. 그녀는 졸업 후 높은 빌딩 속 훌륭한 선생님이 되었다. 재직 첫해 4월, 그녀는 나에게 전화했다. 그녀는 모든 것을 나에게 이야기해야 했다. 할렘에 위치한 그녀의 학교는 어려울지라도 사랑스러운 아이들로 그득했다. 그녀는 학생들과 즉각적인 유대감을 감지했다. 많은 아이가 어려움이 있었지만, 학생들이 무엇을 위해 고군분투하고 있는지 이해할 수 있었고, 어떻게 아이들의 학습을 도울 수 있는지에 대한 생각(확실하게 효과를 보일)을 갖고 있었다. 그녀는 다른 몇 명의 교사들도 좋아했다. 하지만 그녀는 자신이 해낼 거라고 생각하지 않는다고 말했다.

여긴 학교가 아니에요. 군대예요. 아이들을 하루 종일 줄을 서게 만들어요. 한쪽 발이나 손이 어긋나면 벌을 받아요. 교사는 통제할 수 없다며 점심시간조차 말하는 것을 허용하지 않아요. 독서 수업은 너무 지루해요. 독서를 더 재미있게 할 수 있는 활동을 제안하니까, 선임 교사가 그럴 시간이 없다며 이미 정해진 계획을 따라야 한다고 해요. 여긴 애들을 위한 곳이 아니에요. 그리고 가르치는 일을 진정으로 좋아하는 사람이 있을 곳이 아니에요.

로즈 마리는 내게 적어도 일주일에 한 번은 학교를 생각하며 울었다고 했다. 그녀가 학교에서 목도한 것은 그녀가 아이들을 가르치는 일을 좋아한다고 생각한 것에 의문이 들도록 만들어버린 거다. 그녀는 그 의문을 놓지 않았

학교의 미래, 이룰 수 없는 꿈?

고, 두 번째 해에 그 학군에서 가장 전도유망한 젊은 교사로 상을 받았다. 하지만 그녀는 곧 그 학교를 떠나 다른 곳, 어딘가 덜 암울하고 제약이 덜한 곳에서 가르쳤다. 이 이야기는 그녀에게는 해피엔딩이지만, 그 학교나 교육 일반에 대해서는 아니다. 그녀의 묘사는 디킨스Dickens가 우리에게 교장 토머스 그라드그라인드Thomas Gradgrind를 소개한 『어려운 시절Hard Times』의 한 구절을 상기시킨다. 교장은 말한다.

"내가 원하는 것은 사실이오. 소년, 소녀들에게 사실만을 가르쳐요. 사는 데 필요한 것은 오직 사실뿐이오. 다른 것은 심어주지 말고, 나머지는 완전히 모두 뽑아내세요. 사실에 근거할 때만 이성적으로 생각하는 동물(인간)의 마음을 만들 수 있을 뿐이란 말이오. 다른 건 아무런 도움이 되지 않아요. 이게 내 자식들을 기르는 원칙이고 저 아이들을 키워내는 원칙이죠. 선생, 사실에 충실해요!"

장면은 평범하고, 벗겨진, 단조로운 둥근 천장의 교실이고, 교장은 꼿꼿이 세운 집게손가락으로 그의 생각을 옷소매의 선을 따라 문장마다 밑줄을 그으며 강조했다.

그라드그라인드는 학생들이 성인이 되었을 때 활용할 실용 지식을 갖추고 학교를 마치도록 하는 데 필사적이다. 로즈 마리의 묘사도 소름 끼치게 비슷하다. 아이들은 강당에 줄을 서서 있을 때 꿈틀거리면 벌을 받고, 서로 대화를 나누면 질책을 받고, 자제하라고 반복해서 들었다. 로즈 마리가 그녀의 선임 교사에게 아이들이 독서에 흥미를 가졌으면 좋겠다고 했을 때, 독서에 대한 사랑은 그 아이들이 감당할 수 없는 사치라는 말을 들었다. 그 대신 아이들은 좋은 시험 점수와 궁극적으로 취직할 수 있는 기술을 배워야 했다.

SLANT*의 힘

2010년 많은 사람의 교육적 신경을 건드리는 논평을 썼다. 논평에서 현재 미국 교육의 방식이 '아동낙오방지법'과 '정상을 향한 경주Race to the Top'의 기이한 혼합으로 연구자들이 초등학교 시절 아이들이 어떻게 발달하는지에 대해 알고 있는 것과 정면으로 어긋난다고 지적했다. 나는 너무 많은 학교들이 아이들과 교사 모두를 목 조르는 교육과정과 교수법을 사용하고 있다고 주장했다. 몇 가지 간단한 예를 사용했다.

> 무엇이 정말 중요한지 가르치는 교육과정을 설계하기 위해서, 교육자들은 현대적인 발달 과학의 기본적인 인식 대상을 기억해야 한다. 그 선도자들이 도달하게 하려는 능력에 항상 일치하지는 않는다. 예를 들어, 알파벳을 말하는 것이 특별히 아이들이 독해 능력을 배양하는 데 도움이 되지 않는다. 하지만 유년기에 길고 복잡한 대화를 나누는 것은 도움이 된다. 간단히 말해, 아이들이 초등학교에서 해야 할 일은 고등학교나 대학을 위한 주입식 교육을 하는 게 아니라 후일의 소중한 지식과 기술로 이어질 사고력과 행위 방식을 발달하도록 하는 것이다. … 아이들은 또한 이야기, 신문 기사, 만화의 자막, 서로에게 보내는 편지와 같이 그들에게 실제로 의미 있는 것들을 쓰는 데 하루에 한 시간을 보내야 한다. 사람은 좋은 점수보다 생각하고 소통하기 위해 글을 쓸 때 가장 잘 쓴다.

이어서 나는 시험 점수가 아니라 아이들이 성장하도록 설계한 교과과정을

• "Sit up straight. Lean forward. Act interested. Nod your head. Track the teacher"의 줄임말 구호 – 옮긴이.

사용해야 한다고 주장했다.

신문사와 나에게 우편물이 쇄도했다. 많은 편지들과 온라인 반응은 황홀했다. 교사, 부모, 심리학자, 그리고 심지어 일부 고등학교와 대학생들도 위로받고 고무받았다면서 그들이 답답하고 낙담했던 방식의 대안을 만났다고 했다. 하지만 무시할 수 없을 정도로 내 제안에 격분하는 사람들도 있었다. 그 대부분은 영리 사업가들과 차터 스쿨 사람들로부터 온 것인데, 시험 점수에만 큰 비중을 두는 것이 그들의 방식이라는 나의 비판에 격분했다. 한 편지가 눈에 띄었다. 평생 금융업에서 일했고 현재 코네티컷주에 있는 새로운 차터 스쿨 그룹을 지원하는 자선단체에 속해 있는 여성이 보낸 것이었다. 그녀는 불과 몇 달 전에 내가 교사 연수에 대해 썼던 또 다른 논평에 따뜻한 편지를 보냈었다. 그때 그녀는 우리가 마음이 맞는 사람이라고 했다. 하지만 이번에는 배신감을 느꼈다고 썼다. 그녀는 "우리 학교들은 교사와 교장이 아이들 시험 성적을 올리려고 최선을 다하고 있어요. 당신은 우리 교실이 따분하고 규율이 엄해 보이도록 만들었어요. 그건 사실이 아니에요"라고 말했다. "왜 당신이 허우적거리는 아이들을 도우려고 하는 학교를 비판적으로 보는지 이해할 수 없어요. 와서 보세요. 그럼 멋진 곳이란 걸 알게 될 겁니다."

나는 제안을 받아들이고, 그녀의 학교 중 한 곳으로 갔다.

그 학교는 부유한 사람들과 가난한 사람들 사이의 갈등으로 악명이 높은 작은 도시의 가난한 동네 중 한 곳에 있는 작은 거리에 있었다. 건물 안으로 들어서자마자 에너지와 규율, 질서를 느낄 수 있었다. 4학년 과학 시간에 슬며시 들어섰다. 활기차고 열정적인 젊은 백인 교사가 모두 흑인인 학생들과 질의응답 시간 중이었다. 대부분 조용하고, 주의를 집중했으며, 침착했다. 몇 명은 열중하는 것 같았다. 교사는 그들이 학습한 내용에 대해 일련의 질문을 하고 있었는데, 세포의 구조에 관한 것이었다. 누군가 손을 들면 그녀

49

2. 어떻게 돈이 교육을 망가뜨리나

는 곰 인형을 던져주었다. 학생이 곰 인형을 들고 있는 동안은 응답할 수 있었다. 학생이 답을 마치면, 곰 인형을 교사에게 되돌려 던졌다. 아이들은 바르게 행동했고, 적어도 그들 중 일부는 교사가 기대하는 답을 했다. 학생들의 주의 집중은 인상적이었다. 비록 내 눈에는 세포 분열의 복잡함보다 곰 인형을 던지고 잡는 데 더 열성이 있는 것 같았지만. 하지만 여전히 집중되고 즐거운 분위기였다.

그리고 나서 처음으로 철자법 배우는 1학년 교실을 돌아다녔다. 교사(백인)는 교단 위에 있고 아이들(흑인이나 라틴계)은 짧은 줄로 정렬되어 있는 책상에서 그녀를 마주하고 있었다. 그녀는 뒤에 있는 벽에 걸린, 굵은 대문자로 'SLANT'라고 쓰인 긴 현수막을 가리키며 시작했다. SLANT는 "똑바로 앉아라Sit up straight. 앞을 향해라Lean forward. 관심을 보이며 행동하라Act interested. 머리를 끄덕여라Nod your head. 교사가 움직이는 대로 따라다녀라Track the teacher"를 뜻한다.

그리고는 학생들 앞에 놓인 학습지의 지시사항을 검토하면서 무엇을 해야 하는지 잘 알고 있는지 확인했다. 대부분은 학습지를 내려다보았다. 일부는 시작하고 싶어 보였고 많은 아이는 어떤 표정도 보이지 않았다.

한 아이가 의자에 앉아 꼼지락거렸다. "마르코 똑바로 앉아. 꼼지락거리지 마." 교사가 말했다. 아이는 교사를 보고는 학습지를 내려다보았다. 거의 동시에 그는 오른쪽 다리를 옆 책상을 향해 쭉 뻗었다. "마르코, 가만히 앉아. 학습지에 집중해." 마르코는 앞에 놓인 종이를 내려다보더니 종이 위 책상 홈에 잘 놓여 있는 연필로 시선을 옮겼다. 연필을 잡아 손가락으로 돌리고 내려놓았다. 다음엔 머리를 돌려 뒤에 앉은 아이들이 뭘 하는지 보았다. "마르코, 네가 가만히 앉아 있지 못하니, 일어나서 네 자리 뒤에 서 있어." 마르코가 이 말을 이해하는 데 2초가 걸렸다. 그래서 교사는 다시 말했다. "마르코, 너 내가 한 말 들었니? 집중할 수 없다면 자리에서 일어나 네 의자 등

받이에 손을 얹고 책상 뒤에 서 있어야 해. 그게 규칙이야. 우리는 이 단어들의 철자법을 배워야 해." 마르코는 자리에서 일어나 폴짝 뛰고는 손을 앞에 두고 책상 뒤에 섰다. 아이는 무엇을 해야 하는지 안다. 모두가 그랬다. 이런 일은 이 교실 안에 있는 많은 아이에게 여러 번 있었던 게 분명했다. 3분 뒤에 마르코에게 자리에 앉아 학습지 풀이를 다시 시작하라고 했다.

이때 교사는 더 이상 설명하지 않는다. 아이들은 이제 학습지의 공란을 알아서 채우도록 되어 있다. 마르코의 엉덩이가 의자에서 밀려나 약간 벗어났다. "마르코, 학습지를 끝내야 해. 당장 앉아 집중해." 교사는 질문하려고 온 다른 꼬마 남자아이를 도와주려고 돌아섰다. 마르코는 앉지 않았다. 일어나서 출입구 가까이에 있는 교실 뒤쪽 카운터 쪽으로 돌아다녔다. 1분간 아무런 의지가 없는 표정으로 서 있었다. 그는 문에 있는 작은 창문을 통해 빈 복도를 내다보았다. 그의 눈이 카운터를 훑었다. 회전하는 크랭크가 철제 종류로 만들어진, 구식의 연필깎이가 보였다. 그는 소리 없이 재빠르게 손가락 하나를 구멍에 집어넣고 크랭크를 돌리기 시작했다.

많은 아이는 집중하는 데, 규칙을 따르는 데, 할 일에 주목하는 데에 어려움을 겪는다. 많은 교사가 그런 아이들이 스스로를 통제하는 법과 잘 행동하는 방법을 가르치려고 고군분투한다. 그 일에 대해 쓴 책이 많다. 그 문제를 해결하기 위한 연구에만 수백만 달러가 쓰였다. 하지만 만약 이 어린 사내아이가 자기 행동의 주인이라는 의식sense of agency을 발달시키거나 흥미로운 일에 끌리도록 돕는 것이 목표였다면 내가 목격한 에피소드는 일어나지 않았을 것이다.

그 대신에 목표는 벽에 걸린 현수막만큼이나 명확했다. 아이들은 학습지 빈칸을 채워서 시험에 나오는 단어의 철자를 배우고, 더 좋은 점수를 받아 더 좋은 고등학교로 진학할 수 있고, 그 덕에 대학에 진학하여 취직할 수 있어야 했다. 취직 걱정에서 아주 멀리 있는 초등학교 1학년 교실에서도 월급

2. 어떻게 돈이 교육을 망가뜨리나

이 모든 것을 결정했다. 어린아이들에게 지루하고 어렵다고 생각되는 일을 하라고 하면서 언젠가는 그들이 적절한 돈을 벌게 될 것이라고 하는 것은 효과가 없다. 아이들은 현재에서 일어나는 매우 생생한 생활에서 어떤 의미도 가질 수 없는, 추상적이고, 멀고, 너무 막연한 목표를 위해 아이들 본래의 에너지와 관심들을 억누를 수 없다.

아이들은 학교에서 좋은 경험을 해야만 후일 자신을 위해 문을 열 방식으로 생각하고 행동하도록 고무받는다. 학교교육이 사회적 계층 이동에 중요한 역할을 한다는 것에는 의심의 여지가 없다. 하지만 순종적인 노동자로 훈련하는 것이 그 포부에 충실한 방식은 아니다.

늘 미래를 지향하는 시야를 유지할 수 있고 그래 보이는 아이들도 있다는 것은 인정할 만한 가치가 있다. 그 아이들은 단지 지시받았거나, 어른이 되고 나서 무언가 좋은 것으로 이어질 것을 알기 때문에 지루하고 의미 없는 일들을 한다. 대개 부유한 집안에서 자라 그 혜택을 즐기는 아이들이다. 부모는 교육 수준이 높고 수입이 많은 직업에 종사한다. 그런 집안의 아이들은 현재의 기쁨을 뒤로 미루는 미래의 보상에 빠져 있다. 일상생활의 대부분을 미래의 성공을 위한 길을 닦으며 보낸다. 학교생활을 잘하고, 운동 경기에서 이기려고 하고, 지역사회 봉사에 참여 한다. 그렇게 함으로써 대학입학 지원서를 인상적으로 만든다. 하지만 그들에게도, 돈에 의해 만들어진 길은 대개 비어 있다.

최근에 윌리엄스 칼리지의 4학년 학생 줄리아Julia가 찾아와서 그녀가 경험한 학부생 4년의 생활에 대해 이야기했다. 그녀는 교육 수준이 높은 특권층의 가정에서 자랐다. 그녀의 부모 모두 명문 대학에 다녔다. 윌리엄스 칼리지에 올 때 그녀는 강렬한 야망과 포부가 있었다. 줄리아는 대학을 사랑했다. 하지만 어린 시절부터 걸어온 길에 대해 의문을 갖기 시작했다면서, 물었다.

학교의 미래, 이룰 수 없는 꿈?

대학 졸업반으로서, 저는 제 생활의 72% 이상을 학교에서 보냈어요. 지난 16년 동안 교육은 필수 불가결하고 도움이 되는 피할 수 없는 것이었죠. 스스로의 발전, 가족 그리고 친구들이 교육을 중심으로 움직였어요. 마지막 두 학기중에 첫 학기를 마쳐가면서 노동시장에 뛰어들려고 하는데 학교에 바친 막대한 헌신의 목적에 대해 의심이 들었어요. 망설이는 것엔 익숙해요. 하지만 16년이 지나고 저는 이 의문을 어떻게 다뤄야 할지 알거든요. 답은 단순한 선형주문이죠. **나는 행복해질 만큼 충분한 돈을 벌기 위해 좋은 일자리를 얻을 수 있는 좋은 교육을 받기 위해 학교에 가요.**

이 얄팍한 목적의 연쇄는 제가 경험한 가치 있고 값비싼 교육의 목적에 대한 의심을 잠재우지 못했고 지금은 확실히 만족스럽지 않아요. 하지만 가끔 이 목적은 제가 과제를 하거나 시험공부를 할 수 있을 만큼 의심을 가라앉게 해요. 저 또한 예외는 아니고요. 친구들과, 부모님에게 그리고 사회에서 학교와 돈, 행복 사이에 가정된 연관성이 교육의 목적으로 정당화되고 있어요. 저는 가기 싫어서 발을 질질 끌며 들었던 고등학교 1학년 때 기하 수업을 기억해요. 지루했고, 절망하고, 분개했어요. 저는 생각했어요. "요점이 뭐야? 이것을 나중에 언제 써먹지?" 그에 대한 답은 아직 한 번도 없었던 것 같고, 열네 살이었던 저는 앞으로도 대답이 없을 거라고 생각했어요. 그래도 저는 계속 터덜터덜 나아갔어요. 미적분을 듣기 위해 기하를 들어야 했고, 그래서 좋은 학교에 입학해서 좋은 교육을 받을 수 있었겠죠. 그러면 저는 좋은 직업을 얻고 성공해서 행복해질 만큼 많은 돈을 벌 수 있을 거예요. 그 당시 저의 목표는 즉각적인 이해나 집중적인 탐구, 심지어는 개인적 성공의 순간도 아니었어요. 제 목표, 그러니까 제 교육의 목표는 그런 시간을 따라 몇 년 뒤에나 나오죠. 첨부된 급여의 가치에 의해 성공으로 정의된 직업 경력과 관련된 막연한 생각에 묶여 있었어요.

잘못된 에스컬레이터에 갇힌 것은 그녀만이 아니다.

당신은 택시 운전사로 행복할 수 있나?

몇 년 전, 아동기의 맥락Childhood in Context이라는 토론 수업을 하고 있었다. 매 학기 우리의 목표는 아이들이 환경(집안, 지리, 국가)에 의해 다르게 만들어지는 방식을 식별해 내는 것이다. 매주 화요일, 금요일 오후, 18명의 학생들과 만나서 논문, 영화, 데이터에 관해 토론했다. 늘 그렇듯 다채로운 학생 묶음이었다. 몇몇은 부유한 집안 출신으로 윌리엄스를 다닌 3세 또는 4세였다. 대다수가 의사, 변호사, 교사인 부모를 둔 중산층 전문 직업인 가족이었다. 몇몇 부모는 광고업, 소매업, 제조업에서 일했다. 한 아빠는 우체부였고 또 한 아빠는 석공이었다. 어떤 엄마는 성직자였다. 다수가 미국의 교외 지역 출신이다. 하지만 짐바브웨, 아르헨티나, 쿠바에서 온 친구도 있었다. 이들 셋은 가족 중에서 처음으로 대학을 다니는 경우였다. 수업에 들어온 학생은 활기차고 참여가 활발해서 함께 읽은 연구들이 어떻게 학생들 자신의 경험에 연결되거나 연결되지 않는지에 대해 생각하려는 집단이었다. 나는 1964년에 시작한 마이클 앱티드Michael Apted의 고전 영화 〈세븐 업Seven Up〉 연작 중 첫 작품을 보여주었다. 그해에 앱티드는 영국에서 일곱 살 아이들로 구성된 한 무리의 아이들을 촬영했고 이후 7년마다 성장하는 아이들을 다시 촬영하러 돌아왔다. 난 학생들이 젊은 어른이 될 때까지 아이들이 겪는 다양한 삶의 행로를 생각해 보길 바랐다.

이 연작 영화의 개별작은 유명한 구절로 시작한다. "일곱 살 아이를 보여주세요. 나는 그 남자the man(일곱 살 이후의)를 보여줄게요." 앱티드의 진짜 관심은 영국에서 사회적 계급이 사람들 삶의 이야기를 만드는 방식에 있다. 부모가 이전에 그랬듯이 이튼Eton과 케임브리지Cambridge에 다니는 상위 계급 아이들, 한 번도 그들의 고향을 떠나본 적이 없는, 돈과 부서진 집, 정신병과 절망에 시달리는 노동자 계급 출신 아이들, 사회적 계급의 한계를 뚫고 새로운 인생 행로를 발견한 소수의 아이들. 학생들은 이 연작에 매료되었고 가장 매혹적인 이야기 중 하나인 토니라는 아이의 이야기에 관심을 집중했다. 영화의 첫 장면에서 토니는 다른 아이들과 몸싸움을 하고 뺨에 흙을 묻히고 강한 이스트엔드East End 억양으로 말하는 혈기 왕성한 일곱 살짜리 꼬마로 스크린에서 뛰어내린다. 열네 살이 될 때까지 토니가 관심을 갖는 것은 경마 기수가 되겠다는 평생의 꿈을 이루는 것뿐이라고 말한다. 영화 제작자와 관객들에게 자신이 경마장에 취직해서 내기를 하러 왔다 갔다 하는데, 이것이 기수로서 기회를 얻기 위한 첫 번째 단계라고 자랑스럽게 말한다. 그다음에 토니가 스물한 살의 청년이 된 것을 본다. 다부진 체격으로, 그는 패기가 넘치고 공격적인 억양과 태도에서 여전히 생생하게 노동자 계급이다. 비록 그는 경마에 한 번 참여해 봤고 기수로서 실패했지만 그래서 그 삶을 뒤로하고 그만두었다고 한다. 그 대신 그는 현재 결혼한 후에 런던의 택시 기사 자격증을 따기 위해 반드시 통과해야 하는 아주 어려운 시험을 준비하고 있다고 말한다. 택시 기사로 일하면 중간 계급의 소득을 올려주는데 그것으로 괜찮은 수준의 생활을 할 수 있다. 런던의 택시 기사는 전형적으로 아이들을 대학에 보내고, 책을 읽고, 여행하고, 극장에 간다. 나는 학생들에게 연작의 다음 회에서 토니 부부는 세 명의 아이를 갖게 되고, 택시 기사로서 일을 보강하려고 몇몇 동업자와 펍을 사들인다고 말해 주었다.

학생들은 토니의 이야기에 정말 슬퍼했다. 한 학생은 "토니는 꿈을 포기해야 했어요". 다른 학생이 고개를 끄덕이며 동의하고 또 다른 아이는 말한다. "확실한 건 토니의 사회 계급이 그의 꿈을 숨 막히게 했다는 점이에요."

이게 나를 뒤집어지게 한다. 나는 표면 바로 아래서 부글거리는 중요한 무언의 전제를 감지하고 묻는다. "왜, 택시 기사보다 기수가 되는 게 더 높은 포부죠?"

순간 그들은 놀란 것처럼 보였다. 어떻게 그 당연한 걸 의심할 수 있지 하는 표정이다. 하지만 그때 한 젊은이가 서두르며 "주위를 통틀어 최고의 기수가 될 수 있다고 하지, 하지만 최고의 택시 기사라고 하는 걸 들어봤나요?" 이 간단한 문장은 2014년의 젊은이들이 자신의 미래를 어떻게 여기는지에 대한 중요한 실마리다. 만약 젊은이들이 윌리엄스에 입학할 만큼 똑똑하거나 운이 좋으면, 높은 목표를 잡는 것이 더 좋다. 그들의 교육을 활용하는 것이 더 좋다. 하지만 앞서 간단한 문장을 말한 학생과 수업을 함께하는 친구들에게 높은 목표를 설정하고, 대학을 활용한다는 것은 무슨 뜻인가? 관련해서 더 캐물었다. 그들이 자신이 받을 수 있는 가장 높은 임금을 주는 곳에 취직하고, 더 유명해지고, 더 큰 힘을 주고, 더 부유하게 만드는 일을 하는 것을 목표로 한다는 것은 분명했다. 그 수업의 학생들은, 하나하나가 모두, 더 좋은 교육을 받으면, 전문가로서의 목표를 더 높게 잡아야 한다는 생각을 수용했다. 그리고 그들은 "더 좋은"과 "더 높은"이 뜻하는 것에 매우 많이 동의했다. 같은 가정이나 같은 동네, 같은 경제 계층 출신은 아니지만, 모두 자신의 학력이 어디로 데려다주어야 하는지는 같은 생각이었다. 그들에게 "토니가 택시 기사로 행복하면 어쩌지? 만약 그의 삶이 실제로 기수가 되는 것처럼 그의 마음을 아프게 하지 않는 일을 하는 것이 더 좋다면 어떨까요? 만약 더 높은 포부가 부자가 되거나 유명해지거나 다른 사람을 이기는 것이 아니고 무언가 만족감을 주는 것이라면 어떻게 될까?"라고 물었다. 그들은 나를 향해 고개를 갸웃거리더니 마치 내가 다시 초점으로 돌아오게 하려는 것처럼 눈을 가늘게 떴다. 내가 대체 무슨 말을 하고 있었던 건가? 하지만 바로 그 표면 아래에서, 많은 학생은 이미 내 선배가 묘사한 공식에 의해 만들어진 악덕과 씨름하고 있다.

하비에르Javier라고 부를 학생을 예로 들어보자. 키가 크고 잘생겼으며, 젊은 운동선수의 편안한 우아함을 가지고 있는 그를 수업에서 처음 만났을 때, 그는 아이들과 심리 발달에 상당한 관심이 있어 보였다. 두 번째 수업에서 하비에르는 중미 국가 출신 이민자로서 겪은 경험이 수업에서 고려하는 주제에 대해 비상한 통찰을 주었다고 분명하게 밝혔다. 네 번째 수업에 이르러 그가 읽을거리 자료를 전혀 읽지 않고 온다는 것과 종종 말할 때 어떠한 읽기 자료도 언급하지 않는다는 걸 깨달았다. 그 대신 개인적인 경험을 바탕으로 발언했다. 토론의 핵심이 주제의 핵심에 자리 잡고 있는 과학적인 문제에 집중할수록 그의 흥미가 퇴색해 가는 것을 느낄 수 있었다. 4주째가 되자 그는 규칙적으로 수업을 빼먹었다. 그러고 나서 그의 과제를 읽어보았다. 최악이었다. 하루 저녁에 급하게 쓰고 재검토가 없었던 것이 분명했다. 하지만 정말 힘들게 한 것은 과제를 돌려주는 날 결석했다는 것이다. 몇 주 후에 둘째 과제를 내줄 때까지도 그는 첫째 과제에 대해 묻지 않았다. 분명히 그는 자신의 학점이 얼마나 간당간당한지 알고 싶을 뿐이었다. 매 수업 때마다 서서히 사라지는 듯했다. 그리고 12월, 마지막 주 수업 동안 하비에르는 자신이 수업에서 학점을 받을 수 없을지도 모른다는 것을 깨달았다. 그는 와서 이야기하자고 했다.

난 퉁명스럽게, "하비에르, 전화를 거는 것 같군".

고개를 끄덕이며, 시선을 내 책상 뒤 벽면에 있는 전등 스위치로 돌렸다. 그리고 말하기를 "어릴 적부터 온통 제 관심은 오로지 야구와 축구였어요. 다른 어떤 것에는 관심을 가져본 적이 없죠. 이곳의 어느 것도 제 흥미를 끌지 못해요".

좀 누그러진 목소리로 물었다. "하지만, 네가 가장 마음 쓰는 게 야구와 축구고, 학구적인 것에는 통 관심이 없는데 **여기서** 뭘 하고 있는 거지?"

그의 눈이 눈물로 가득 차고, 후회스럽기도 하고 좀 어리둥절하다는 듯 어깨를 으쓱했다. 그는 말하길 "엄마는 좋은 기회라고 생각했어요". 물론 어떤 의미에서는 그렇다. 명문 대학에서 학위를 받는 게 하비에르가 좋은 곳에서 일자리를 얻는 데 도움이 된다. 다른 한편 그의 아버지는 변호사여서, 이 특별한 대학이 그의 유일한 중산층 생활 진입 수단을 나타내는 것은 아니다. 하지만 그는 흥미 없는 일을 하는 데 4년을 보냈고, 그가 흥미 있고 잘할 수 있는 것에 매달릴 기회를 놓쳐버렸다. 이제 졸업이 가까워지면서, 그는 자신이 무엇을 잘하고 싶은지조차 파악하지 못하고 있다. 돈벌이가 되는 직업의 유혹은 그가 진정으로 관심을 가질지도 모르는 만족스러운 일을 준비하는 교육의 혜택에서 멀어지게 만들었다. 이렇게 돈 문제를 중심으로 하는 교육의 유입은 대학이나 고등학교 3학년 때 시작된 것이 아니라 오래전에 유치원에서 출발한 것이다.

진짜 읽기와 가짜 읽기

1955년, 오스트리아 태생의 컬럼비아 대학교 영어학 박사학위를 받은 루돌프 플레쉬Rudolph Flesch는 모든 부모의 우리cage를 뒤흔들고 미국 학교 내에서 큰 논쟁을 불러일으킨 책을 썼다. 『왜 조니는 읽기를 못할까? 그리고 당신은 그 문제에 대해 무엇을 할 수 있을까? *Why Johnny Can't Read, and What You Can Do About It*』[1] 플레쉬는 우리가 아이들에게 읽기를 가르치는 방식이 잘못된 것이라고 주장했다. 당시 이 나라 대부분의 학교는 "보고, 말해봐look, say"의 방법을 사용했다. 이 방법은 단순하다. 아이들에게 같은 단어를 반복해서 보여주면서, 아이들이 결국 암기할 때까지 계속 반복하는 것이다. 아이들이 단어의 모양을 알아차리고, 문장의 나머지 부분(의미)에 근거한 단어에 대한 단서를 사용하고, 함께 보이는 어떤 그림에서라도 시각적 힌트를 사용하도록 장려했다. 이내 그 단어들을 인식하는 능력이 아이들로 하여금 낯선 새 단어들을 인식할 수 있게 해줄 것이다. 이 방식은 시각적 단서들과 잘 알고 있는 어휘들을 저장하는 두뇌 영역의 성장에 기초하기 때문에 때로는 보기

학교의 미래, 이룰 수 없는 꿈?

법sight method이라고 불린다. 플레쉬는 글자 소리와 글자 조합을 배우지 않으면, 아이들은 다양한 종류의 시각적 정보 판독과 친숙한 단어에 대한 자신의 기억에 의존하게 된다고 주장했다. 그 대신에, 아이들은 소리를 듣고 단어를 발음하는 법을 배워야 한다고 주장했다. 그의 전제는 아이들이 우리의 음성 체계의 근본적인 역학을 이해하도록 하는 것이 우연히 발견한 어떤 새 단어도 배울 수 있는 도구로 무장하게 해줘서 읽기를 더 잘하는 독자로 만들게 된다는 것이다. 기억력보다는 사고력이 아이들 독서 과정의 기초를 형성하게 된다는 것이다.

이 두 접근 방식의 충돌은 교사와 학교 체계가 각각의 접근 방식의 장점을 놓고 다투고 있는 역사적인 것이다. 양측은 "읽기 전쟁"이라고 알려질 만큼 격렬하게 논쟁했다. 60년 전 일이다. 그러나 이 논쟁이 과거의 유물이 아니다. 최근 수십 년 동안 어린이들이 문맥에서 단어를 인식함으로써 읽는 법을 배워야 한다고 주장하는 사람들이 그들의 접근법을 어린이 친화적인 함축을 담은 "총체적 언어whole language"라는 표제를 붙여 다시 만들었다. 이를 옹호하는 사람들은 아이들이 단어들을 소리 내는 과정(음성학적 접근)이 너무 느려 문장 끝에 다다를 때쯤이면 무엇에 관한 것인지 잊어버리거나 단순히 흥미를 잃는다고 주장한다. 발음 중심 어학 교수법Phonics을 지지하는 사람들은 총체적 언어 접근법이 많은 어린이를 혼란스럽게 하고 스스로 부호code를 해독할 수 없게 만든다고 주장한다. 이 전쟁은 아직도 맹위를 떨치고 있다. 다음은 2007년에 위스콘신Wisconsin에서 있었던 읽기 전투를 묘사한 기사다.

이곳 호손 초등학교에서 읽기를 배우는 다섯 명의 1학년 학생들에 둘러싸인 스테이시 호지예비치Stacey Hodiewicz 씨는 한 소년이 한 단어로 고군분투하는 동안 귀를 기울였다. "Pumpkin(호박)"이라고 소년 파커 쿠니Parker Kuehni가

조심스럽게 말했다. "그 단어 좀 봐." 선생님이 제안했다. 총체적 언어로 알려진 방법을 사용하여 그녀는 그에게 그 단어의 길이를 생각하도록 했다. "호박(Pumpkin)이 될 만큼 길어?" 파커는 다시 쳐다보았다. "Pea(완두콩)"라고 그는 정확하게 말했다.

그것을 200만 달러의 읽기 수업이라 불러라. 그 교수법을 고수함으로써 미국의 가난한 아이들을 3학년까지 능숙한 독자로 만들려는 부시 행정부의 야심 찬 시도인 읽기 우선Reading First 정책을 위해 매디슨Madison(위스콘신 주도)이 통과시킨 금액이다. 주 정부에 연간 10억 달러의 보조금을 주는 이 프로그램은 이른바 읽기 전쟁, 즉 최선의 읽기 교수법을 둘러싼 싸움을 끝내기로 되어 있었지만, 대신 이 싸움에 새롭고 쓰디쓴 전선을 열었다.

학교 관계자와의 인터뷰, 최근 몇 달 동안 공개된 일련의 연방 감사와 이메일 메시지들에 따르면, 연방 공무원과 계약자는 이 정책 프로그램을 통해 학교에서 음성 중심 어학 교수법phonics이 강조하는 음절 발음 메커니즘에 초점을 맞춘 접근 방식을 채택하고, 이러한 메커니즘을 무시하고 그림이나 문맥과 같은 단서를 사용하여 가르치는 총체적 언어 교수법에서 가져온 방법을 폐기하도록 압박했다. '읽기 우선' 프로그램을 운영한 연방 관리들은 정규적이고 체계적인 음성 중심 어학 교수법을 사용한 수업을 포함한 교과과정만 정책 프로그램이 요구한 "과학적인 근거에 기반한 읽기 연구"의 지원을 받았다고 주장한다.[2]

아이들이 어떻게 읽는 법을 배우는지에 대한 연구와 실험들이 그랜드 티톤Grand Teton 국립공원의 산들만큼 높이 쌓였다. 교과서 출판사와 교육부는 수백만 달러를 벌고 낭비했다. 모든 경력이 이 전쟁터에서 생겨나고 사라졌다. 그리고 우리는 여전히 잘못된 행로에 있다.

그리 오래되지 않은 과거에 나는 매사추세츠에 있는 초등학교 교실 네 곳

학교의 미래, 이룰 수 없는 꿈?

을 관찰했다. 1학년 교실은 밝고 명랑했다. 각각의 교실에는 책상과 의자들이 충분했다. 각 교실에는 읽기 코너, 종이, 크레용, 가위, 연필, 각종 수학 관련 기구, 그리고 재미있는 게임 도구(로토Lotto, 퍼즐, 스크래블Scrabble)가 있었다. 두 교실에는 어항이 있었고, 모두 벽에 그림이 걸려 있었다. 아이들을 위해 좋은 학교가 있는 마을을 찾기 위해 둘러보는 젊은 부모라면 누구라도 본 것을 좋아할 것이다. 이 교실의 교사들은 친근했다. 아이들을 좋아했고, 학생들에게 말할 때 친근한 목소리를 사용하고, 도움이 필요하면 언제나 도와주었다. 철자법, 덧셈, 단어를 소리 내어 읽기, 문장 쓰기 등 교사들은 배운 대로 다양한 학업 일상을 더 재미있게 만들기 위해 진정한 노력을 기울이고 있음을 알 수 있었다.

몇 주 동안 아이들이 읽기 능력을 향상하기 위해 무엇을 하는지 주의 깊게 지켜보았다. 매일 아이들은 철자법을 연습했고, 일반적으로 장모음, 세 개의 자음으로 시작하는 단어(예: str), 까다로운 모음 조합(friend, build 등)과 같은 특정 문제에 중점을 두었다. 달력, 선생님이 쓰신 메모, 일기예보와 같은 메시지들을 큰 소리로 읽는 연습을 했다. 읽었던 그 어떤 것에 대한 간단한 질문에 대답하기 위해 짧고 간단한 이야기들을 읽었다. 처음에는 학업적 성공의 기초를 구성하는 요소들을 쌓아가고 있는, 행복하고 분주한 교실이 꽤 좋아 보였다. 하지만 2주차에 무언가 중요한 것을 놓치고 있다는 것을 알아차렸다. 모든 매력적인 자료와 유쾌한 동아리 시간, 감각적인 작업 등에도 불구하고 아이들이 거의 하지 않는 한 가지였다. 푹 빠져서 읽고 싶은 책을 고르고 오랫동안 읽을 수 있는 편한 장소에 앉아 있는 아이를 거의 보지 못했다.

마침내 11월 초, 두 달 반 동안 진짜 읽기가 없던 뒤에, 교사에게 그 주제를 꺼냈다. "궁금해요." 말문을 꺼냈다. "이 반에는 아주 좋은 많은 일이 벌어지고 있어요. 근데 아이들에게 책을 읽을 기회가 많이 주어지거나 선생님

2. 어떻게 돈이 교육을 망가뜨리나

들이 큰 소리로 책을 읽어주는 것을 자주 본 적이 거의 없어요." 1학년 교사한 명이 지난 10주를 마음속으로 잠시 생각하는 것인지 뜸을 들이다 말하길 "맞아요. 아이들이 그럴 시간이 충분하지 않아요. 전에는 충분히 읽을 시간을 주었고, 매일 오후엔 큰 소리로 읽어주곤 했어요. 그런데 하루가 부족해요. 다른 일이 너무 많아요. 우선 디벨스DIBELS: Dynamic Indicators of Basic Early Literacy Skills(유년기 기초 문해력의 동적 지수)에 많은 시간이 들죠. 그 검사로 평가하고 결과에 맞추어 개선하기 위해 연습하느라 정말로 책 읽기를 위한 시간이 없어요."

디벨스는 오리건 대학교University of Oregon 교수학습센터 연구원들이 개발한 프로그램이다. 연구팀의 중요한 발견은, 아이들이 어려서(5~7세 사이) 단어를 크게 읽을 수 있는 속도와 유창함이 나이가 들어서 얼마나 잘 읽을 수 있을지를 예측해 준다는 것이다. 원래의 프로그램은 나중에 더 복합적인 어려움들로 뒤떨어지기 전에 읽기 능력에 문제가 있는 아이를 판별해 교사가 개입할 수 있도록 설계되었다. 최소한 표준적 읽기 시험으로 능력이 측정되어서, 이 검사는 미래의 읽기 능력을 예측하는 데 상당한 신뢰 수준을 보이지만 그것이 내게 별로 놀라운 일은 아니다.

목록에 있는 단어들을 유창하고 쉽게 읽어낼 수 있는 여섯 살 여자 아이는 느리게 읽으면서 특정한 글자 조합을 더듬는 동갑내기 남자 아이보다 열두 살이 되었을 때 더 읽기가 더 능숙할 가능성이 높다. 아이가 읽기 과정의 시작 단계에서 어려움을 겪는 이유가 무엇이든(문자와 소리를 일치시키는 것, 문자를 맞게 알아보는 것, 또는 친숙한 단어의 기다란 목록을 쌓아올리는 어려움 등) 그것은 여전히 아이가 성장하면서 구성하는 정신의 일부가 될 가능성이 높다. 게다가, 1학년 때 고군분투하는 아이는 하루에 실제로 읽는 이야기의 양이 적어 읽는 연습을 훨씬 덜 하게 된다. 아주 단순하게 그 아이가 4학년쯤이면, 읽기 경험이 다른 아이보다 적게 되는 것이다. 마찬가지로, 독서 장애

학교의 미래, 이룰 수 없는 꿈?

가 보다 만연하고 일반적인 일에서 촉발된 아이는, 예를 들어 가족 중 누구도 글을 읽지 못하는 가정에서 자라면, 가족 모두가 문해력이 높은 가정에서 자란 아이보다 고군분투할 가능성이 더 높다. 한마디로, 단어 식별에 어려움을 겪는 5세 또는 6세 아이가 나중에 읽기에 어려움을 겪는다는 것에 무슨 마법이 있는 게 아니란 말이다.

디벨스 검사에 담긴 생각은 프랑스에서 알프레드 비네Alfred Binet가 개발한 IQ 검사와 유사하다. 비네는 교사가 학업에서 고군분투할 가능성이 있는 아이들에게 학업에 필요한 도움을 줄 수 있도록 하려고 그런 아이를 사전에 식별하기 위해 IQ 테스트를 만들었다. IQ 검사처럼, 디벨스는 학업에 어려움을 겪을 가능성이 있는 아이들을 찾아내려는 것으로 이 경우는 특히 읽기에 문제가 있는 아이들을 위한 것이다. 검사를 통해 읽기에 문제가 있는 아이들에게 3학년이 되기 전에 추가적인 도움을 받아서 글을 읽을 수 있게 하겠다는 것이다.

하지만 그런 이유로 디벨스가 많은 학교에서 사용되지는 않는다. 교사가 개별 학생에게 특이한 언어와 읽기의 요구를 해결해 주도록 돕는 진단 도구가 아니라, 디벨스 검사는 그 자체의 목적으로 활용되고 있다. 교사는 학생의 디벨스 검사 점수가 향상되면 모든 것이 좋아질 것이라는 느낌에 사로잡혀 일한다. 그러나 아이의 검사 점수가 올라가게 해주는 일과 원래 낮은 점수를 가진 아이의 근본적인 문제를 돕는 것은 전혀 다르다. 1학년 교사가 디벨스 검사가 교실에서 진정한 읽기를 밀어냈다고 말했을 때, 그 일을 완전히 이해할 수 있다는 듯 말했다. 그 교사의 관점에서 보면, 큰 소리로 책을 읽고 아이들이 스스로 책을 읽을 수 있는 시간을 누리는 것은 디벨스 검사에서 계속 형편없는 점수를 받는 아이에겐 사치스러운 것이다. 그 대신에, 그 시간을 디벨스 검사를 연습하기 위해 사용하는 것이 더 목표에 잘 조준된 효율적인 것으로 보는 것이다. 1분 안에 가능한 한 많은 단어를 식별하고 불러내는 것이 여서 살 아이가 다음번에 디벨스 검사에서 점수를 잘 받는 데 도움이 될지 모르지만, 그런 식의 연습이 더 낫고 열렬한 독서가를 양성하지는 않을 것이다.

교사는 공통적으로 디벨스 검사를 관리하고 점수를 매기는 데 너무 많은 시간을 소모하고, 아이들에게 디벨스 검사에 나올 단어를 외우게 하는 데 너무 많은 시간을 쓰게 해서 책 읽을 시간이 줄어들어버린다. 아이를 독서가가 되게 하려면 무엇이 필요한지에 대해 연구가 실제로 우리에게 가르쳐준 것을 감안할 때 이 이야기는 비극이다. 샌프란시스코 출신 90세 읽기 교사가 수년 전에 내게 들려준 다음과 같은 말을 지지하는 증거는 풍부하다. "모든 아이는 조금씩 다른 방법으로 읽기를 배운다." 중요한 것은 시스템이 아이들에게 읽기를 가르치는 것이 아니라는 점이다. 책 그리고 책 읽기 전문가와 함께하는 지속적인 독서가 아이들이 책 읽기를 습득하는 데 도움이 되는 일이다. 읽기 전쟁 배후의 비밀이다. 총체적 언어 접근법이 통할 때(어린이들이 문맥에서 단어를 쉽게 인식하는 것 같을 때) 심리학자들이 말하는 암묵적 학습을 이용하여 자신도 모르게 (음성 체계를 포함한) 독서의 역학을 내면화하기 때문이다. 숨겨져 있고 겉보기에 유동적인 과정은 특정한 조건하에서 일어날 가능성이 가장 높다. 즉, 부모가 읽기를 하고, 각 글자의 소리를 즉시 "듣고", 쓰인 기호를 쉽게 알아볼 때. 즉, 특정한 신경학적 장벽(읽기 장애)이 없고 문해력이 있는 가정 배경을 가진 아이는 총체적 언어 접근법 안에 있는 음성 체계를 체득할 가능성이 있다. 마찬가지로, 발음 중심 언어 교수법을 배우는 다소 힘들고 지루한 과정으로 인해 아이들 학습 속도가 느려지지 않을 때는 아이들에게 그 과정이 쉽고 빠르게 다가오기 때문에 모든 것이 싫증나기 전에 바로 시각적 인지 방식으로 건너뛸 수 있기 때문이다. 심리언어학자인 프랭크 스미스Frank Smith는 읽기를 배우는 가장 좋은 방법은 단순히 읽는 것이라고 주장한다. 책과 독서에 노출되고 읽을 수 있는 충분한 기회가 주어진 대부분의 아이는 총체적 언어 방식과 발음 중심 언어 교수법 양쪽에 들어 있는 과정을 자연적으로 사용한다. 그러니 대부분의 아이들에게 필요한 것은 어느 방식이든 읽기 자체를 실행할 풍부한 기회다.[3]

디벨스는 유용한 진단 도구로 시작되었지만 실제 문해력에는 장애가 되어버렸다. 몇 년 전, 확인이 어려운 읽기 문제가 있는 한 소년을 관찰했다. 교사는 그 아이에게 교사와 매일 함께 학교로 오는 강아지에게 소리 내어 읽으라고 했다. 효과가 있었다. 아이는 강아지에게 책을 읽어주는 것을 너무 좋아해서 매일 즐겁게 그렇게 했다. 3학년이 끝날 무렵, 아이는 능숙한 독서가로 변했다. 운이 좋았던 것이다. 그 아이에게는 시험을 잘 보길 바라기보다 독서가가 되기를 바라는 재주 있고 융통성 있는 교사가 있었던 거다.

디벨스 훈련을 하면서 보낸 시간은 모두 아이를 더 나은 독서가로 만들지 못한다. 그리고 그러한 훈련이 아이가 읽는 법을 터득하는 데 도움이 된다 해도 책 읽기를 좋아하지 않는 아이를 독서가로 바꿀 가능성은 없다. 결국 목표는 아이들이 **읽을 수 있게** 하는 것을 넘어 **읽게** 해주어야 한다는 것이다. 몇 년간의 디벨스 훈련이나 그와 유사한 것이 아이들을 열렬한 독서가로 만들 가능성은 거의 없다. 그런데 역설은, 문해력이 부족한 가정 배경의 아이들이 문해력이 약할 위험이 더 높다고, 특권층 아이들보다 그런 불리한 배경의 아이들에게 더 많은 훈련 방식의 언어 학습이 필요하다며 자유로운 읽기 시간을 더 적게 주려는 유혹이다. 아니다. 실제로는 아이 가족의 문해력이 약할수록, 더 중요한 것은 아이가 책 읽기를 좋아하고 그것이 소중한 자원임을 알고 책 읽기가 만족스러운 오락이 되도록 만들어주는 것이다.

최근에 드와이트Dwight라는 청년을 만났다. 드와이트는 가족 중 처음으로 대학에 입학했고, 고등학교 수학 인증서를 취득해 교사가 되기로 결심했다. 그를 만났을 때, 교외 지역 학교에서 중학교 3학년과 고등학교 1학년 수학을 가르치고 있었다. 하지만 선임 교사 자격시험을 치르게 되었을 때, 휘청거렸다. 수학은 문제가 되지 않았지만, 계속해서 영어에서 시험을 망쳤다. 그가 어렵다고 생각한 것은 당황스럽다. 예를 들어, 어떤 문장이 완결된 문장인지 아닌지 표시하는 문제에 그는 어려움을 겪는다. "마루에서 장난감을 집을 때까지"로 멈춘 문구가 왜 완결된 문장이 아닌지 이해하지 못했다. 만약 책을 많이 읽는다면, 완결된 문장이 아닌 단어들의 나열을 볼 때 해석하기 위해 문장 식별 규칙을 따로 공부할 필요가 없다. 하지만 드와이트는 책을 그렇게 많이 읽지 않았다. 비록 학교에서 요구되는 모든 연습과 훈련을 했고 모든 수업을 성공적으로 통과했지만, 무엇이 진짜 문장을 구성하는지에 대한 감각을 가질 만큼 충분히 읽지 않았다.

독해 시험이 끌어내려고 하는 바로 그 능력을 육성하는 것보다, 서서히 교사, 교장, 교육감은 독해 시험에서 점수를 높게 받는 것에 수업 시간을 더 많이 할애할 가치가 있다고 생각하게 되었다. 장기적인 결과에 집착하고, 정해지지 않은 미래에 어렴풋이 보이기 때문이라며, 교사(그리고 부모)는 현재를 희생하고 학생 자신과 학생이 **현재** 해야 할 일을 무시한다. 황금이 가득한 항아리*는 보이지 않을 수도 있지만 학생의 일상생활에 지대한 영향을 미친다. 교사가 아이의 학습지나 시험지에 행복한 표정의 스티커를 붙일 때마다 그 위에 달러 기호가 있는 스티커를 붙이는 게 더 나을지도 모른다.

이것을 나중에 어떻게 써먹지?

일곱 살 때, '미스터 해리Mr. Harry(이름)'라는 선생님이 있었다. '미스터 호지킨스Mr. Hodgkins(성)'로 부르는 것보다 더 친근하고 비공식적이라면서도 그냥

• 이 책의 원제의 의미, 이루어질지 알 수 없는 아주 멀리 있는 꿈 - 옮긴이.

해리라고 부르는 것보다 더 존경스럽다고 생각했기 때문에 그렇게 부르라고 시켰다. 그는 곱슬곱슬한 검은 머리에 두꺼운 테의 안경을 썼다. 그는 총명함이나 카리스마가 전혀 없는 델모어 슈워츠Delmore Schwartz와 약간 닮았다. 존 홀트와 허브 콜에게서 영감을 받은 이 학교는 진보적이어서, 교사는 다른 아이에게는 다른 것을 가르치도록 권장되었다. 자주 독립적으로 학습하라는 말을 들었다. 어느 날 미스터 해리는 나의 가장 친한 친구 그웬Gwen과 내가 긴 나눗셈을 배워야 한다고 결정했다. 우리 둘의 좌석 사이 책상에 무릎을 꿇고 단계를 밟으며 하나씩 설명하면서 문제를 해결했다. 난 따라가고 있다고 자신하며 설명할 때마다 고개를 끄덕였다. 그러고는 우리에게 12개의 긴 나눗셈 문제가 있는 학습지를 건네주고는 내버려두었다. 친구는 그 문제를 해결하기 위해 거의 즉시 시작했다. 그러나 나는 아무것도 이해하지 못한 채 멍청히 앉아 학습지를 바라보고만 있었다. 나는 어떻게 해야 할지 완전히 어리둥절했다. 미스터 해리가 말을 하고 있을 때 분명해 보였던 게 혼자 되는 순간 안개에 싸여 가려졌다. 30분쯤 지나고 미스터 해리는 밝게 웃으며 돌아와서 "둘 다 괜찮아?"하고 물었다. 그는 기쁜 표정으로 그웬의 작업을 훑어보았다. 그리고 나서 백지 상태의 내 학습지를 보았다. 그의 얼굴이 어두워지며 입이 휘어지며 격분하여, "그동안 뭘 하고 있었니? 무슨 문제가 있니? 긴 나눗셈을 배워야 해!"라고 말했다. 나는 이전에 학교 과제와 씨름해 본 적이 없었다. 하지만 긴 나눗셈을 어떻게 해야 할지 몰라 어쩔 줄 몰랐다. 선생님의 화난 모습에 겁을 먹고 굴욕감을 느끼고 스스로 이해할 수 없는 모습에 비참해졌다. 화장실에 다녀오겠다고 말하고, 재빨리 문을 걸어 잠그고 변기에 토할 때까지 울었다. 여러 해 동안 가르치고 배우는 일이 어떤 식으로 그리고 왜 잘못될 수 있는지 함께 생각해 보자고 우리 대학의 학생들에게 그때의 이야기를 들려주었다. 그런데 이 이야기는 우리 교육체계에 만연한 좀 더 근본적인 문제, 즉 우리는 왜 수학을 가르치는지, 미스터 해리는 어떤 목표를 염두에 두고 있었는지에 대한 문제를 제기한다.

프랭크 모건Frank Morgan은 거품을 연구하는 수학자다. 수학 동료들 사이에서는 그의 연구 주제가 더 정확하게는 기하학으로 생각되고 있다. 프랭크는 매우 호리호리한 남자로, 머리카락이 가늘어 희어 보인다. 여러 해 동안 그가 30대 초반인지 50대 후반인지 분간이 안 되었다. 물어봐도 소용없었다. 언젠가 아무리 좋은 의도로 아니면 무심하게 물어도 프랭크는 나이라는 걸 중요하게 생각하지 않아서 스스로 자신의 나이를 알려주지 않을 것이라고 들었다. 그는 오랜 기간 가르친 명문 교육 중심 대학liberal arts college에서 수학과를 바꾼 공로를 인정받고 있다. 역동적이고, 관심을 끌어내는 의지와 더불어 헌신적인 교사가 수학을 생동감 있게 만들 수 있다는 점의 중요성에 정밀하게 초점을 맞추어 가르침으로써 이뤄낸 것이다.

그는 틀림없이 괴짜다. 학교에서 처음 만났을 즈음에 그는 매일 나비넥타이를 매고 있었다. 그는 거의 모든 학술 발표나 공개 강연을 작은 5센트짜리 거품 비누 병에 작은 색색의 플라스틱 거품 막대 중 하나를 담갔다가 청중을 향해 거품을 불면서 시작한다. 청중이 학자든, 대학생이든, 초등학생이든, 지역사회 강연에 참석한 평범한 마을 주민이든 상관없다. 그가 강의에서 하는 말(그의 수업도 포함해서)의 상당 부분은 놀라운 마술 묘기를 부리려는 사람의 의식과 형식으로 알린다. 그가 가르치는 것을 보았고 수학 교육에 대해 이야기하는 것을 자주 들었다. 그의 두 가지 언급은 나의 기억에 깊이 새겨졌다.

그 하나는 내가 주최한 일곱 개 분야(문학, 독일어, 생물학, 천문학, 화학, 심리학, 수학)의 학자들이 자기 분야에서 초보자에서 전문가로 어떻게 성장하게 되는지를 토론한 세미나에서였다. 프랭크는 어느 날 그 세미나에서 의식을 치르는 어조로 "신은 사람들이 수학의 아름다움을 감상할 수 있도록 창조했죠"라고 말했다. 그가 신을 언급하는 것에 놀라지 않았다. 그가 매우 영적인

학교의 미래, 이룰 수 없는 꿈?

삶을 산다는 것을 알고 있었으니까. 나를 놀라게 한 것은 단순하다. 수학이 너무 아름다워서 그 가치를 완전히 이해할 생물 종種이 필요하다고 생각할 수 있다니.

내게 든 다른 생각은 수학 전공 학생이 그렇게 생각하는 사람으로부터 배운다면 그 학생은 얼마나 운이 좋을까 하는 것이다. 수학은 대개 많은 사람에게 치과에 가는 것처럼 피하고 싶은 일 아닌가.

왜 그리고 어떻게 수학을 가르치는지에 대한 이유가 수학 공부를 채찍질할 수 있다. 대개 은행 잔고 관리, 그래프 읽기, 세금 이해하기처럼 실용적 목적을 위해 써먹어야 하니 수학을 배워야 한다는 관점이 지배적이다. 하지만 당연하게도 이런 이유가 대부분의 아이들이 고등학교에서 대수학과 기하학을 배워야 하는지에 대해 납득하게 해주지 않는다. 아무 고등학교 상담실에 앉아서 그 이유를 들어보자. 상담실에서 구부정한 자세로 얼굴에 머리카락을 늘어뜨린 토라진 열네 살 소녀가 애처롭게 말한다. "**왜**~~~ 내가 대수를 배워야 해야 해요? 난 수학이 **싫~어~요**. 대체 그 목적이 뭐예요?" 상담사가 근엄하게 말한다. "대학에 가려면 2년 동안 수학을 배워야 해. 게다가 대수를 공부하면 수능SAT에서 좋은 점수를 받게 될 거야." 나라 전체의 교사와 상담사는 싫어하는 일이라 해도 좋은 점수를 받을 수 있고 단지 다른 무언가로 통하는 통로가 된다면 2년을 쏟아붓는 것은 당연하다고 확신한다. 대학에 진학하는 것을 당연한 것으로 생각하는 학생 대부분에게 이런 논리는 납득될 수 있다. 이 장의 시작에서 인용한 줄리아처럼, 고등학교에서 하는 많은 일이 단지 다음 단계로 가기 위한 길을 닦는 것이란 생각을 받아들인다. 그런데 문제는 그 '타당한 이유'가 수학을 좋아하게 만들지도 않고, 더 중요한 건 수학을 제대로 공부하게끔 만들지 않는다는 거다.

긴 나눗셈 때문에 토하던 날, 난 수학을 싫어하기 시작했고 수학 공부를 그만뒀다. 그리고는 열네 살이 되어 진학한 공립고에서 대수 수업에 등록했다. 맥마흔McMahon 선생은 학교에서 가장 힘들고 엄격하며, 특히 내 과거의 "히피 수학" 때문에 어려움을 겪을 것이라는 말을 들었다. 맥마흔 선생은 확고하고, 정돈되어 있고, 단호했다. 또한 종소리처럼 분명했다. 대수는 쉬운 거였다. 뉴욕주 고등학교 졸업자격 인증시험New York State Regents Examination에서 100점을 받았다. 가족과 선생님들은 무척 깜짝 놀랐다. 하지만 난 아니었다. 이해할 필요는 없었다. 필요한 건 선생님이 유리알처럼 명료하게 알려준 지시만 따르면 되는 일이었다. 알려준 문제 풀이 절차만 따라 할 수 있다면 시험에서 최고가 되는 것이다. 수학은 쉽다 … 뭔가를 실제로 이해하는 걸 원하지 않는 한.

아이들에게 (그리고 그들의 부모에게) 들려주는 수학을 공부해야 하는 이유(실용성과 대학 진학)는 둘 다 나쁜 것이다. 어느 것도 학습할 흥미를 불어넣지 않고, 수학자처럼 생각하게 고무하지 않는다. 실용성이나 대학 입시의 틀 안에서 수학 수업을 짜면 아이들은 진짜 수학을 공부하지 못하게 된다. 그래서 아마도 미국에서 진정으로 대수적, 기하학적, 통계적 사고를 일상생활에서 실제로 사용하는 사람은 거의 없을 것이다.

수학을 배우는 이유가 은행 잔고를 관리하는 거라면, 열두 살 때쯤 배워도 될 일이라 미리 법석을 떨 일이 아니다. 그리고 의미가 있을 수도 있고 없을 수도 있는 어떤 멀리 있는 목표 때문에 학생들이 몇 년 동안 문제 풀이 절차와 공식을 배워야 한다고 하는 것은 의미가 없다. 미적분은 필요하면 대학에서 수강할 수도 있다. 대부분의 아이들은 그런 장기적이고 추상적인 목표에 집중할 수 없다. 전형적 열세 살 소년을 상상해 보라. 이런저런 갈망에 소모되고, 규칙과 어른들의 존재로 인해 따분해지고, 무리의 에너지에 이끌리고, 완전히 몰입하고 싶어 필사적인 결점투성이인 소년 말이다. 대학에 간 자신의 모습을 상상할 수 없는 열세 살 아이는 대학에 가지 못할 게 확실하지 않나. 미래에 대학에 있는 자신을 당연하게 보는 열세 살 아이는 그저 한 가지 공리적 목표 때문에 수학 공부를 할 것이다. 이해하기 위한 게 아니다. 시험을 잘 보기 위한 거다.

수년 전, 고전적 연구를 수행한 심리학자 마크 레퍼Mark Lepper와 데이비드 그린David Green은 학생들에게 크레용으로 그림을 그리도록 했다. 아이들 중 몇몇은 그린 그림으로 작은 상을 받을 것이라고 들었다.[4] 다른 아이들은 듣지 않았지만, 실제로 상을 받았다. 세 번째 그룹은 어떤 이야기도 듣지 못했다. 며칠 후에 아이들은 각각 그림 그릴 기회를 한 번 더 얻었다. 보라! 그림으로 보상받지 못한 아이들이 그림 그리는 데 더 열심이고 더 많은 시간을 보낸다. 똑같이 중요한 것이, 전문 평가자가 그들 그림이 더 복잡하고 흥미롭다고 평했다는 것이다. 이 연구에서 두드러진 세부 사항은 미리 보상을 약속 받은 아이들 그림은 제일 흥미를 끌지 못했고 계속 그리는 데 제일 덜 집중했다는 것이다. 아주 분명한 건, 활동 그 자체가 의미가 있는 경우에 다른 보상이 주어지면 그 활동의 매력이 없어진다. 왜 그럴까?

해답은 전혀 다른 일에서 찾을 수 있다. 1960년대까지 거슬러 올라가 엘리엇 아론슨Elliot Aronson과 동료들은 인지적 불일치 개념이 어떻게 사람들의 행동과 사건에 대한 해석을 설명하는 데 도움을 주는지 이해하기 위한 일련의 실험을 수행했다.[5] 이 연구의 고전적 사례에서, 대학생들은 단추를 분류하고 작은 병에 뚜껑을 끼우는 것 같은 지루하고 보잘것없는 일을 하며 몇 시간을 보내도록 했다. 일부 피실험자들은 그에 대한 대가를 받았고, 다른 피실험자들은 아니었다. "일"을 끝낸 후, 과업에 대해 어떻게 생각했는지, 그리고 그 과업을 하는 동안 어떻게 느꼈는지 진술했다. 이 실험의 일부를 들은 많은 사람은 급료를 받은 피실험자들이 그 일을 더 좋아했을 것으로 성급하게 추측했다. 그럴 거다? 당연히 돈을 주는 일을 선호할 수밖에 없지 않겠나? 일이 성격상 지루하다면, 약간의 보상을 제공하는 게 그 일을 끌리게 하지 않을까? 그런데 진실은 반대이다. 대가를 받지 못한 피실험자들이 그 반

2. 어떻게 돈이 교육을 망가뜨리나

대인 피실험자들보다 그 일에 더 높은 점수를 매겼을 뿐만 아니라, 그 일을 쾌적한 것이라거나 가치 있는 것으로 만드는 온갖 흥미로운 방식을 찾아냈다. "마음을 가라앉히게 해요", "뭔가 해내고 있다는 생각이 들어요", "생각할 시간을 주더군요" 등등. 왜 이럴까?

인지부조화 이론은 인간은 자신의 행위가 자아 개념의 중심적 요소와 모순될 때 불편함을 느낀다고 예상한다. 더구나 사람은 자신을 선하고 일관성이 있다고 생각하고 싶어 한다. 생각과 행동 사이에 갈등이 발생하면 스스로가 선하고 일관성 있다는 생각에 인지부조화가 발생한다. 그러면 설명을 덧붙이거나 자기 행동이 자아의식을 위협하지 않도록 다시 규정함으로써 인지부조화를 줄이려고 한다. 보잘것없거나 따분한 일을 하고 대가를 받으면, 돈이라는 측면에서 인지부조화를 해소한다고 보아도 좋다("물론 나같이 똑똑한 사람도 돈 때문이라면 이런 어리석은 일을 기꺼이 하겠지 뭐"). 그러나 보상 없이 그 일을 하는 것은 덜 기분 좋은 생각을 시사할 수 있다("나같이 똑똑한 사람이 왜 아무 이유 없이 이 따분한 일을 하지?"). 그래서 대부분의 사람은 빠르게 무의식적으로 상황을 정당화한다("사실 뭐 느긋해지네", "일을 마치면 만족스럽겠지", "백일몽 같은 시간도 좋군"). 연구는 그 반대도 사실이란 걸 보여준다. 아이들이 이미 의미 있거나 즐길 수 있는 활동에 대해 구체적인 보상을 받으면, 그 활동이 본질적으로 내재한 가치에 대해 의문을 갖기 시작한다. 아이들에게 어떤 보상(사탕, 웃는 표정 스티커, 나중의 성공에 대한 약속 등 어느 것이든)에 대해 알려주며 그림을 그리라 하거나, 문제를 풀라 하거나 읽기를 하라고 유도하면, 뭔가 좋아하는 것을 할 이유가 거의 없어진다. 빠르게 보상이 있을 때만 하는 게 현명하다고 생각하기에 이른다.

나중에 벌 돈 때문에 수학이 가치 있는 것이라고 아이들을 가르치면, 숫자나 논리적 관계를 통해 세계를 이해하게 되는 것에서 진짜로 만족을 느낄 수 없다고 가르치는 꼴이 된다. 수학은 그 자체로 즐거움과 보상을 가져오는 사고방식으로서 가치보다 다른 목적을 위한 도구이자 수단으로서 여기도록 장려하는 꼴이다.

프랭크 모건이 말한 잊을 수 없는 다른 일은 이것이다. "대학 교수로서 첫 번째 선택은, 대학에 오기 전 수학 교육을 잘 받은 학생들과 함께 공부하는 것이었고, 두 번째 선택은 전에 어떤 정규 수학 교육도 받은 적 없는 학생들과 공부하는 것이었고, 세 번째 선택은 사실상 내가 가장 많이 만난, 잘못된 수학 교육을 받은 학생들과 공부하는 것이었다." 은행 잔고 관리처럼 실용성의 틀 안에 수학을 가두면 기회를 낭비하게 되고 더 나쁜 것은 수학 학습의 가치를 잘못 전달하게 된다. 초·중등K-12 수학 교육을 미래 성공의 필수 과정으로 여기게 하면 학생들을 수학이 그 자체로 내적 가치가 없다고 확신하게 만들어버린다. 결국 어떻게 될까? 남는 건 수학을 싫어하는 아이들과 진정한 수학 교육이 만들어줄 수 있는 사고력이 부족한 어른들일 것이다.

돈의 숨겨진 비용(해악)

2007년 6월 ≪뉴욕타임스≫는 눈길을 사로잡는 "점수를 위해 비용을 지불할 학교의 계획"이란 제목이 달린 기사를 냈다.[6] 누구에게는 제목에 포함된 단어들이 상식적인 것으로 보였을 거다. 학생들이 좋은 점수를 받길 원하면, 대가를 지불해라. 더 나은 유인책incentive이 있을까? 다른 누군가에게는 그 제목이 최악의 두려움을 표현한다. 학교가 그저 시장적 사고가 지배하는 기관이 되어버렸구나.

기사는 하버드 대학교 경제학과에서 서른이 되기 전에 종신 교수직에 임명된 젊은 경제학자 롤랜드 프라이어Roland Fryer에 대해 기술했다. 인센티브의 역할에 대한 그의 관심은 그 당시 뉴욕시 교육부의 수장인 조엘 클라인

2. 어떻게 돈이 교육을 망가뜨리나

Joel Klein과 함께 일하게 했다. 소수민 아이들이 학업에 더 많이 투자하도록 유도할 방법을 알아내기 위해 고용된 것이다. 뉴욕시를 위해 프라이어가 고안한 계획에 따라 열 살인 학생들은 일 년 내내 제공되는 열 번의 표준화된 시험을 치를 때마다 5달러씩 받고, 만점이면 25달러를 받는다. 열세 살 학생들은 보상이 더 높았다. 시험마다 10달러, 만점에는 50달러.

첫해에 9000명의 학생들이 프로그램에 참여했다. 시에서 드는 비용은 150만 달러였다. 그럴 만한 가치가 있는 일이었을까? 이 프로그램은 2007~2008년 사이에 한 번, 1년 뒤에 한 번 더, 두 번 평가되었고, 최소한으로 말해도, 그 결과는 실망스러웠다.

프라이어는 프로그램 성공의 두 기준인 더 높은 시험 점수나 더 나은 출석률로 이어지지 않았다는 사실을 처음으로 인정했다. 비록 시험 점수가 오르지는 않았지만, 처음에는 돈에 이끌린 아이들이 공부에 더 관심을 갖거나, 열심히 노력하고 싶어 하고 노력을 계속하고 싶어 한다는 생각이 들었을 수도 있다. 하지만 데이터는 그렇지 않다는 걸 시사한다. 연구자는 아이들이 어떻게 점수를 올릴지 계속 실마리를 잡아내지 못한다는 걸 발견했다. 인터뷰에서 아이들은 시험 치는 전략과 시험에 합격할 빠른 요령 등을 언급했다. 극소수만이 접한 자료의 내용에 대해 이야기했다. 거의 누구도 새로운 아이디어나 정보를 배우는 것이 점수를 올리는 법이라는 걸 이해하지 못하는 것 같았다. 학습 의욕을 자극하겠다고 돈을 주는 것이 실제로는 그들의 학습을 엎어버렸다.

최종 결과에 초점을 맞추면 다른 예상치 못한 다른 방식에서도 교육을 약화시킨다. 2010년 매사추세츠주 사우스해들리South Hadley에서 피비 프린스Phoebe Prince라는 이름의 15세 소녀가 집 계단에 목을 매 자살했다. 급우들이 학교에서 그녀를 끈질기게 조롱하고 위협한 것이 분명했다. 10대 여섯 명이 법정 강간(연루된 남자 10대 중 두 명), 시민권 침해, 괴롭힘 범죄, 학교 집회 방해, 스토킹 등의 혐의로 곧 기소되었다. 또한 교사와 관리자가 괴롭힘의 일부에 대해 얼마 동안 알고 있었는데 개입하지 않았거나 적어도 상황을 바꾸는 식으로 개입하지 않은 것이 분명했다. 이에 대한 대응으로 주정부들은 왕따 방지법을 신속하게 제정했다. 매사추세츠주는 피비 프린스와 같은 또 다른 사례를 방지할 수 있는 정책과 절차를 마련하도록 학교에 요구한 첫 번째 주이다. 전국의 각 학군은 학생들이 서로를 괴롭히는 것을 방지할 더 효과적인 방법을 찾기 위해 서두르고 있다.

그다음 해, 나는 지역 학군이 새로운 법안에 따라 독자적인 계획을 세울 수 있도록 지역 학군 위원회에서 일해 달라는 요청을 받았다. 위원 약 12명이 몇 달 동안 격주로 만났다. 지역 학군이 이미 장려하는 친절과 벌을 받게 되는 상처 주는 행위 목록을 만들고, 타인에게 못되게 구는 아이가 치르게 될 결과를 더 확고하게 만들 토론도 했다. 자신의 소란으로 인해 또래들에게 행동을 취하게 만드는 아이와 그냥 괴롭히는 아이의 차이점에 대해 토론하기도 하고 또래 관계를 학교생활에서 더 중요한 부분으로 만드는 방법에 대해 이야기했다. 벽에 부딪친 지점이 여기다. 교사들마다 걱정으로 미간을 찌푸리며 말했다. "연초에 우리는 우정 게임을 해요. 그리고 조회 시간에 친절의 중요성에 대해 이야기 나누죠. 하지만 현실적으로 하루 중 그 이상을 할애할 시간이 없어요. 심리학자들이 추천하는 많은 활동은 현실적이지 않아요. 요새 너무 많은 일이 일어나고 있습니다. 우리는 하나의 프로그램이나 활동에 더 이상 적응할 수 없어요. 심리학자들이 권하는 많은 활동은 현실적이지 않아요. 너무 많은 일이 벌어져요. 하나 이상의 프로그램이나 활동에 맞출 수 없어요."

결국 중요한 건 학업이다. 학생들의 수학, 영어 점수를 끌어올려야 하는 극심한 압박을 받으며, 교사들은 아이들이 갈등 없이 지내도록 돕는 데 들이는 시간과 노력을 감당할 수 없다고 느꼈다. 전국의 학교들을 잠깐만 살펴봐

도 교사와 교장 모두 어쩔 도리가 없는 처지라는 걸 알 수 있다. 학교에서 왕
따를 방지하고 아이들이 협력하고 친밀하게 지내도록 하려는 소소하고 임시
적인 노력은 진정한 변화를 일으키지 않는다. 노르웨이의 연구자 댄 올베우
스Dan Olweus는 아이들이 서로에 대한 행동과, 또래 문화를 바꾸어 왕따를 줄
어들게 하려면 광범위한 학교 차원의 노력이 필요하다고 했다. 문제는 그런
일은 시간이 많이 걸리고, 시간은 부족하다는 것이다. 다른 뭔가가 필요하
다. 사실 지금까지 학교는 아이들의 사회적 관계를 개선하려고 학업 시간을
기꺼이 희생한 적은 없다.

　그렇다고 학업 활동 때문에 학교에 관계 개선을 할 수 있는 여지가 없다
는 뜻은 아니다. 많은 경우 학업 활동 자체가 아이들이 서로 협력하지 못하
도록 만든다. 최근에 만난 고등학생이 이런 일이 어떻게 일어나는지 알려주
었다. 로스앤젤레스 남쪽에 있는 그의 학교에는 대략 2500명의 학생들이 있
다. 그는 이렇게 말한다.

매우 분명하게 갈라진 집단이 있다. 학업에 집중하는 아이들은 대학 수준 과목
Advanced Placement: AP을 수강하고 반에서 성적이 제일 좋다. 다른 애들은 모두,
내 생각에, 그저 기초 수준의 수업을 듣는데 그게 사실 별것이 없고 아이들이
딴짓을 못하게 관리하는babysit 것이다. 처음에 상위 50% 안에서 모두가 상위
10등 진입을 위해 경쟁하고, 다음에 상위 5등, 상위 3등 자리를 놓고 더욱 심하
게 경쟁한다.

　10등 안에 든 학생들끼리는 대개 시간이 흘러도 좋은 친구지만, 그렇다고 해
서 경쟁이 멈추는 건 아니다. 우리는 AP 시험을 빼고는 함께 공부한 적이 없고,
서로의 개인식별ID 번호를 외워서 성적을 기억하거나(그 번호로 교실 벽에 성
적을 게시한다), 보너스 점수를 받으려고 교사를 따라다니며 성적을 고쳐달라
고 하는 등 1등이 되기 위해 가능한 모든 일을 하려고 한다(일부는 속임수를 썼

지만, 적어도 상위 5등에서는 흔하지 않은 것 같다).

목표는 명확했다. 우리는 훌륭한 대학에 들어가기 위해 정상에 오르기 위해 경쟁한다(상위 다섯 명은 하버드, UCLA, 윌리엄스, 버클리에 간다). 이 방식은 잘 돌아가고 매년 효과가 있었다. 이런 분위기는 경쟁적이어서 위험했지만, 죽을 정도로 치열한 건 아니다.

마지막 말(죽을 정도로 치열한 건 아니다)이 중요하다. 흔히 아주 최악의 눈에 보이는 경쟁만이 문제라고 생각하기 쉽다. 그렇다면, 경쟁이 학생들이 협동하고 서로 돕는 능력을 떨어뜨리는 학교를 찾아내기 어렵지 않다. 하지만 사실 경쟁은 종종 미묘하고, 겉보기에 친밀한 분위기와 함께 진행되어서 진짜 문제는 아니라고 생각하게 만든다.

우리는 심지어 초등학교 저학년에서도 개인의 능력 성취를 인간관계보다 우선한다. 많은 학교에서, 어린아이들이 함께 공부하는 것을 장려하지 않는다. 교사는 친구들이 함께 공부하면 아둔해지고 집중력이 떨어진다고 당연하게 전제한다. 하지만 연구가 밝혀낸 실상은 아이들이 좋아하는 친구와 함께 공부할 때 학습량이 더 많고 그만큼 배우는 게 더 많다는 것이다. 또한 교사는 아이들이 함께 공부할수록 우수한 학생은 학습을 하지만 그렇지 못한 학생은 필요한 공부를 못 할 것이라 걱정한다. 그러나 연구는 다른 결과를 시사한다. 뒤처진 아이들이 아는 게 좀 더 많고 공부에 능숙한 친구와 함께 하면 학습량이 더 많다는 것이다. 단기적으로 더 많은 성취를 보일 뿐만 아니라 장기적으로 지적 발달이 향상된다. 마지막으로 교사와 부모는 우수한 아이가 그만큼 똑똑하지 않은 아이와 함께 공부하면 실력이 떨어질 수 있다고 걱정한다. 그러나 다시 한번, 연구는 그 반대라고 알려준다. UCLA의 앤 브라운Ann Brown이 교실과 실험실에서 수행한 일련의 멋진 실험연구에서 아이들이 복잡한 학습 자료와 그 발상ideas을 서로에게 가르칠 때, 서로가 모두 더 깊은 수준에서 학습한다는 걸 보여주었다.[7] 즉, 교사는 공부는 혼자 하는 게 확실한 길이라는 믿음으로 아이들을 분리하지만, 그럴 때 아이들은 우정, 협력, 이타심을 키울 수 있는 중대한 기회를 잃게 된다. 학업과 관계 형성 중 하나를 선택해야 한다는 생각은 잘못이다. 대부분의 교육자는 개인의 노력과 성취의 가치를 위해서 협업, 이타주의, 우정에 대한 교육을 희생해야 한다는 드러나지 않는 잘못된 전제를 가지고 있다.

행위 수행의 통제는 누구의 몫인가

코네티컷Connecticut에 사는 꼬마가 연필깎이에 손가락을 집어넣었을 때, 그 아이는 지금 연구자들이 말하는 낮은 수행 기능 또는 수행 제어력이라고 부르는 모든 징후를 보여준다. 교사를 주목하고 지시 사항을 잘 듣고 학습지 과제를 실행하는 일 등에 집중하지 못하는 집중력 문제, 다리를 옆 아이에게 흔들거나 연필을 만지작거리는 유혹을 참지 못하는 문제, 연필깎이에 손가락을 넣고 싶은 충동을 이기지 못하는 문제를 보였다. 연구자들은 이 세 가지 수행 기능의 측면, 즉 집중력, 유혹을 견디는 능력, 충동을 억제하는 능력이 가치 있는 묶음으로 함께한다고 주장한다. 수행 기능이 좋은 아이들은 학교생활에서 성공할 큰 이점을 가지고 있고, 수행 제어력이 거의 없는 아이들은 학교생활에서 실패할 심각한 위험에 처한다는 것이다. 아이들이 학교생활에서 수행 통제력을 습득할 수 있는지, 그리고 이것을 갖추면 아이들의 학업 전망을 바꿀 수 있는지에 관한 흥미로운 연구들이 진행되고 있다. 문제는 이것이 잠재적으로 많은 아이에게 도움이 되지만 거기엔 대가를 따른다는 것이다.

몇 년 전 매사추세츠 교외에 있는 학군의 교사 연수를 수행할 때 일이다.

그곳 아이들은 대부분 백인이지만, 중앙아메리카 출신 인구도 점점 늘어나는 추세였다. 인종 다양성이 크진 않지만 경제적으로 차이가 컸다. 주변 지역사회 주민은 대부분 소매상과 공장 노동자이지만 의사, 간호사, 변호사, 사업가, 교사도 상당히 많았다. 그러니까 그 학군 지역은 미국의 흔한 중산층 지역사회였고, 주민들이 겪는 문제도 유사했다. 지역 교사들이 사용하는 교수법을 개선할 수 있는 새로운 길을 찾는 일을 돕기 위해 합류했다. 교사가 아이들을 관찰하여 알게 된 것을 아이들을 이해하는 데 활용하는 정식 도구로 사용할 수 있다는 것을 알려주고 싶었다. 교사가 관찰한 내용을 기록하는 방식을 알려주고 교사가 관찰하고 싶어 할 만한 광범위한 내용을 제안했다. 예를 들어 하루 동안 학교에서 아이들이 어떤 식으로 대화하는지, 여학생과 남학생이 다른 점, 아이들이 학교생활에 대해 몰입(참여)하는 정도 등. 어느 날 오후 내내 교사가 한 아이나 한 무리의 아이들에 대해 객관적이고 자세한 기록을 만드는 법을 알려주었다. 이 연수 후 교사들은 6주 동안 자료를 수집했다. 그리고 나서 그들이 보고 들은 것을 함께 논의하기 위해 다시 만났다. 거의 3분의 2 정도의 교사가 아이들의 학교생활 참여 수준을 살펴봤다. 그 선택이 교사의 관심 때문인지 우려를 반영한 것인지 확신할 수 없었다. 관련하여 나는 앞서 연수 때, 교사가 주시해야 하는 몇 가지 사항, 즉 교사가 주시한 아이들이 얼마나 자주 무언가에 열중했는지, 그 열중이 얼마나 지속되었는지, 그리고 무엇에 아이들이 매혹되었는지 등을 제안했다. 나는 이 활동을 통해, 교사들이 학생들이 학교생활에 깊이 열중(참여)하는 일이 자주 일어나는지 드물게 일어나는지, 그 열중 내지는 몰입이 오래 지속되었는지 반대로 잠시였는지, 그리고 그렇게 열중한 활동이 교사가 말할 때인지, 학생들이 작은 무리로 나뉘어 공부할 때인지, 체험 활동 중이었는지, 학생 토론 때인지 등 어떤 종류의 활동이 학생들의 참여와 몰입을 이끌어 냈는지 알아내는 데 도움이 되길 바랐다.

2. 어떻게 돈이 교육을 망가뜨리나

관찰 기록을 비교하기 위해 모이자 교사들은 자신이 한 일에 들떠 보였고 서로의 결과를 공유하고 싶어 했다. 몇몇은 교실에서 열중하는 사례를 많이 봤다고 하고, 다른 몇 명은 거의 아무것도 보지 못했다고 했다. 그 내용을 모두 공유할 수 있게 큰 그래프에 숫자로 표시했다. 관찰 내용이 그렇게 다양해서 설레고 흥미로웠다. 그래서 실제로 본 것을 이야기하고, 학생들이 무엇을 하고 있었는지, 어떻게 참여와 관심을 나타냈는지, 즉 어떻게 몰입의 확장이 일어났는지 말해달라고 부탁했다. 놀랍게도 교대로 기록 자료를 공유하면서 학생들의 몰입이 일어난 정황을 전혀 기록하지 않았다는 것이 확실해졌다. 교사는 규정 준수의 신호를 찾고 있었다. 알고 보니 젊든 나이 많든, 노련하던 초보이든, 여자이든 남자이든, 상냥하던 엄하던, 아이가 교사가 하라고 한 것, 지시한 사항을 잘 따르는 것을 참여가 적극적이라는 신호로 생각했다. 반복해서, 몇 가지 질문을 했다. "교사가 하는 말을 놓쳐 무얼 해야 할지 모르는 아이는 없었나요?", "종이 울렸는데 앉아서 여전히 교실에서 일어나고 있는 일에 관심을 집중한 아이들을 본 적 있나요?", "수업 내용에 대해 너무 궁금해서 손을 여러 번 들어 주제에 관해 더 많은 질문을 던진 아이는 없었나요?", "학생이 답을 알지만 같은 활동을 여러 다른 방법으로 해보려고 하는 걸 보았나요?" 거듭 말하지만 이 좋은 의도를 가진 능숙한 교사들조차 '규정 준수'가 학생에게 가장 중요한 기준이라는 것을 명확히 했다. 그들이 강조하는 것은 규정을 따르지 않아서 발생하는 문제에 대해서 국가 수준에서 보이는 강조점을 고려할 때 타당하다. 규정을 어기고 권위에 귀 기울이지 못하는 아이보다 시키는 일을 잘해낼 수 있는 아이가 학교에 더 오래 다니고, 더 많은 것을 얻어가고, 이어지는 교육에서 더 많은 성과를 낸다.

하지만 그게 다가 아니다. 최소한 부분적으로라도 모든 아이에게 그런 특정하고 구체적인 목표를 따르게 하는 교육 체제가 규정 준수의 가치를 아주 강하게 밀어붙인다. 모든 아이가 역사의 특정한 사실을 알아야 하거나, 특정한 수학 문제를 풀 수 있어야 한다면, 적절하게 행동하도록 해서, 잘 배울 수 있도록 하는 것은 이치에 맞는 일이다. 규정된 내용을 배우는 것이 필수적일 때, 규정 준수는 효율적이다. 이상하게도, 이런 종류의 규정 준수는 개인적인 선택에서 벗어난 일에 집중하는 아이의 능력을 방해할 수 있다. 이 대목에서 우리는 역설에 빠진다. 규정 준수가 좋은 일꾼이 되게 할지 모르지만, 정작 관심 있는 것을 선택하는 법이나, 장애물을 만났을 때 자기 관심에 충실하게 사는 법을 아는 어른이 되도록 하지 못한다는 것이다.

몰입이 대부분의 성공에 결정적이라는 연구는 차고 넘친다. 아이들은 하고 있는 일에 흥미가 있고, 연구자들이 주도성agency이라고 부르는, 즉 자기 효능감이 있을 때, 학교에서 더 많이 배우고, 더 많이 획득한다. 성인은 그것이 직업이든 아니든 자신이 하는 일에 몰입하고 그 몰입에 동행하는 자기 행동의 주인 의식sense of agency을 느낄 때, 훨씬 더 행복감을 느낀다. 아이가 순응과 복종에 따르는 추가 보상premium에 길들여지면 매혹적 활동을 발견하고 깊이 몰입할 수 있는 길을 찾아내는 훨씬 더 강력한 능력을 가르칠 여지를 거의 남겨두지 않는다.

우리가 놓치고 있는 두 개의 R

얼마 전 좌절감으로 제정신이 아닌 엄마가 내게 전화했다. 4학년 아들이 국가가 실시하는 표준화된 시험을 며칠 동안 치르는 도중 같았다. 학교에서 보낸, 시험 당일에 아이들이 충분한 수면을 취하고 아침을 든든히 먹도록 부모에게 부탁하는 통신문을 주의 깊게 읽어보았단다. 엄마는 화가 나서 머리털이 곤두서 있었다. 아이가 학교에서의 보통의 어떤 날보다 시험 보는 날에 잠과 아침 식사가 더 중요했을까? 그 답은 너무나도 명확하다. 학교는 아이들이 잘 지내는지보다 시험을 잘 볼지를 더 걱정한다. 그런데 그 후 그녀는 진짜 결말을 알려줬다. 아이가 집에 돌아왔을 때 지쳐 보여서 엄마를 놀라게 했단다. 그날은 무려 다섯 달 만에 화창하고 따뜻한 날이었고, 엄마는 아이가 예정된 두 번의 쉬는 시간에 놀이터에서 즐거운 시간을 보냈을 거라고 당연히 생각했다. 하지만 아니었다. 아이는 밖에 나가 놀지 못했다고 설명했다. 교사들은 아이들이 시험 성적에 영향을 줄 정보를 주고받을까 봐 우려한 것이다. 혹시라도 시험에 문제를 일으킬까 봐 아홉 살, 열 살 아이들은 그 좋은 날에 나가서 뛰어놀지도 못하고 갇혀 있었던 거다.

학교는 아이들이 노동시장에서 효용성이 있는 측정 가능한 능력을 습득하도록 발버둥을 치면서, 지난 100년 동안의 발달 심리학 연구가 발견한 가장 중요한 것을 외면했다. 아이들은 놀아야 하고, 아이들 장래의 웰빙well-being을 바란다면 놀이가 핵심이라는 거다.

2012년 뉴욕주 시러큐스Syracuse 학군은 "필수적인" 학업 능력을 학습할 시간을 늘리려고 쉬는 시간을 없애버렸다. 당시 시러큐스 학군 학생들의 성취도는 뉴욕주에서 가장 낮았다. 학군의 학업 담당 책임자 로라 켈리Laura Kelley는 "휴식 시간을 주면, 영어와 수학에 투자할 시간을 낭비하게 되는 것이니 모든 교사는 이 점을 매우 유념하길 바란다"고 말했다.[8] 계속해서 수업 시간은 휴식 시간보다 더 중요하다고 기자들에게 설명했다. 그리고 비록 과학자들 사이에 아이들 발달에 다양한 놀이의 명확한 효과에 대한 논쟁은 있지만, 휴식의 이점에 대한 논쟁은 그다지 많지 않다고도 했다. 아이는 넉넉한 자유시간을 누려야 행동거지가 좋아지고, 스트레스를 덜 경험하고 덜 드러내며 더 건강한 삶을 누린다. 게다가 많은 연구는 다양한 놀이에 열중하면 주요한 지적 능력 발달의 기회를 가지게 된다고 시사한다. 몇 가지 예만 들어보자면 다른 사람의 관점에서 생각하고, 오래된 문제를 새로운 방식으로 사고하고, 이야기를 구성하고, 다른 사람과 협상하고 조정하는 그런 능력 말이다. 다시 말하지만, 학교를 노동시장에서 좋은 상품이 될 어른을 키우는 수단으로 활용하는 것에 과도하게 집중하다가 아이들을 다치게 한다. 유사한 경향이 예술 프로그램을 배척하는 학교활동에도 나타난다. 학교가 미래의 돈벌이에 분명하게 연결되어 있다고 믿어지는 능력의 성취에만 책임을 지는 곳이라 생각하면, 가장 바람직한 발달을 위해 가장 중요하지만 돈벌이에 직접적으로 관련이 없어 보이는 수많은 경험들을 희생시킨다.

여하간 돈벌이 능력이 결국 중요하다는 집요한 관심은 다른 매우 중요한 방식으로 학교교육에 손상을 입혔다. 돈이라는 당근과 실업이라는 채찍이 교육 관료와 교사, 아이들이 모두가 모험을 하지 못하게 좌절시킨다. 지난해 뉴욕시에서 45분가량 떨어진 외곽에 있는 6학년 과학 교실에 앉아 있었다. 교사는 아이들에게 봄 과학 박람회가 다가오고 있으며 어떤 과학 프로젝트 보여줄지 생각할 때라고 설명하고 있었다. 작년의 몇몇 프로젝트들에 대해 이야기해 주기 시작했고, 교실 선반에 놓여 있는 최고 작품을 가리켰다. 각각의 손가락 끝에 작은 전구가 달린 장갑이었는데 작품 이름은 새로운 손전등이다. 교사는 전등 달린 장갑처럼 두 손을 자유롭게 하면서도 밤길을 밝히는 방법처럼 그들도 문제 하나를 해결할 무언가를 발명할 수 있다고 설명했다. 교사는 그 장갑이 재치 있고 유용하면서도 깔끔하게 만들어진 것이라 했다. 그러고는 정확히 얼마만큼의 시간을 그 프로젝트에 쓸 수 있으며 최선의 결과물을 위해 시간 배분을 어떻게 해야 하는지 알려주고 교사가 프로젝트에 대한 평가에 사용할 방식을 설명하고 나서 아이들에게 작은 팀으로 나뉘어 앉아 하고 싶은 프로젝트에 대해 논의할 것을 주문했다.

나는 한 팀에 합류해 앉았다. 열두 살 소년 하나가 말했다. "배터리를 만들 거야. 유튜브에서 본 적 있어. 쉬워. 주말이면 할 수 있어." 또 다른 소년은 "그래, 멋지다. 하지만 난 뭔가 발명하고 싶어. 막대 사탕처럼 막대에 꽂아 먹을 수 있는 케이크를 발명할 거야. 전등 달린 장갑처럼 재미있고 쉬울 거야. 많은 재료는 필요 없을 거야". 세 번째 소년이 조용히 앉아 있었다. 그가 말을 할 때 그의 어조는 약간 확실하지 않고, 좀 더 사색적이었다. "난 멋진 일을 하고 싶어. 동물 행동에 대한 실험을 어떻게 하는지 알아낼 수 있을지 궁금해. 귀뚜라미가 소리를 낼 때 실제로 서로 대화하는지 늘 알고 싶었어."

처음 말한 소년이 친절하게 주의를 주며 말했다. "그렇게 하고 싶다고. 너 미쳤구나! 귀뚜라미는 어디서 구할 거야? 잘 안 되면 어떡해?" 소년은 약간 당황한 표정으로 그를 돌아보았다. "그래, 네 말이 맞아. 알아. 대신 귀뚜라미 집을 지을 수는 있어. 그런 쇼를 봤거든. 차고에 재료는 다 있는 것 같아." 두 문장 사이에 그 소년은 흥미롭고, 야심 차고, 가치 있는 것을 시도하다가 적당한 성공을 보장하는 계획으로 갔다. 교사는 아마 자신도 모르게 아이들에게 뭔가 기발하고 관리가 쉬운 것이 야심 차지만 불확실하고 어쩌면 다루기 힘든 것보다 더 나은 승부가 될 거라고 분명히 해주었다. 아이들은 예를 들어 어려운 책을 읽거나, 복잡한 주제를 공부하거나, 좋은 학점 받기 어려운 수업을 듣는 것처럼 모험을 시도하려던 의지가 크고 작은 일로, 애매하거나 분명하거나 어떤 식으로든 꺾인다. 좋은 성적이 선사할 성공을 주시하도록 훈련받은 학생이 왜 어려운 일에 도전하겠나?

역설적이게도 교사와 부모는 아이들이 쉬운 성공을 찾도록 넌지시 고무하는데 이건 심리학자 캐럴 드웩Carol Dweck이 "성과를 향한 동기"[9]로 부르는 것이다. 아이들은 새로운 걸 배우는 일보다 자신을 빛나게 할 일을 지향한다. 드웩은 아이들이 쉬운 일보다 도전적인 일을 할 때 성취욕이 더 뜨겁다고 설명한다. 즉, 빛나기보다는 뭔가를 더 능숙하게 하거나 새로운 능력을 습득하는 것을 선호한다는 것이다. 따라서 사실상 교사가 아이들에게 좋은 성적을 내도록 북돋게 되면 간접적으로 가장 교육적 결과를 만들어낼 도전을 회피하도록 만드는 경우가 되어버린다.

학교의 미래, 이룰 수 없는 꿈?

흥미롭지만 불확실한 길에 도전하려는 시도가 꺾인 사람은 아이들만이 아니다. 몇 년 전, 한 4학년 교사가 학생들이 과제를 위해 꼭 필요한 경우가 아니면 책 읽기를 너무 꺼려해서 실망감을 느낀다며 찾아왔다. 당연한 첫 질문을 던졌다. "아이들이 읽고 싶어 하는 게 뭐죠?"

교사는 당황하는 표정을 지으며, "뭐라고요?" 하고 되물었다.

"알고 있잖아요." 내가 말하길, "아마도 문제는 정말 아이들 맘을 사로잡는 읽을거리가 충분하지 않을지도 모르잖아요, 뭐가 아이들 맘을 끌까요?"

교사는 불편한 표정을 지었다. "모르겠어요. 아이들이 읽기에 필요한 기량을 갖추게 하려고 시간을 많이 들였는데, 무엇을 읽고 싶은지 물어보지는 않았네요."

나는 이렇게 제안했다. "그렇다면, 한 달 동안 아이들이 원하는 대로 읽게 두고 어떻게 되는지 보는 게 어떨까요? 해본 적이 없으면 그렇게 하는 게 효과가 있을지 없을지 모르니까요."

이 말을 하는 중에 교사의 얼굴색이 밝아지기 시작했고, 어떻게 그 일을 해볼지 생각하는 모습이 보였다. "점심을 먹고 나서 시간을 내서 아이들이 원하는 대로 읽으라고 해야겠어요. 아이들 보라고 집에서 잡지랑 오래된 책을 좀 가져와야겠어요. 아이들에게 다른 친구가 좋아할 만한 책을 자기 집에서 가져오라고 할 수도 있고요"

"네, 아주 좋아요." 내가 말했다.

그런데 그 순간 교사 얼굴에 그림자가 졌다. "근데 한 달은 긴 시간이에요." 교사가 마음의 창을 닫는 걸 알 수 있었다. "그 대신에 밤에 책을 읽으라고 권해야 할 것 같아요. 수업 시간에는 읽으라고 한 걸 읽어야 하지만, 방과후라면 완전히 자유롭게 자신이 원하는 책을 읽을 수 있다는 걸 확실하게 알려주겠어요." 실험은 끝났고 사건은 종결되었다. 교사는 재빨리 뒤로 물러났고, 문제를 해결하려고 생각해 본 일이 매일 감당해야 하는 매우 구체적인

2. 어떻게 돈이 교육을 망가뜨리나

산더미 같은 과업과 목표를 해내는 데 방해가 될 것이라 경계했다.

이런 교사는 혼자가 아니다. 전국의 훌륭하고 사려 깊은 수많은 교사도 비슷한 갈등을 표현한다. 학생들과 함께 해보고 싶은 혁신 중 일부는 너무 그들에게 위험해 보인다. 교사들은 일반적인 방법이 효과가 없다는 것을 알고 있지만, 감히 관리자와 정책이 작성한 긴 과업 목록에서 벗어날 수 없다. 비록 융통성과 실험 정신은 좋은 교습 실행에 핵심적이지만, 현 교육 체제는 교사들이 새로운 방법을 시도하도록 장려하지 않으며, 익숙한 경계 안에서 조심스럽게 지내야 하는 이유가 수두룩하다.

황금 항아리는 뭘까?

최근에 서부 해안가에서 엄마 그리고 여동생과 함께 사는 열세 살 소년 이단 Ethan 애길 들었다. 그는 초등학생 시절 수줍음을 많이 탔지만 영리했고, 친구들을 좋아했으며, 편하게 여기는 선생님도 있었다. 5학년을 마친 뒤, 6학년에는 지역 학군에서 큰 규모 중학교로 옮겨가게 되었다. 거기서 수업은 지루했고, 복도는 붐볐고, 몇몇 아이들은 심술궂고, 선생님들과 사귀는 게 힘들었다. 이단은 비참했다.

그럼에도 10월에 모든 것을 견디어낼 수 있는 무언가를 발견했다. 자기가 하는 모든 일이 온라인상에서 성적이 매겨지고 기록된다는 걸 알게 된 것이다. 더구나 여러 각도에서 각각의 수업에서 자신의 진척 상황을 지속적으로 추적할 수 있다는 것을 알게 된 것이다. 이제 매일 로그인해서 자신이 어떻게 지내고 있는지 알아낼 수 있게 된 것이다. 공부가 재미없고, 학교가 재미있는 곳이 아니었지만, 별 의미가 없다고 해도 그가 매달릴 수 있는, 끊임없이 변화하는 일련의 숫자 속에서 위안을 찾을 수 있었던 것이다. 엄마는 온라인에서 점수를 확인하는 것이 이단의 학교생활 중에서 유일하게 만족스러워하는 것이 되었다고 안도감과 씁쓸함이 뒤섞인 마음으로 알려줬다.

보이지 않는 손이 대부분의 교육적 결정과 실행을 인도해 왔다. 이 손은 우리를 끊임없이 작은 기량과 성취의 목록을 점검하고 좋은 시험 점수를 얻어야 하는 부담으로 이끌었다. 아이들과 교사는 어떤 일이든 깊이 파고들 시간이 없고 주어진 과업을 빨리 끝내려고 서두른다. 얄팍함이 습관이 되었다. 어린이의 학창 시절의 실체, 교실과 복도에서 하루하루 펼쳐지는 활동과 상호 작용은 시장가치에 의해 점점 제한되어 갔다. 노동시장에서 이룰 미래의 성공에 대한 걱정이 대체해 버린 것은 아이들이 관심 있는 것에 열중하게 해주고, 다른 사람들과 잘 어울리며, 그들에게 중요한 주제에 대해 알아가면서 사려가 깊어지게 하는 탐구이다.

2. 어떻게 돈이 교육을 망가뜨리나

THE END OF THE RAINBOW

How Educating for Happiness (Not Money)

Would Transform Our Schools

3

부자에게나 빈자에게나
돈이 있다는 건 좋은 일이다

Rich or Poor, It's Good to Have Money

누군가에게 돈을 따라다니는 것이 우리 교육 체제를 뒤틀리게 하고 아이들을 다치게 한다고 말할 때마다 빠르게 그늘진 표정이 드리우는 걸 보게 된다. 교사, 경제학자, 심리학자, 정치 운동가, 부모, 그 누구에게 말하든 모두가 보이는 첫 회의적인 반응은 다음과 같은 사항의 일부이다. "돈이 중요하지 않다고 하는 건 아니죠? 가난하게 사는 게 문제가 없다는 건 아니잖아요? 학교교육이 사람들을 가난에서 구해주지 않나요! 돈이 중요하지 않다고 주장할 수 없는 거 아니에요." 그렇다. 아니다. 내가 틀린 것일 수도 있고, 겁쟁이이기 때문에 그렇게 주장할 수 없었다. 그러나 학교, 돈, 행복을 함께 연결하는 길은 대부분의 사람들이 생각하는 것보다 조금 더 복잡하다.

돈은 중요하다

몇 년 전 수년간 공립학교에서 아이들을 가르쳐온, 뉴욕에 사는 한 여성을 알게 되었다. 그녀는 자주 "부자든 가난하든 돈이 있으면 좋죠"라고 말하고는 했다. 그 말이 맞다. 돈은 중요하다. 학교가 교사 월급을 올려주어야 한다는 게 아니다. 모든 사람은 적절한 생활수준을 누리려면 돈이 필요하다. 누구든 가난 속에서는 충만하고 행복하게 뭔가를 이루면서 살기란 매우 어렵다.

돈이 충분하지 않을 때, 사람은 신체적으로나 정신적으로 고통받는다는 것은 아주 분명하다. 좀 더 언급할 필요도 없는 위험을 얘기하자면, 의식주 같은 기본적인 욕구를 충족시키지 못하는 건 그 파장이 아주 커서 사람으로서 제대로 기능하지 못하게 한다. 게다가 다음 월급날이 언제인지, 한 주가 마무리되는 시점에 가족에게 남은 먹을거리가 얼마나 되는지, 다음 달에 당신이 어디 살고 있을지에 대한 불확실성은 엄청난 스트레스가 되어 아무리 건강한 사람이라도 아프게 만든다. 가난이 아이들에게 끼치는 해악이 아마 최고로 클 것이다. 극심한 가난을 겪는 아이들은 어릴 때 고생만이 아니라 평생 그 흔적을 안고 살아간다는 연구 결과가 있다. 관련된 불확실성, 결핍, 불안정함의 스트레스는 인지 발달에 직접적인 영향을 끼친다. 먹을 것이 부족하고, 계속해서 이사 다니고, 수심이 가득한 부모 곁에서 사는 아이들은 그들 나름의 경제적으로 안정된 가정에서 사는 아이들보다 기하급수적으로 높아지는 스트레스를 경험한다. 만성적인 스트레스에 노출되어 살아가는 아이들의 몸은 신경 발달을 가로막는 호르몬을 생산해 낸다.

우리는 거의 50년 전부터 가난한 아이들이 학교생활에 적응하기 너 어렵다는 사실을 알고 있다. 가난한 아이들은 집에서 노출되는 어휘의 수가 더 적고, 학교 수업에 결석하는 일이 더 잦고, 숙제를 도와줄 수 있는 부모님이

학교의 미래, 이룰 수 없는 꿈?

곁에 있기가 어렵고, 건강을 살펴줄 환경이 좋지 않기 때문에, 우리는 무수히 여러 해에 걸쳐 가난과 학교에서의 낮은 학업 성취가 연결되어 있다고 가정했다. 하지만 이제는 가난이라는 스트레스가 매우 기본적인 생리적 수준에서 아이들의 인지 능력 형성에 관계한다는 것을 안다. 어떤 해악은 나중에 극복하기가 거의 불가능하다. 가난이 끼치는 해악은 오래가고 범위가 넓다.[1]

돈과 학교는 촘촘히 엮여 있다. 가난이 아이들 학업을 위험에 빠뜨리는 반면, 학교교육을 받는 것은 가난에서 벗어나게 하는 데 중요한 역할을 한다. 한 국가 안에 있는 모든 아이가 학교에 다니면 그 나라는 다양한 방면에서 개선되기 시작한다. 범죄율이 떨어지고, 종교와 종족 간의 폭력이 줄며, 유아 사망률 떨어지고, 기대 수명이 올라가고, 사람들은 더 건강한 삶을 누린다.[2] 양질의 삶을 살 수 있는 기회를 위해서 아이들이 학교에 가야 한다는 것에는 의심의 여지가 없다. 이를 입증하는 데이터에는 이론이 있을 수 없다. 게다가 우리 사회에서는 아이들이 학교에 다닌 기간이 중요하다. 아이들이 학교에 오래 다닐수록, 일자리를 얻을 가능성과 온당한 임금을 받을 가능성이 커진다. 고등학교를 끝마치는 것은 필수이고 점점 대학에 진학하는 것이 화이트칼라나 무역 및 산업 분야에서 더 좋은 일자리를 확보하는 데 열쇠가 된다.

최근 연구는 학교교육의 질 역시 중요하다는 것을 보여준다. 교사가 박학다식하고, 능력 있고, 따뜻하고, 신속하고 긍정적으로 대답을 잘해줄 때 아이들은 학교가 줄 수 있는 경제적 혜택을 확보할 수 있을 만큼 충분히 오래 학교에 다닐 것이다.[3] 그럼에도 학교교육과 경제적 혜택의 상관관계는 수수께끼의 한 조각일 뿐이다. 그림이 더 클수록 더 복잡하다.

3. 부자에게나 빈자에게나 돈이 있다는 건 좋은 일이다

행복과 돈

교육은 한 국가의 웰빙을 지키는 열쇠이고 국민들의 경제적 안정을 보장하는 핵심 요소다. 그러나 우리는 돈이 필수적이라는 사실과 중요한 것이라는 생각을 혼동하여 믿다 보니 그 사실을 마치 전부인양 여기는 함정에 빠졌다. 우리는 시장가치를 교육의 최종 목표로 본다. 행복해지려면 누구나 기본적인 필요를 채울 만큼의 돈과 일정 수준의 안정감을 필요로 한다. 하지만 돈을 더 많이 가진 사람이 더 양질의 삶을 산다는 생각은 완전히 잘못된 것이다.

수십 년의 연구 결과, 사람들이 버는 돈의 양의 증가가 행복감의 증가와 어떤 직선 모양의 비례관계로 나타나지 않는다는 것을 보여준다.[4] 사실, 어떤 연구는 돈과 행복 사이에 개인적인 수준과 세계적인 수준 모두에서 부정적인 상관관계가 있다는 것을 보여주기도 했다. 1995년 경제학자 리처드 이스털린Richard Easterlin은 돈이 사람을 행복하게 하고, 그래서 부유한 국가가 더 행복할 것이라는 예측이 틀렸음을 드러냈다.[5] 잘 확립된 두 가지 지표, 즉 한 나라의 국내총생산GDP과 주관적 웰빙 인식sense of well-being에 대한 평가를 이용해 한 나라의 부와 국민의 행복 사이의 관계를 살펴보았다. 그의 연구는 11개 국가를 포함했고(미국, 일본, 유럽의 9개국), 행복은 국가의 수입이 증가한다고 늘어나지 않음을 결론지었다.

2010년 이스털린은 이 연구를 중남미의 17개 개발도상국으로 확대하여 국부 증가의 효력이 더 극적일 수도 있는 곳에서 그 역설이 여전히 유지되고 있는지 검토했다. 그는 대중교통, 의료, 교육, 이민, 취업 가능성, 저렴한 주택, 생활 만족도와 같은 도시 생활의 차원을 다루면서 사람들이 자신의 삶에 대해 어떻게 생각하고 주변 상황에 대해 어떻게 생각하는지 알아내기 위해 설계된 잘 검증된 설문 조사 방법을 사용했다. 그는 또한 경제적 만족도 질문도 포함했다. "일반적으로 당신 가족의 현재 경제 상황을 어떻게 정의하시겠습니까? ① 아주 좋음, ② 좋음, ③ 보통, ④ 나쁨, ⑤ 매우 나쁨으로 응답하세요." 초기 연구에서처럼, 이스털린은 또한 국내총생산과 주관적인 웰빙 인식의 척도를 추적했다. 그는 조사한 나라들 중 어느 나라에서도 경제 성장률과 삶의 만족도의 향상 사이에 중요한 관계가 없다는 것을 발견했다.

부유해지는 나라에 사는 사람들이 눈에 띄게 더 행복해지지 않는다는 상식적 생각에 반하는 발견은 무엇을 설명하는 것일까? 연구는 중산층이 물질적 부에 점점 접근할수록 일, 종교적 가치 그리고 일상생활에서 의사 결정에 대한 감정적 스트레스가 더욱 커진다는 것을 보여줬다. 한 연구에서, 연구자가 대학생들에게 물질적 부, 그들이 한 일, 그리고 종교 각각에 얼마나 많은 가치를 두고 있는지 물었다.[6] 둘째 과제에서 학생들은 이러한 가치들을 서로 비교하는 다양한 시나리오에 응답하도록 요청받았다. 예를 들어, 한 시나리오에서 돈을 잘 버는 지루하고 어려운 일을 하고 싶은지, 아니면 보수가 적어도 흥미롭고 만족스러운 일을 하고 싶은지 응답해야 했다. 이게 전부가 아니다. 연구자는 덧붙여 학생들이 내린 선택에 대해 느끼는 갈등의 정도를 평가했다. 자료에 따르면, 학생이 재물에 더 많은 가치를 둘수록, 중요한 인생의 결정을 내릴 때, 심각한 수준의 스트레스를 느낄 가능성이 더 높았다.[7] 다시 말하면, 당신이 부에 신경을 더 많이 쓸수록 인생에서 벌어지는 진퇴양난의 상황을 조정하기가 더욱 어려워진다는 거다.

이것에 대한 한 가지 설득력 있는 설명은 사람들의 소비 습관과 가족, 지역사회, 종교, 직업, 그리고 삶의 다른 의미 있는 부분들에 대해 가지고 있는 가치들 사이에 단절이 있다는 것이다. 이 단절은 경쟁, 물질주의, 행복 사이에 부정적인 순환 관계를 만든다. 돈이 우리를 행복하게 한다는 믿음은 타오르는 경쟁에 기름을 붓고, 경쟁은 물질주의를 부추기고, 물질주의는 돈에 대

3. 부자에게나 빈자에게나 돈이 있다는 건 좋은 일이다

한 집착과 경쟁적 충동을 강화시켜, 더 많은 물질주의로 이어지게 한다. 이 순환 어디에도 장기적인 행복으로 이어질 수 있는 정서적으로 중요한 연결, 깊이 있는 참여 또는 의미 있는 만족을 위한 기회는 없다.

　이런 악순환의 또 다른 예는, 1인당 국민소득이 매우 높고, 돈을 아주 많이 벌고 싶어 하는 청년들의 비율이 높은 국가인 싱가포르의 데이터를 수집한 연구다. 연구자들은 20대 초반의 경영학 전공 학생 92명에게 다양한 삶의 목표(신체적 건강, 파티 즐기기, 다양한 종류의 사치품, 안정감, 영적인 삶, 사회 적응, 궁극적 성공)에서 사회가 부여하는 가치에 순위를 평가하라고 요청했다. 더불어 각각의 목표를 달성할 가능성의 정도를 1에서 5까지의 점수로 선택하도록 했다. 다른 항목에서는 물질적 부, 웰빙의 정도sense of well-being, 심리적 고뇌의 부재, 전반적인 행복 수준 등에 개인적으로 생각하는 중요성의 수준을 표시하라고 했다. 학생들의 문화적 그리고 교육적 환경이 실리적인 목표를 중요시하도록 독려했음에도 불구하고, 그러한 이상을 깊게 내면화한 학생들, 즉 사회가 부여한 가치와 가장 일치하는 학생들이 가장 큰 고뇌와 가장 낮은 수준의 행복에 시달렸다. 이 학생들은 일종의 인지부조화를 경험 중이다. 그들은 원하도록 되어 있는 것과 그들이 실제로 원하는 것이 서로 어긋나는 상황. 이는 자기 의심, 낮은 자존감 그리고 불안감으로 이어졌다.[8] 학생들은 의미 있는 일이나 타인을 돕는 것처럼 다른 개인적 목표를 희생시키고 돈을 추구하는 것이 응원받을 때, 좀처럼 성공하지 못한다. 돈은 필요하지만, 현재 심리학자들이 이해하고 있는 인간의 기본 욕구를 만족시키기에는 충분하지 못하다.

　20세기 중반, 심리학자 매슬로Maslow는 그의 욕구위계이론을 발전시켰다.[9] 1%의 건강한 대학생들에 더해 아인슈타인과 루스벨트 대통령의 부인 엘리너 루스벨트Eleanor Roosevelt 같은 "모범적 인물"을 연구하면서, 인간은 다섯 가지의 특정한 욕구 영역을 갖는다고 결론지었다. 첫째는, 공기, 음식,

잠, 물, 성생활, 생체 항상성에 대한 욕구 등을 포함하는 생리적 욕구다. 둘째는, 신체, 고용, 자원, 도덕, 가족 건강, 재산을 포함하는 안전에 대한 욕구다. 셋째는, 우정, 가족, 이성 간의 친밀도로 표현되는 애정과 소속에 대한 욕구다. 넷째는 존중에 관한 욕구로, 자존감, 자신감, 성취, 존경하고 존경받는 존중에 대한 욕구다. 다섯째는 가장 추상적이지만 가장 흥미로운 자아실현의 욕구이다. 이는 한 개인의 잠재력이 충분히 발휘되는 것을 말하며, 도덕성, 창의성, 자발성, 문제 해결 능력, 편견의 부재, 사실의 수용 같은 발달을 포함한다. 이 이론은 1940년에 그랬던 것처럼 현재에도 높은 적절성이 있다. 하지만 우리의 학교는 일단 기초적인 욕구가 충족되면 남은 것들은 모두 따라올 것이라는 전제하에 작동하는 것 같다. 아이들이 크면 일자리를 얻도록 학교가 확실하게 한다면, 더 높은 단계의 욕구는 정해진 경로에 따라 충족될 거라는 것이다. 하지만 그게 전부가 아니다. 교육은 가장 낮은 단계의 욕구가 아니라 가장 높은 단계의 욕구에 관심을 가질 수 있고 가져야만 한다.

학교교육은 과거에 우뚝 솟은 목표를 가졌지만, 단지 일부에 대해서만 그랬다. 폭넓은 대중에게 확산되면서, 교육의 목표는 노동시장과 단단하게 얽혀졌다. 교육과 돈의 결합은 기껏해야 의심스러운 대중에 대한 가정에 의해 이루어졌다. 대개 검증되지 않은 교육의 목적을 전제하면서 학교와 시장의 결합이 전개되었다. 지금도 그렇다.

학교에서 일어나는 일들은 아이들이 사색적이고, 충만하고, 의미 있는 삶을 살아가도록 해야 하고 그럴 수 있다. 아이들이 매일 실행하고, 말하고, 느끼고, 생각하고 그리고 시도하는 것은 노동자로 성장하도록 훈련시키는 게 아니라 행복하게 살아가도록 준비하는 것이어야 한다. 더 나은 목표를 찾아내서 더 깊은 수준에서 그 목표를 충족해 주면 학교는 더 의미 있는 곳, 그리고 당연히 그곳은 아이뿐만 아니라 어른도 더 즐거운 곳이 될 것이다. 행복

3. 부자에게나 빈자에게나 돈이 있다는 건 좋은 일이다

은 불결한 것도 금상첨화도 아니다. 행복이 무지개 끝에 있는 황금 항아리가 되어야 한다.* 다름 아닌 행복이 교육의 목표일 수 있다.

---

* 이 책의 원제목 ─ 옮긴이.

4

학교를 풍요롭게 하는 법, 행복

How Happiness Enriches Schools

매년 9월, 미국에서 약 400만 명의 아이들이 가방을 메거나 점심 도시락을 들고 유치원 정문을 통과해 처음으로 유치원 수업을 시작한다. 일부는 땋은 머리를 하고, 일부는 흔히 흑인들이 하는 여러 가닥으로 땋은 머리를 하고, 일부는 비단결 같은 갈색의 긴 머리를 하고, 일부는 모호크Mohawks 인디언 머리를 하고, 일부는 삭발에 가까운 버즈컷buzz cuts을 하고 있다. 깔끔한 교복을 입은 아이도 있고 트레이닝복에 지저분한 셔츠를 입은 아이도 있다. 새 스웨터에 유명한 농구 선수의 이름을 딴 나이키의 르브론 제임스LeBron James 농구화를 신고 있거나 예쁜 드레스에 반짝이는 머리띠를 한 아이도 있고, 색이 바랜 헌 옷을 입고 있는 아이도 있다. 이 중에는 이미 글을 읽을 수 있는 아이들도 있고, 아침을 먹지 못하는 아이들도 있다. 창백한 피부, 갈색 피부, 통통한 볼살, 수척한 얼굴, 활기찬 에너지로 통통 튀는 모습, 떨리는 얼굴 등 어떤 모습을 가졌든, 400만 명의 아이들은 문턱을 넘어 교실로 들어서면서 하나의 길로 발을 내딛게 된다. 하지만 어디로 가는 길일까?

수백 명의 부모가 유치원 입학식 날에 아이들을 차에서 내려주는 것을 지켜보았다. 뉴욕시, 로스앤젤레스, 보스턴, 매사추세츠주의 셰필드Sheffield, 아이오와주의 세인트 안스가르St. Ansgar, 몬태나주의 화이트 설퍼 스프링스 White Sulphur Springs의 공원이나 식료품점에서 줄 서 있거나, 부엌에 있는 젊은 부모를 멈춰 세우고 자식들에게 무엇을 바라는지 물어본다면, 어느 부모도 "아이가 부자가 됐으면 좋겠어요", "딸아이가 동네에서 월급이 제일 많으면 좋겠어요", "차가 두 대 있으면 좋겠어요", "입고 싶은 정장을 마음 놓고 사 입길 바라죠"라고 답하지는 않을 것이다. 대부분은 출신 국가가 어디든, 어떤 일을 하든, "아이가 행복하면 좋겠어요", "좋은 삶을 살기 바랍니다", "사랑하는 사람을 찾길 바라죠" 같은 답을 할 것이다. 그걸 입 밖에 내든 아니든, 사실 모든 부모는 자식들이 인간으로서 품위 있는 삶을 유지할 수 있는 충분한 돈이 있길 바라지만, 돈은 아이들이 꿈을 가지게 하는 건 아니다. 무엇이 꿈을 가지게 할까? 다름 아닌 행복이다.

여러 해 동안, 나는 학생들과 300명 이상의 부모에게 자식이 어떤 꿈을 가지길 바라는지 물어보았다. 그중 일부는 은행원이고, 일부는 정보통신업에서 일했다. 부모는 깨끗한 집을, 다른 누구는 잡초가 무성한 집을 가지고 있었다. 회사원, 의사, 사회복지사, 음악가도 있었다. 몇몇은 영어만 쓰고, 스페인어나 중국어가 모국어인 경우도 있었다. 그리고 그들은 메인, 뉴욕, 펜실베이니아, 워싱턴, 뉴멕시코, 노스다코타 등 여러 주에 살았다. 저학년 아이를 가진 부모는 자식에게 가장 바라는 건 행복해지는 거라고 한다. 아무도 부나 직업에서 성공에 대해 말하지 않는다. 부모가 자녀의 학교 경험에 대해 이야기할 때, "배우는 걸 좋아하길 바라죠", "온갖 것에 대해 알면 좋겠어요", "세상에 대해 배워가면 좋겠어요"라고들 말한다. 난 부모가 "시험 점수가 좋기만 하면 뭘 해도 상관없어요"라거나 "커서 돈만 번다면 무얼 배우든 상관없죠"라고 하는 소리는 들어본 적이 없다.

학교의 미래, 이룰 수 없는 꿈?

하지만 나이가 든 자녀를 둔 부모에게 같은 질문을 하면, 상황은 달라진다. 나이를 먹을수록, 부모는 돈과 직업적 성공에 대해 말할 가능성이 높아진다. 많은 이가 "일자리를 구하면 좋겠어" 내지는 "좀 좋은 일자리를 구했으면 좋겠어"라고 비슷한 말을 한다. 어떤 부모는 아주 기대가 크다. 열일곱 살 딸의 엄마는 조사의 모든 항목에 "의과 대학"이라는 단 두 단어만 적어 넣었다.

졸업이 가까워질수록 학생, 교사, 학부모는 점점 더 좁은 목표로 수렴해 가는 것 같다. 아이가 학교 체계 전체를 거쳐가는 동안, 사람들은 학교가 좋은 삶의 바탕이 되는 능력을 가르칠 수 있다는 생각을 포기해 간다. 학교가 제공할 수 있는 것에 대한 기대가 더 얕아지고 구체적이 된다. 학교가 학생들이 독서를 즐기게 만들고 새로운 방식을 찾아내는 사고력을 길러주고, 목적의식을 가질 수 있게 한다는 생각은 대학에 입학시키거나 시장가치가 있는 기량을 가르치거나 대학 수준의 선수 과목AP 시험을 준비시킬 수 있는 곳이어야 한다는 바람으로 대체된다. 하지만 대부분의 부모는, 자기 자신의 삶을 보면서, 어느 정도의 돈은 필수적이지만, 돈 그 자체가 사람을 행복하게 할 수 없다는 걸 안다. 학교에 다니면 취업 기회가 높아진다. 하지만 우선 학교에 가서 의미 있고 충만한 삶을 사는 데 참으로 도움 되는 것을 배워보도록 하자. 돈이 아니라 행복이 우리 교육의 과정을 인도한다면 어떻게 될지!

쾌락과 행복

교육에 대해 더 이야기하기 전에, 공통적이고 불행한 혼란의 근원을 정리할 필요가 있다. 내 자식들에 대한 작은 얘기로 시작하겠다. 첫 아들이 세 살 때, 매사추세츠주의 스톡브리지Stockbridge에 있는 유아 학교에서 새로운 친구를 사귀었다. 곧 그 친구를 집으로 불러서 놀았다. 두 아이는 블록 쌓기, 집 주위에서 뛰놀기, 과자 먹기, 슈퍼히어로 드라마 따라 하기 등으로 즐거운 시간을 보냈다. 다음 날 유아 학교에 아이를 데리러 갔을 때, 곧 내게 가장 친한 친구 중 하나가 될 내 아이 친구의 엄마는 "제임스Jame가 제이크Jake랑 놀면서 아주 즐거운 시간을 보냈더군요. 제이크네 집에서 논 걸 좋아했죠. 제임스가 내게 자기가 제이크라면 제이크 엄마 역할을 연기하는 게임을 해보자고 했어요. 제이크 엄마 연기를 하려면 뭘 해야 하냐고 하니, 제 아이가 '오, 아주 쉬워! 계속해서 "여기, 막대 사탕 먹어"'라고만 하면 된다는 거에요"라고 했다. 제임스 엄마는 웃었고, 난 그녀가 좋은 엄마라고 나를 치켜세우는 건지, 내가 지나치게 응석을 다 받아주었다고 못마땅해 하는 건지 알수 없었다. 내 아들들이 어렸을 때, 나도 뭐가 아이들을 행복하게 해줄까 하고 생각해 보았다. 내 조사에 참여한 모든 부모처럼, 나도 내 아이들이 궁극적으로 행복하길 원한다. 그러나 아이들에 대해 생각해 볼 때 적어도 두 가지 다른 종류의 행복이 있고, 그 두 가지 다른 행복은 아이를 두 가지 다른 종류의 성인으로 이끈다.

사람들이 행복에 대해 이야기할 때, 문득 떠오르는 것은 막대 사탕이다. 이는 순간적인 쾌락, 대개 쾌락주의적이고 때로는 해롭다. 일순간의 쾌락에 대한 생각이 청교도적 성향에 부딪히지 않는다고 해도, 어린 시절 덧없는 쾌락을 지나치게 강조할 위험은 분명하다. 연구는 쾌락을 미룰 수 없는 아이들은 온갖 문제로 향하고 있다는 것을 보여준다. 그런 아이들이 약물 남용의 문제, 학교생활에 적응하지 못하는 문제, 도박 문제, 무모한 행동을 하는 문제, 곤란을 이거내지 못하는 문제, 장기적인 목표를 추구하지 못하는 문제에 봉착할 가능성이 더 크다. 막대 사탕, 텔레비전, 놀림감이 때때로 즐거울지 모르지만, 그런 것들은 행복에 도달하게 하지 못한다. 하고 싶은 것을 뭐든지, 언제든지 할 수 있는 학창 시절은 확실히 좋은 게 아니다.

학교의 미래, 이룰 수 없는 꿈?

그런데 사실 우리가 잘 알고 있는 훨씬 더 실질적인 의미의 행복이 있다. 물론, 나는 아이들에게 달달한 것을 먹이고, 제임스 본드 영화를 보면서 소파에서 빈둥빈둥 놀게 했으며, 정신없는 비디오 게임Beckon(숨바꼭질류의 게임)을 하면서 몇 시간을 보내도록 내버려두었다. 그러나 아이들이 성장한 지금, 진정으로 행복하게 만들었던 어린 시절과 경험에 대해 이야기할 때, 아이들 기억은 순간적인 쾌락과는 거의 관계가 없다. 큰아들은 생물학을 읽고 책을 표현하는 3차원 프로젝트를 한 숙제를 떠올린다. 프로젝트를 위해 동생을 시팅 불Sitting Bull*처럼 꾸미고 교실에 데려갔다. 아들은 이제야 그때의 일이 현재 하고 있는 일에서 중심적인 측면인 공연 예술에 대한 첫 시도였다고 말한다. 둘째 아들(시팅 불로 꾸며졌던 아이)은 한 번도 이긴 적이 없는 더 크고 부유한 학교를 상대로 약체 학교의 초라한 야구팀을 이끌고 승리를 거뒀던 때를 기억하고 막내아들은 같은 반 친구들과 텃밭에 채소를 심었던 걸 떠올린다.

내 아이들만 그런 건 아니다. 뭐가 행복하게 하느냐고 물으면, 대부분의 사람은 막대 사탕, 고급 차, 엄청난 은행 잔고보다 더 깊고 오래 지속되는 것을 생각한다.

우린 진정한 행복을 구성하는 것에 대해서 무엇을 알고 있을까? 상당히 많을 것이다. 넬 노딩스Nel Nodings와 해리 브릭하우스Harry Brighouse 같은 철학자들, 그리고 마틴 셀리그먼Martin Seligman과 대니얼 길버트Daniel Gilbert 같은 심리학자들은 진정한 행복이란 어떤 것인지 명료하고 생생한 내용을 제시한다.[1] 의미 있는 활동에 적극적으로 참여하기, 다른 사람들과 이어진 연결, 지역사회에 관여하기, 목적의식과 성취감, 스스로 선택을 할 능력, 기쁨을 만끽하는 능력 등을 포함한다.

---

* 미국 인디언 수(Sioux)족의 추장 ─ 옮긴이.

더욱이, 유년기의 행복과 성년기의 웰빙이 완벽히 일치하지는 않아도 놀랄 정도로 잘 들어맞는다. 예를 들어 낙천적인 아이는 커서도 낙천적일 가능성이 크다. 좋지 않은 일도 그 상황을 바꿀 수 있고 다음에는 더 잘할 거라고 생각하는 아이는 커서도 계속해서 그렇게 생각할 가능성이 높다. 깊게 몰입한 것의 보상을 경험한 아이는 그 느낌을 몇 번이고 반복해서 경험하고 싶어 할 것이다. 협력과 타협의 방법을 배운 아이는 계속 그렇게 해서 공동체 생활이 주는 혜택을 수확할 가능성이 높다. 한마디로 학교를 아이가 행복할 수 있는 곳으로 만들면 아이들이 행복한 어른이 되는 방법도 가르쳐줄 수 있다.

또한 이런 행복은 모호하고 덧없지 않다. 이런 행복이 개인과 사회 모두에 결정적으로 필요하다는 증거가 있다. 경제학자 조지프 스티글리츠Joseph E. Stiglitz, 아마르티아 센Amartya Sen, 장 폴 피투시Jean-Paul Fitoussi는 저서 『우리 삶에 대한 잘못된 측정Mismeasuring Our Lives』에서 행복이 국민총생산이나 국민총소득 같은 표준 경제 지표보다 훨씬 더 나은 국가 수준의 웰빙 지표임을 보여준다.[2] 연구 심리학자들은 사람이 자신의 생각과 동기에 대해 말한 것을 신뢰하는 게 실수인 경우가 많다고 한다. 예를 들어, 사람은 자신이 어떤 고정관념에 묶여 있는지, 왜 자기 배우자를 선택했는지, 하루에 해낸 일이 얼마나 되는지에 대해 오해하는 것으로 악명이 높다. 반면에 사람은 자신이 얼마나 행복한지는 아주 잘 알고 있는 듯하다. 세 명의 경제학자는 행복에 관한 느낌은 객관적인 측정치와 일치한다고 지적한다. 충만한 좋은 삶을 보고하는 사람, 즉 의미와 목적의식, 유대감, 일상생활에 대한 관심, 무언가의 활동에 대한 참여, 기쁨을 경험할 수 있는 능력 등을 가진 사람은 건강하고 (병원에 덜 가고), 일터에서 생산성이 높으며, 이혼할 가능성도 낮다. 행복은 실체적이고 측정 가능하며 매우 중요한 것이다.

연구자는 대개 낙천성을 보이고, 쉽게 쉽게 생각하는 기질(마음 편한 기질)을 보이고, 강한 자아 개념을 가진 아이가 드러내는 행복을 개인 특성의 관점에서 본다. 하지만 아주 밝고 명랑한 아이라도 다른 환경에서보다 어떤 특정한 환경에서 더 잘 피어날 가능성이 높다. 더 중요한 건, 행복한 어른의 삶으로 이끄는 수많은 행동은 사람의 성격과는 연관성이 떨어지고, 자신의 삶을 어떻게 사는지와 더 관련이 있다는 것이다. 이런 습관과 행동 방식은 길러져야 한다. 타고나는 것이 아니다. 배워야 한다는 뜻이다. 불평하는 대신에 교육의 틀을 다시 짜면 어떨까? 행복을 학교의 가장 중요한 목표로 삼으면 어떨까? 행복한 삶을 살 수 있는 좋은 기회를 위해 아이는 무엇을 배워야 할까?

매 학기마다 교육을 주제로 한 과목을 수강하는 학생에게 하루는 6학년을 마칠 때까지, 그리고 나서 12학년이 끝날 때까지 모든 미국 학생이 무엇을 알아야 하고, 무엇을 할 수 있어야 한다고 생각하는지 몇 분간 생각해 보라고 한다. 그리고 나서 각 학생의 목록에서 떠올린 항목을 불러달라고 하여 칠판에 모두 쓰고는 한 무리의 목록을 작성한다. 강의실에는 거대한 칠판이 설치되어 있지만 언제나 강의실 세 벽을 다 채우고도 여전히 모든 학생의 생각을 담을 수가 없다. 처음에는 쉽고 직관적인 일처럼 보인다. 처음에는 "읽기, 대수학 공부, 과학적 방법 이해하기, 함께 잘 지내는 법 배우기, 미국 역사에 익숙해지기, 다른 문화 이해하기"와 같은 것들을 말하는 경향이 있다. 그리고 적어도 그들 중 일부는 필수적이라고 생각하는 것을 목록에 넣기 시작한다. "은행 잔고 관리하는 법. 적어도 하나의 외국어 공부. 기술 활용법. 팀으로 일하는 법. 기하학 공부하기. 차 수리. 좋은 에세이 쓰기. 건강하게 사는 법. 다양한 종교와 친숙해지기. 시를 분석하는 법. 통계학 이해. 세계 문학에 익숙해지기. 자연에 감사하기. 연설 기량 익히기. 다른 사람에게 무언가를 가르치는 법." 이 목록은 계속 이어진다. 그 목록에서 가치 없다거나, 합리적이지 않은 것을 본 적은 아주 드물다. 그리고 대부분은 현재 우리의 교육 표준에 어떤 형태로든 포함되어 있다. 하지만 학생들이 금방 깨닫게 되

4. 학교를 풍요롭게 하는 법, 행복

는 것처럼 이 목록은 완전히 말이 안 된다. 어느 학교도 하루 6시간, 일주일에 5일, 1년 중 9개월 동안 매우 다양한 학생이 이 모든 것을 의미 있는 깊이에서 배울 수 있도록 보장할 길은 없다. 그리고 그렇게 해야 할 좋은 이유도 없다.

그런 다음 수업 활동의 재미있는 부분이 나온다. 어떤 것들이 너무 중요해서 없으면 아이가 발이 묶일지 모르지만, 있으면 나중에 인생에서 온갖 일을 해내게 할 수 있는 항목을 찾는 것이다.

만약 목적이 아이들이 행복한 삶을 살게 하는 것이라면, 교육자들은 모든 아이가 몇 가지 필수적인 것을 매우 잘 배우고 집중할 수 있도록 목표의 목록은 짧아야 한다. "높은 표준"이라는 미명하에 점점 더 어려운 요구를 하는 항목을 지우고 "깊이", 즉 아이들이 영원히 사용할 수 있을 정도로 잘 배운 몇 가지 강력한 것으로 대체한다. 우리의 목록은 다양한 모든 아이가 각양각색의 어떤 어른이 될 수 있는 능력으로 구성되어야 한다. 우리는 다양하고 복잡한 사회에 살고 있다. 모든 사람이 유사한 일을 하거나, 같은 책을 읽거나, 같은 사치를 원하거나, 유사한 동네에서 살 것이라고 가정하는 교육 시스템은 많은 학생을 실패하게 만드는 저주이다. 모두가 같은 정보나 학업 기량을 익혀야 한다는 무의미한 기대를 버려야 한다. 나중에 보여주겠지만, 전문 지식과 실질적인 지식이 중요하지 않다는 게 아니다. 단지 그것은 더 큰 목표를 달성하기 위한 수단일 뿐이다. 아주 명석하든 아니든, 고학력 가정 출신이든 처음으로 읽고 쓰는 것을 배우든, 부자가 되기를 기대하든, 단지 적절한 임금을 받기 위해 노력하는 것이든, 도시에 살든 시골에 살든, 학교는 그저 다양한 모든 범주의 아이들이 행복한 삶을 살 수 있게 해주는 도구를 갖추게 해야 한다. 뒤에서 주장하겠지만, 전문적 지식을 포함해서 밀이다.

학교에서 습득할 수 있고 잘 배운다면 아이들을 웰빙의 길로 인도할 여덟 가지 성향의 목록을 여기에 제시한다.

열중

책을 쓰든, 차를 고치든, 골프 실력을 향상시키든, 저녁 식사를 준비하든, 지역사회 모임을 계획하든, 수 세기 동안 철학자들과 신학자들이 쓴 글과 더불어 최근의 풍부한 연구를 통해 가장 중요한 행복의 원천 중 하나는 의미 있고 복잡한 활동에 몰입하는 것임을 분명하게 밝혀냈다. 삶은 쉽지 않다. 고통, 사회적 책임, 방해물, 좌절 그리고 지겹게 힘든 일들로 가득 차 있다. 삶이 그렇다는 건 하고 싶은 일 깊숙이 빠져드는 일이 실제보다 말로 더 쉽게 내뱉어진다는 뜻이다. 하고 싶은 일을 발견하는 법을 안다 해도 그 일에 스스로를 던져 몰입하는 것은 종종 노력과 기량을 사전에 갖추는 것이 필요하다. 어린아이들은 이러한 몰입을 매일 경험하고 날마다 노력으로 가득 채운다. 그저 지역의 공원에 들러서 아이들이 공으로 하는 놀이를 짜거나, 요새를 짓거나 또는 슈퍼히어로로 놀이를 만들어내는 강렬함을 지켜보라. 문제는 학교다. 일단 학교에 다니면 대부분의 아이들이 좋아하는 것을 발견할 기회와 열정을 가지고 그 일을 구상해 볼 약간의 공평한 기회도 거의 갖지 못한다. 판에 박힌 듯 우리의 학교는 아이들이 하고 싶은 일을 찾아내서 푹 빠져볼 기회를 만들도록 능력을 형성하게 만드는 데에 초점이 있지 않다. 하지만 사실 학교는 할 수 있다.

내 아들이 초등학교와 중학교에서 농구팀에 있을 때, 아이가 게임을 그저 보기만 하지 않고 종종 일찍 가서 연습이 끝나기 전까지 지켜보면서 아이들과 코치가 체육관에서 행동하는 방식에 매료되었다.

1월의 어느 비 오는 날, 연습이 열리는 작은 노동자 계층 마을의 커뮤니티

센터를 찾아갔다. 그곳에는 낡은 반바지와 유니폼을 입고 값비싼 운동화를 신은 14명의 소년들이 모여 있었다. 여느 열두 살, 열세 살 남자아이들이 그러하듯, 각양각색의 아이들이었다. 키가 187cm에 얼굴에 수염이 나기 시작한 아이도 있었고, 키가 작고 어린아이처럼 높은 톤의 목소리를 가진 아이도 있었는데, 길을 건너려면 누군가의 손을 꼭 잡아야 할 것 같았다. 몇몇은 엄마가 의사, 아빠가 변호사라는 특권을 드러내는 머리 모양과 억양을 가지고 있었고, 두 명의 아이는 근처 사립학교에 다녔다. 하지만 대부분은 공장에서 일하거나 잔디를 깎거나 집 청소를 하는 부모를 둔 아이였다. 두 명만 빼고 모두 지역 학교에 다녔기 때문에 많은 아이가 학교에 얼마나 무관심한지, 학업 성적이 얼마나 부진한지 알 수 있었다.

내가 들어섰을 때, 지역 유소년 농구 연습을 지도하지 않을 때는 지붕 수리 일을 하는 40대 초반의 퉁명스러운 남자가 아이들에게 두 팀으로 나뉘어 특정 플레이를 시도하는 방법에 대해 설명해 주고 있었다. 그는 아이들이 어느 팀에서 누가 뛰는지 쉽게 알 수 있도록 일곱 명에게 유니폼을 벗으라고 소리쳤고 순식간에 유니폼이 벗겨져 빈약한 가슴과 통통한 배가 드러났지만 항의하는 소리 한마디 없었다. 그런 다음 코치는 아이들에게 무엇을 해야 하는지 소리치기 시작했다. 선수들은 자기 자리로 달려갔고, 경기를 시작하자 코치는 더 큰 소리로 잘못을 지적하고, 수정하느라 더 큰 소리를 지르기 시작했다. 아이들은 명령하는 대로 최선을 다해 경기에 집중했다. 그런 후 코치는 위압적으로 팔을 흔들며 벤치에 있던 아이들에게 코트에 있는 아이들과 교체하라고 외쳤다. 아이들은 즉시 순종했다. 연습 경기가 끝났을 때, 코치는 아이들 몇 명을 옆으로 불러내 퉁명스러운 말투로 다르게 해야 할 것을 알려줬다. 그 아이들은 고개를 끄덕이며 코치의 말에 완전히 집중했다. 마지막으로, 코치는 최고 속도로 코트를 왕복하면서 반복적으로 죽을 지경으로 달리는 농구 훈련 시간이라고 말했다. 14명의 소년들은 모두 코트 한쪽

학교의 미래, 이룰 수 없는 꿈?

끝에 줄을 서서 달려가기 시작했고, 코치는 더 빨리 뛰라고 소리쳤다. 한 명은 너무 열심히 달려 토한 다음 다시 뛰었다. 운동을 마치자 그들은 지쳐 보였지만 농구에 대해 쉬지 않고 떠들며 활기차 보였다.

쾌쾌한 냄새로 가득한 축축한 체육관에 서서 쿵쿵거리는 발소리를 듣다가 재미난 상상이 떠올랐다. 그 모든 아이가 똑같은 강한 흥과 규율 그리고 집중력으로 읽기 수업에 자신을 던져 넣는 것을 본다면 어떨까? 읽기 교사가 교실에 들어와서 "이제 책을 좀 꺼내봐" 하고 그 열여섯 살 아이들이 읽고 싶은 열의에 소설을 꺼내 잡고 서둘러 그들이 멈추었던 페이지를 펼치면 어떨까? "이 문단에서 작가의 의도는 뭐지?"라고 선생님이 질문하고 아이들은 먼저 더 좋은 생각을 말하려고 앞다투면 어떨까? 세월이 흘러도 그 생생한 환상은 반복적으로 내게 떠올랐고, 이 질문이 이어졌다. 노력과 몰두에 대한 자연스러운 성향을 좀 더 지적인 작업에 투입하려면 무엇이 필요할까? 명백하고 쉬운 방법은 농구가 독서(또는 수학, 사회, 과학)와 다른 이유를 모두 제시하는 것이다. 그러나 그렇게 생각하는 것은 시간 낭비이며 요점을 피해간다. 물론 읽기를 배우는 것이 농구를 더 잘하게 되는 것만큼 본능적으로 끌리거나 흥미롭거나 동기부여가 되지 않는 이유가 있다. 그리고 특정한 아이들만이 농구를 시도한다는 것은 말할 필요도 없다. 그들은 경기를 좋아하고 잘하고 싶은 열망을 가지고 체육관에 온다. 같은 걸 독서라고 말할 수는 없다. 하지만 읽기 교사도 체육관에서 무언가를 배울 수 있었다. 그들이 배울 수 있는 가장 중요한 것은, 거의 모든 아이는 자신을 던져 어떤 노력에 온 마음을 쏟으려고 하는 타고난 갈망을 가지고 있다는 것이다. 그때, 두 가지 종류의 보상이 존재한다. 바로, 총체적인 노력과 몰입에서 오는 희열과 그러한 노력을 통해 얻어 낸 성취다.

저명한 심리학자인 미하이 칙센트미하이Mihaly Csikszentmihalyi는 이 강렬한 경험을 "몰입(흐름flow)"이라고 묘사했는데, 이것은 시간이 가는 것을 잊어버

4. 학교를 풍요롭게 하는 법, 행복

리고, 하고 있는 일에 일체가 된 느낌으로 빠져들어서 완전히 그 일에 몰두하고 있는 상태를 말한다.[3] 음악가, 작가, 가구 공예가, 요리사, 그리고 흥미가 당기는 문제에 반색하여 달려들어 풀기 시작한 사람은 누구나 몰입의 경험이 어떤지 알고 있다. 칙센트미하이가 청소년기에 보이는 온 맘을 기울여 몰두하는 상태를 엔트로피(한 체계의 무질서의 수준)의 반대말인 "부정적 엔트로피negentropy"라 불렀다는 걸 주목할 필요가 있다. 그는 부정적 엔트로피를 건설적이고, 사회적으로 의미 있는 일에 뛰어든 상태라고 명시했다. 흥분하고, 파티에서 춤을 추고, 1 대 1 자동차 경주하기 등은 온 정신을 빨아들이지만 부정적 엔트로피로 이어질 수는 없다. 하지만 농구, 텃밭 농사, 연극, 토론, 수학 문제 풀기는 부정적 엔트로피에 닿을 수 있다. 그리고 증가 일로에 있는 관련 연구에 따르면, 그러한 깊은 몰입은 아이들이 최적의 발달을 성취하는 데 핵심 역할을 한다. 부정적 엔트로피를 경험하는 아이는 더 긴 시간을 더욱 활기차게 보내고, 다양한 일을 더 열띠게 시도하고, 일상에서 부정적 엔트로피 상태 경험이 없는 아이들보다 더 큰 웰빙 느낌을 누린다.

그런데 부정적 엔트로피를 초·중등K-12교육의 중점에 놓아야 할 이유가 하나 더 있다. 단순히 누군가 다른 사람이 가치가 있다고 말해서, 하지 않으면 큰일 날까 무서워 뭔가를 해야 하는 아이보다, 스스로 어떤 일에 풍덩 뛰어들어, 내면에서 울려나오는 그걸 하고 싶은 동기와 몰입의 느낌에 휩싸이는 아이는 더 빨리 배우고, 더 많이 배우면서 결국 그 일에 더 능숙한 기량을 갖게 되는 것이다. 최근 몇 년 동안 앤절라 더크워스Angela Duckworth는 연구자와 교육자 모두에게 '목적, 노력 및 참여'의 의미를 모두 담고 있는, 그릿grit이라고 부르는 것에 집중할 것을 촉구했다. 그녀의 연구는 중학교에서 행한 '자기 단련'이 표준화된 시험 점수보다 고등학생의 학업 성취도를 더 잘 예측한다는 것을 보여주었다. 즉, 능력보다 노력이 더 중요하다는 것이다. 그러나 모든 노력이 다 같은 것은 아니다.

농구하고 있던 아이들이 단순히 완전히 몰입 상태에만 빠진 건 아니다. 고통, 좌절, 그리고 틀린 동작을 할 때만이 아니라 끊임없이 악을 쓰는 사람을 기꺼이 겪어내며 스스로 나아지고자 했다. 그리고 어느 누구도 훈련 기간 동안 그만두지 않았다. 즉, 고통을 고수했다. 이 열중과 끈기stickness의 조합은 어른이 된 후에는 물론 성장기 청소년기에도 웰빙을 위한 열쇠다. 학교 공부에서 더 잘 배우고 더 많은 것을 해낼 뿐만 아니라 어른의 삶에서도 참여를 끊임없이 도모할 수 있도록 하는 끈기를 키워주자. 교사는 그런 열띤 참여를 교육적 목표로 볼 수 있어야 한다. 단지 다른 목표로 가는 길을 닦아주는 데 유용하지만 필수적이지 않은 윤활유 정도로 생각하는 게 아니라 말이다.

어떤 교사는 이렇게만 한다. 뉴욕주 동부의 교외에 있는 작은 학교에서, 교사 리즈 버치Liz Bertsch는 일곱 살에서 열한 살 사이의 아이들이 함께 공부하는 반을 운영한다. 버치는 25년 전 대학에서 철학을 전공했다. 그녀는 지성에 대해서라면 부끄러움이 없는 욕구와 아이들도 활기 가득한 의욕을 가지고 있다는 기대를 가지고 임한다. 그녀의 학생이라면 나이나 배경에 관계없이 모두 영국의 작가 초서Chaucer를 읽고, 마음의 3차원 모형을 만들고, 무한을 논한다.

몇 년 전 나는 버치의 학교에서 일하기 시작했고, 가르치는 모습을 보게 되었다. 나는 그녀가 매일 멋진 생각과 도전적이고 매력적인 주제를 담은 자료들로 무장하고 수업에 임한다는 걸 알게 되었다. 그러나 그렇게 방대한 주제에도 불구하고, 버치가 새로운 단원이나 학습 주제를 제시하는 순간 아이들은 느리게 움직이는 것 같았다. 그들은 바로 조금 더 수동적이 되고 약간 관심이 느슨해졌다. 말 그대로 조금 물러나 의자의 등받이에 기대어 앉으며 어떤 말을 들을지, 무슨 일이 일어날지, 다음 할 일이 무엇인지 기다리는 걸 볼 수 있었다. 그때 깨달았다. 핵심은 설명이 얼마나 생동감 있는지에 상관

없다. 어떤 학습 주제도 아이들은 그 내용과 성적 말고 다른 학습 결과가 주는 성취에 대한 기대에 조금이라도 선택권을 가질 수 있어야 한다. 그럴 때 아이들에게서 열정적인 노력과 강렬한 참여를 이끌어낼 수 있다는 것이다. 아이들은 정말로 중요한 일을 할 때 진짜 배운다. 뭔가에 온통 마음이 쓰이거나, 그것이 타인에게 실제로 영향을 미치기 때문에 완전히 다른 수준에서 스스로를 깊이 참여시킨다. 그 참여를 끌어내는 건 농구 경기에서 승리하기, 다른 사람이 읽을 것을 쓰기, 다른 사람이 먹을 것을 요리하기 등일 수도 있다. 아이가 하는 노력이 다른 사람에게 쓰임새가 있거나, 보여지거나, 음미될 거라는 걸 알게 되면, 임의의 보상이 아니라 그 작업을 멋지게 해내는 것 자체가 강력한 동기incentive를 부여한다. 교사 버치와 동료 교사에게 교실의 아이들에 대해 다시 생각해 보자고 제안했다. 주제나 과목을 "포함"하기 위해 고안된 일련의 프로젝트와 활동을 계획하는 대신에, 온갖 지적·신체적 근면함과 진정으로 창의성과 문제해결력을 요구하는 복잡하고 야심 찬 몇 가지 시도를 생각해 보자. 그리고 아이들이 배운 것을 증명하는 것으로 끝내는 대신, 이 모든 근면과 성실이 무언가 다른 사람에게 영향을 주는 일로 마무리되게 하려는 것이다. 교과 **주제** 대신에 그들의 쏟아 부은 **시도**를 생각하게 하자고 제안한 것이다.

불과 며칠 후, 버치는 항상 영화를 만들고 싶었다고 알렸고, 학생들도 아마 그럴 거라고 했다. 영화를 만드는 것이 온갖 다양한 작업을 요구하고 아이들에게 흥미로운 지적 도전이 될 것이라고 설명했다. 버치는 아이들이 개인별로 또는 소규모 팀으로 단편영화를 만들 수 있도록 상당한 시간을 할애할 작정이었다. 두 달 후, 버치와 아이들이 영화제를 열며 지역 주민을 공개 상영에 초대한다고 알렸다. 버치는 그 과정을 다음과 같이 묘사한다.

우리는 '콧수염'이라는 제목의 영화를 만들었어요. 첫해에 무성영화를 만들면 아이들과 함께 영화 만들기를 시작하기가 훨씬 쉬울 거라고 생각해서 채플린 Chaplin과 버스터 키튼Buster Keaton의 영화를 많이 봤어요. 아이들이 채플린을 좋아했죠. 콧수염이 있는 게 바로 재미있을 것 같아서 반 전체가 콧수염에 관한 이야기를 꾸며냈어요. 반 전체가 다음과 같은 줄거리를 구성했답니다. 땅을 파던 사람이 마법의 물약을 발견합니다. 상표에 '콧수염'이라고 적혀 있었고, 그 사람(열한 살 소년)은 그 물약을 입술 위에 문지릅니다. 다음 날 아침 잠에서 깨어보니 그는 매우 인상적인 콧수염이 있었죠. 많은 친구들과 물약을 나누었는데 일부는 콧수염이 돋고 일부는 아니었어요. 콧수염이 나지 않은 친구들이 화나서 속았다고 생각해 콧수염이 난 친구들과 전쟁을 시작하죠. 학교 뒤편 언덕에서 아주 극적인 칼싸움이 벌어지는데요. 음악적 몽타주가 필요하다고 판단하여 롤링 스톤스Rolling Stones의 「쉴 곳이 필요해Gimme Shelter」를 삽입했어요. 전투로 약병을 처음 발견한 사람을 빼고 모두가 쓰러집니다. 그는 약병을 다시 묻기로 하고 영화는 끝납니다.

영화는 엄청나게 흥행했다. 더 중요한 건 함께한 아이들이 밤낮으로 작업했다는 것이다. 첫째 이야기 속 역할에 대해 여러 날을 토론했다. 무엇이 좋은 이야기를 만드는지 논쟁한 것이다. 재미난 대화와 몸짓gesture 사이의 차이점을 이해하기 위해 일련의 영화와 문학 작품을 분석했다. 어떻게 하면 영화의 마무리 장면을 잘 만들 수 있을까 이야기하고 대본을 쓰고 고치고 또 고쳐 썼다. 카메라를 어떻게 다루는지, 그리고 왜 카메라의 위치가 스토리를 바꾸는지, 다른 말로 보는 '시점'에 대해 배웠다. 편집하는 법을 배우면서, 좋은 작품을 만드는 편집의 역할에 대해 이야기했다. 리허설을 하면서 영화의 특정 부분에 대해 논쟁했다. 모두가 토론에 참여하고, 훌륭한 작품이 어떻게 조립되는지, 서사의 구성 요소를 분별하는 법을 배웠고, 관객들이 영화에서 얻을 수 있는 의미에 대해 이야기하고, 청중의 반응에 영향을 주는 음악의 역할을 발견했다.

3년 뒤, 열한 살이 된 아이 하나가 같은 팀이 영화 〈콧수염〉의 속편을 만들어야 한다고 결정했다. 분명히 그 프로젝트는 단지 기억만이 아니라 생각해 볼 일로서 마음속에 남아 있었던 것이다. 학업 경험에서 수업에서 무얼 더 바랄 수 있겠나?

무엇이 그 영화 만들기에 포함되어 있는지 자세히 보면, 얼마나 복잡하고 학구적으로 중요한 문제에 깊이 파고들었는지 알 수 있다. 사실, 아이들은 우리가 문리文理라고 여기는 것에 중대한 영향을 주게 될 바로 그 문제와 씨름했던 것이다. 이는 다섯 문단짜리 짧은 에세이를 쓴다고 좀처럼 생기지 않는 강렬함과 헌신적인 열정을 가지고 해낸 것이다. 이건 누구도 놀랄 일이 아니다. 1980년대와 1990년대에 앤 브라운Ann Brown이 새 문을 연 중대한 연구는 학습과 학습하는 법을 스스로 통솔(제롬 브루너Jerome Bruner가 "주도성agency"이라고 부르는)할 때, 그들은 더 철저히 배우고 그 학습 자료에 더 많은 관심을 유지한다는 것을 보여준다.[4] 교육자들이 종종 범하는 실수는 학생이 몰입하게 만드는 일과 중요한 내용을 반드시 학습하게 만드는 일이 선택의 문제라고 생각하는 것이다. 하지만 사실, 두 가지는 쉽게 결합할 수 있다. 앤 브라운이 이 일에 대한 확신을 담고 있는 연구의 제목은 "중요한 것에 대한 학습자 커뮤니티 만들기"다.[5] 그의 한 연구에서 동물이 어떻게 서식지를 만드는지 이해하기 위해 아이들이 소그룹으로 학습했다. 목표는 생물학자처럼 생각하고 일하는 법을 배우는 것이지만, 아이들이 그 일에 완전히 몰입하면서 그렇게 하도록 만드는 것이었다. 생물학에 대해 아는 게 많지는 않지만 생물학적 지식을 쌓아갔다. 요점은 찰리 채플린이든 바다거북이든 바탕을 이루는 지적 학습 능력이 중요한 주춧돌이라는 것이다. 하지만 이는 아이들이 깊이 몰입할 수 있는 일을 하는 중에 그런 지적 학습의 기량을 배울 수 있는 기회가 주어질 때만 효과가 있다.

학교의 미래, 이룰 수 없는 꿈?

하지만 버치는 특정 그룹에 적합하더라도 다른 그룹에는 아닐 수 있다는 것을 알고 있었다. 현실에서 지식은 소화되는 게 아니라 구성되기 때문에 각 그룹은 자신에게 맞는 지식을 구성해야 한다. 그래서 몇 년 후 그녀는 자신이 수업에서 완전히 다른 일을 하고 있다는 것을 알았다.

우리는 이제 막 〈영어사A History of the EnglishLanguage〉에 대한 공연을 제작했죠. 나이가 많은 아이는 로마가 영국 섬을 점령하던 시절부터 약 1400년대까지 어떻게 영어가 발전했는지를 연구한 다음, 어린아이들이 셰익스피어의 작품 『헨리 5세Henry V』에서 가져온 문장을 암송하면서 주요 전투를 모두 연기하고, 아쟁쿠르Agincourt에서의 전투로 마무리할 수 있는 대본으로 구성했어요.

즉, 몰입은 지적 엄격함에 반하지 않는다. 오히려 지적 엄격함이 가능하게 한다.

몇 년 전에, 뉴욕시의 로어 이스트 사이드Lower East Side에 위치한 공립 고등학교를 방문했다. 이 학교는 겉으로는 학교로 보이지 않는, 허름한 건물의 3층에 있다. 몇몇 다른 공립학교들이 다른 층을 차지하고 있다. 이 학교는 퇴학당하거나 중퇴의 위기에 처한 학생을 위해 설계되었다. 이들은 계속해서 성적이 부진하거나, 법적 문제의 곤란에 처하거나, 마약과 알코올 중독, 임신한 아이들이다. 이것은 마지막 기회를 제공받은 아이들의 마지막 기회를 위한 학교다.

10대 아이들만이 그럴 수 있는 것처럼 서둘러 수업에 갈 이유가 없다는 듯이 느긋하게 걸어가는 아이들을 보았다. 한 교실을 들여다보니 예쁜 여학생 한 명이 똑바로 앉아 교사에게 집중하고 있었고, 긴 다리를 쭉 뻗은 채 맥주를 주문할 것 같지만 대신 교사의 말을 듣는 것 같은 표정의 남학생 몇 명, 서로 웃고 있는 아이들, 즉 헌신적인 교사와 훌륭한 교장, 다소 다루기 어려

4. 학교를 풍요롭게 하는 법, 행복

운 학생들로 이루어진 교실을 들여다본다면 예상되는 것과 정확히 일치하는 모습을 볼 수 있었다. 그런데 모든 아이가 앞으로 구부정한 자세로 서로를 뚫어져라 쳐다보고 있는 교실을 지나쳤는데, 말하는 사람 소리만 들렸다. 그 교실 안으로 들어갔다.

마지막 기회를 얻은 11명의 학생들은 수정헌법 1조가 자신들의 삶에 어떤 영향을 미쳤는지, 언론의 자유에 예외가 있는지 등에 대해 이야기하고 있었다. 허리띠가 허리춤의 반쯤 내려온 키가 크고 마른 한 남학생이 발언하기 시작했다. 목소리는 조용하고 강렬했다. "저는 지난주에 체포됐어요. 너무 화가 났어요. 그 남자는 제 입을 막았어요. 개찰구를 뛰어넘은 이유를 설명하고 싶었어요. 욕을 한 것 같아요. 하지만 그는 제게 말할 기회를 주지 않았어요. 저에 대해 편견이 있다고 말하려고 했어요. 그는 제게 닥치라고 했어요. 이제 이것을(수정헌법 제1조) 읽어보니 궁금해요." 그는 계속해서 자신의 새로운 생각을 반 친구 그룹에 설명했고, 반 친구 그룹은 앞에서 발언한 의견을 경청하고 재고했다. 교사는 주기적으로 수정헌법 제1조에 대한 역사나 배경 지식을 제공했다. 어느 지점에서는 학생들이 미처 생각하지 못한 관점을 제안하기도 했다. 수업마다 아이들이 창밖이나 손톱 각질을 내려다보고 있는 모습을 수없이 반복해서 보았다. 아이들이 다른 사람이 말하고 있는 것을 신경 쓰지 않듯이 서로를 방해하는 것도 보았다. 하지만 여기 이 교실에서는 헌법이 자신들에게 미치는 영향에 대해 이야기할 때, 마치 자신들의 삶이 헌법을 이해하는 데 달려 있는 것처럼 말했다. 수업이 끝날 때까지 거의 한 시간 동안 다른 일에 관심을 뺏기지 않고, 방해나 이탈 없이 이야기를 나누고 점심시간이 반쯤 지날 때까지 자리를 지켰다. 마침내 귀가할 시간이 되자 학생들은 교사에게 다음 날에도 토론을 계속할 수 있는지 물어봤다.

우리 교사들은 흥미롭지 않은 주제나 활동도 학생들의 흥미를 자극할 수 있다면 학습할 수 있다고 생각하는 경향이 있다. 이런 생각의 습성을 사용해서 "어떻게 하면 헌법을 재미있어 보이게 할 수 있을까?" 또는 "좋은 문학 작품을 쓰는 기법을 게임처럼 배우려면 어떤 활동을 해야 할까?"라는 질문을 하게 되죠. 바로 사탕발림 교육 접근법이다.

이 방법이 효과가 있는 것처럼 보일 수 있고 실제로 효과가 있는 경우도 자주 있다. 교사가 원하는 것을 배우도록 아이들을 속이는 것이다. 그러나 사탕발림 방식은 학생들이 헌법에 대한 지식보다 궁극적으로 훨씬 더 중요한 실제 참여를 연습할 기회를 빼앗는 것이다. 수정헌법 제1조는 누구나 언제든지 배울 수 있다. 그러나 지속적인 참여의 습관을 기르는 것은 어린 시절에 배우는 것이 가장 좋다. 아이가 배우기를 바라는 것을 배우게 하려고 선의의 속임수를 쓰는 대신에 아이가 흥미에 끌린 참여와 몰입을 우선순위로 삼는다면, 우리는 아이들이 어른이 된 나중 삶에서 실제로 사용할 수 있는 중요한 것을 가르치게 되는 것이다.

목적

≪뉴욕타임스≫ 칼럼니스트 프리드먼을 처음 만났을 때 두 가지가 놀라웠는데, 예상보다 키가 작고 훨씬 밝다는 점이다. 그를 TV에서 본 적은 없지만 책과 칼럼을 읽고 모든 부분에서 권위와 추진력을 느꼈기 때문에 더 키가 큰 남자를 기대했다. 또한 그가 얼마나 활기차게 보이는지에 놀랐다. 주제에 대한 진지함과 자신의 견해를 확실하게 표현하는 확고함 때문에 그의 유쾌함을 예상하지 못했다. 그를 좋아하든 싫어하든, 대부분의 독자들은 그가 전 세계 사람들이 세계 정치에 대해 생각하는 방식에 막대한 영향을 미쳤다는 사실을 인정한다. 그가 놀랍도록 생산적이고 성공적이라는 것은 누구도 부인할 수 없을 것이다. 무엇보다도 퓰리처상을 세 번이나 수상했지 않나? 그

의 추진력과 열정이 최소한 부분적으로라도 그의 엄청난 목적의식에서 비롯되었다는 생각이 들기 시작했다. 그는 "난 말이에요, 아직도 매일 아침 일어나서 바지를 입고 일하러 가고 싶어요"라고 말했다.

우리는 사람마다 타고난 추진력이 다르다는 걸 안다. 프리드먼은 분명 추진력을 듬뿍 타고났고, 그의 성공은 그 추진력을 키웠을 뿐이다. 하지만 프리드먼이 아니라도 자신의 삶에 목적이 있다고 생각하면 힘을 얻고 앞으로 나아갈 수 있다. 최근 사랑하는 사람의 금주 기념일을 축하하기 위해 알코올 중독자 익명 모임에 참석했다. 프랭크Frank라는 남자가 모임을 주최하고 있었다. 프랭크는 70대 후반의 나이에 백발이 성성하고 얼굴에 세월의 흔적이 있고, 3월의 늦은 햇볕과 바람을 맞으며 야외에서 일한 탓에 뺨이 새빨갛게 상기되어 있었다. 모임에서 프랭크가 45년 이상 금주했다는 사실을 알게 되었다. 하지만 그도 젊은 시절에는 3년 동안 길거리에서 살 정도로 심각한 알코올 중독자였다. 금주 후 동부 해안의 농촌 마을로 이사했고 거기서 전기기술자로 다섯 아이의 아버지가 되었다. 그는 또한 금주 커뮤니티의 기둥이 되었다. 모임이 끝날 무렵, 그가 불치병을 앓고 있고 병약한 아내가 있으며 수년 전에 암으로 자녀를 잃었다는 사실도 알게 되었다. 하지만 알코올 중독자 친구들에게 프랭크가 슬퍼하는지 물어보자, 모두의 대답이 즉시 만장일치로, "아, 아니에요. 슬퍼하지 않아요. 여전히 기쁨과 넘치는 에너지로 가득차 있죠. 프랭크는 아직도 할 일이 많이 남아 있다고 생각하죠"라고 말했다. 프랭크도 매일 아침 바지를 입고 일하러 가고 싶어 하는 것 같다.

인간 발달의 사회심리적 단계에 대한 유명한 묘사에서 에릭 에릭슨Erik Erikson은 세상에서 장소에 대한 감각이 인간 행복의 중심이 된다는 생각에 몇 번이고 되돌아온다. 에릭슨에 따르면, 부모들과 좋은 관계를 가지는 것, 편안함을 느끼는 것, 또는 심지어 가장 기본적인 욕구를 충족시키는 것은 충분치 않다. 최상의 발달은 사회와 연결되어 있다는 느낌에 달려 있다.[6] 더하

학교의 미래, 이룰 수 없는 꿈?

여, 에릭슨의 체계에서 연결은 단순히 자신의 공동체에 대한 소속감을 의미하는 것이 아니다. 의미 있게 기여하는 것을 뜻한다. 이는 그가 식별한 단계들을 보면 명확해진다. 네 살은 열등감과 근면한 노력 사이에 붙잡혀 있고, 반면에 중년에 도달한 어른은 생식성generativity(미래 세대 양성 욕구) 또는 부진한 정체 상태라는 갈림길에 놓인다. 어리든 나이가 들었든 사람은 자신이 하는 일이 중요하다는 마음이 들어야 한다.

사람은 자신이 하는 일이 정말 중요하다는 생각이 들어야(정치적 명분을 위한 일, 타인을 위해 기금을 모으는 일, 예술 활동, 범죄 해결, 또는 어려운 사람을 도와주는 일) 스스로 사력을 다하게 되듯이, 수행하고 일이 중요하다는 걸 알고 온 맘을 기울여 그 목적을 달성해야 한다는 자각을 가지고 있을 때 지루한 느낌이나 그 일을 달성하는 데 장기간의 시간이 덜 들고 때로는 절망스러운 어려움이 있어도 크게 문제가 되지 않는다. 반대로, 매우 운이 좋아서 일이 술술 풀리는 행운을 누리는 사람이라도 의미 있는 목표가 결핍되었다면 공허함을 느끼고 충만감을 느끼지 못한다. 연구는 목적의식이 삶의 충만감에 중요한 열쇠라는 걸 보여준다.[7] 몇몇에게 일은 그 자체로 목적이지만(소설을 완성하고, 집짓기를 완공하고, 환자를 치료해 회복되고, 학생을 가르쳐 학업을 마치게 해주고), 사실 모두가 하고 있는 일 자체에서 목적의식을 발견하지는 못한다. 주유소나 조립 공정 컨베이어 벨트에서 일하는 공장에 취직하면, 일이 자신에게 모든 것이라는 의미의 중요한 목적의식을 주기는 어렵다. 그럼에도 모든 사람은 목적의식을 가질 자격이 있고 지역사회에 대한 봉사를 통해서나 가족을 돌보는 일, 예술 활동 등 어느 것을 통해서든 일상적 삶에서 목적의식을 발견할 수 있어야 한다.

유소년기 아이는 놀라울 정도로 무언가에 사력을 다해서 열심히 한다. 낡은 시계를 분해하거나, 요새를 만들거나, 새로운 게임의 규칙을 만들 때 아이를 관찰해 보시라. 아이가 보여주는 집중력과 열중은 성인이 자기 일에 헌

4. 학교를 풍요롭게 하는 법, 행복

신하며 몰두할 때와 같은 수준임을 알게 될 거다. 무언가 만들고, 분해하고, 그게 호기심을 일으켜 알고 싶어 열중하는 아이를 방해하기는 쉬운 일이 아니다.

우리 문화에서 세 살배기 아이는 대부분 의도적 계산이나 선의의 방목하에, 궁금한 것에 파고들 시간(동물 이름 배우기, 얼음덩어리가 녹는 이유, 뒷마당에 야구장 베이스를 만드는 이유)을 누리지만, 일단 학교에 다니기 시작하면, 아이 자신의 의미와 목적의식은 12년 동안 보류된다. 그렇게 미루지 말고 학교가 자기 자신의, 목적의식을 형성하고 목표를 구체화하는 법을 배우고, 목표를 달성하는 방법을 터득하는 곳이라면 어떨까? 진짜 이렇게 되려면, 아이는 실제로 스스로 선택하고 계획할 수 있는 최소한의 기회가 필요하다.

역설적으로 들릴지 모르지만, 19세기와 20세기 초에 학교가 아이의 삶에 작은 역할을 할 때는 오히려 소수라도 아이들이 자신의 목표에 발이 걸려 넘어지기도 하고 함께 힘을 합쳐 그 일을 해낼 수 있는 기회가 더 있었다. 겨울이 오면 롱아일랜드 동부의 감자 농부인 나의 새아빠는 다른 농부의 아들과 함께 오리, 거위 사냥을 가려고 몇 주씩 학교를 빼먹곤 했다. 때로는 학교 교장이 합류하곤 했다. 그리고 4월에 파종 때가 시작되면, 학교는 그만 가게 했다. 1930년대 미국 농촌에서 학교는 아이들이 성인의 삶을 준비하는 일의 일부분에 불과했다. 그래서 아이는 학교가 아니어도 생활 일반에서 목적의식에 대해 생각해 볼 기회가 좀 더 많았다. 앤드류 카네기는 처음에는 면직 공장, 다음에는 전신 회사에서 그가 했던 일이 가족의 생계에 보탬이 되었다는 것을 알게 되면서 느낀 기쁨을 설명한다. 어른들은 이후에 노동법을 통해 어린 시절을 보호하고 "아이의 성장과 발달에 적절한 교육적 실천"이라고 불리는 것을 강조했지만 그게 너무 지나쳤다. 학교는 미래를 위한 아이의 능력을 향상시키겠다고 아주 집중했지만, 그렇게 해서 배운 것을 아이가 지금 진정으로 유용하다고 생각하는지는 거의 안중에 없었다.

아이들이 정말 중요한 목표를 향해 공부할 때, 학업 능력이 배가된다는 생각은 완전히 새로운 것이 아니다. 존 듀이가 100여 년도 전에 비슷한 것을 주장했다. 안타깝게도, 대부분의 교육자들은 듀이가 의도한 게 기껏해야 학업이 적절하다고 아이가 느껴야 한다는 의미로 받아들인다. 하지만 나의 제자 한나 하우스만Hannah Hausman은 수학 교육에 대해 이야기하면서 "사실적인 것과 실제적인 것은 다르다"고 말한다. 스케이트보드나 대중음악에 관한 수학 문제가 사과나 벽돌에 관한 문제보다 아이에게 더 흥미롭고 매력적으로 보일 수 있다. 그러나 그건 아주 일시적이고 피상적인 의미에서만 그렇다. 아이들이 돈 계산법을 배우게 하려고 가상 메뉴를 만들어보게 할 수 있다고 제안하는 교사는 실제로 아무것도 바꾸어 내지 않는다. 교사가 돈 계산법을 터득하게 하는 법을 가상 메뉴 만들기로 정해버리면 아이는 자신의 놀이를 빼앗긴 꼴이고 자기 자신의 실제 생활의 고리에서 벗어나버린 것이 된다. 그 대신 아이들이 만들고 싶은 것, 탐구하고 싶은 것, 하고 싶은 것에 대해 진정으로 생각할 수 있는 기회가 주어지면 어떨까? 음식을 준비하거나, 다른 아이가 읽을 책을 쓰거나, 누군가 즐길 수 있는 수학 게임을 만들거나, 퀼트를 꿰매거나, 창고를 짓는 등 실제로 다른 사람들의 삶에 영향을 미치는 일을 해보라고 아이에게 요청해 보면 어떨까?

1930년대 오클라호마가 마치 뼈만 남은 앙상하고 메마른 땅이던 시절, 지치고 굶주린 농부 가족들은 필사적으로 일자리를 찾아 캘리포니아로 향했다. 하지만 일자리는 찾을 수 없었고 많은 사람이 굶주림과 질병으로 허망하게 죽어갔다. 1937년 연방 정부는 이들 이주 노동자를 위한 피난처를 마련하고 구호를 받을 수 있는 막사를 여러 개 지었다. 하지만 이들이 자녀를 지역 학교에 보내려고 하자 그 아이들은 조롱과 배척을 당하는 차별에 부딪히게 된다. 이 아이들은 가난하고 건강이 나쁜 데다 학교에 다녀 본 적이 없는 아이들도 많아서, 그 지역 아이와는 확연하게 구별되었다. 이때 레오 하트

Leo Hart라는 교육자가 구세주로 등장했다. 그는 지역 학교를 설득해 법률에 따라 오클라호마에서 온 아이들이 학교에 다니면 써야 할 예산을 받아냈다. 하트는 그들의 피난 막사들 한가운데에 해당 지역 학교를 세웠다.[8] 다른 지역에서 새로운 교사를 뽑는데, 학위나 전문 분야는 상관없이 다양한 교과를 담당해 달라고 요청했다. 예를 들어 리 핸슨Lee Hanson은 영어, 배관, 전기 배선, 스포츠, 항공기 정비 등을 가르치기로 동의했다. 일부 교사는 교내 식당에서 일손을 도왔다. 처음 2년 동안 그 학교의 학생들은 자신들을 위한 학교 건물을 짓는 일을 돕고, 영어, 타이핑, 과학 등도 공부했다. 이 이야기에 나타난 경험들을 읽다 보면, 이 아이들과 교사들이 해낸 모든 일에는 성적보다 훨씬 더 의미 있는 목적의식이 담겨 있다는 것을 확실하게 알 수 있다. 모두가 함께 필요로 하고 원하는 무언가를 만들어내고 있었다. 이 학교를 마친 학생들은 후일 가게 주인, 교사, 학교 교장, 기업가, 그리고 판사도 되었다.

몇 년 전, 돕고 있던 한 교사가 그해에 가르치려고 생각한 몇 가지 목표를 적은 종이를 들고 찾아와서 이야기를 나누었다. 교사가 말했다. "우선, 학생들이 수학 공부를 좀 해야 한다는 걸 알아요. 어떤 아이는 덧셈, 뺄셈을 더 잘해야 하지만 다른 아이는 기하학이나 복잡한 계산에 대한 준비가 되어 있기도 하고요. 비율도 모두 배워야 하고요. 그렇다고 그게 다는 아니에요. 아이들이 계획 세우기를 배웠으면 합니다. 아이들은 그냥 앉아서 다음 할 공부가 무언지 기다리기만 해요. 자신의 생각을 어떻게 단계적으로 실현할 수 있는지 전혀 모르는 것 같아요. 근데 그건 알려준다고 될 일은 아니에요. 스스로 해결해야죠." 그의 목록은 여기서 끝나지 않았다. 그는 그들이 함께 공부하고 싶어 했다. 그리고 아이들이 진짜로 풀어야 할 실제 문제에 직면하기를 원했고 스스로 알아서 하는 독서를 하기를 바랐다. 다른 교사는 그 각각을 목표에 맞춘 일련의 활동이나 수업을 생각할지도 모른다. 매일을 쪼개어 독

학교의 미래, 이룰 수 없는 꿈?

서, 수학 학습지 풀이, 풀어야 퍼즐이나 난제들에 할당하는 법처럼. 그러나 이 젊은 교사는 다른 방식을 택했다. 학생들을 둥글게 둘러앉게 하고 독서 문제에 대해 말하기 시작했다. 왜 책과 더 많은 시간을 보내지 못하는지 물었다. 아이들은 독서 방이라면 책 읽기에 편한 의자나, 책에 빠져들 좋은 장소가 있어야 하는데 없다고 했단다. 아이들은 재미로 책을 읽을 때는 아늑한 구석이나 아무렇게나 편한 자세로 있어도 되는 곳을 좋다고 설명했다고 한다. 일부는 책에 빠져들려면 뭔가가 분주하게 벌어지고 있는 소리에서 벗어나고 싶어 한다는 것이다. 교사도 그걸 이해했다. 그도 침대에서 책 읽는 걸 선호하고 어려서는 부엌의 식탁 밑에 누워 있는 것을 좋아했다면서.

그 교사는 학생들에게 어떻게 하면 되겠는지 물었다. 교실에 독서 코너를 만들까? 그러자 아이들이 방의 크기를 쟀다. 그리고 나서 매일 수업 중에 벌어지는 다른 일에 대해 토론했고 독서 코너를 만들 공간이 마땅치 않다는 것을 깨달았다. 교사는 "거기서 멈추지 말자"며 "해결책을 강구해 보자"고 재촉했다. 교실에서 책을 읽을 수 있는 방법을 찾아야 한다는 과제에 점점 더 사로잡힌 모두가 둘러앉아 누군가 제안할지 모르는 좋은 아이디어를 놓치지 않으려고 경청하고 이야기했다. 그들은 함께 좋은 생각, 즉 독서용 다락방을 향해 나아갔다. 한 아이의 일기에 기록되어 있는 그들의 노력처럼, 몇 주 동안 다락방을 설계하면서 어떻게 하면 멋지게 만들 수 있는지, 어떻게 하면 교실 위로 올려서 아래 공간을 침범하지 않게 할 수 있는지 고민했다. 설계를 마치고 설계를 보아달라고 건축업을 하는 부모를 초대해 검토를 부탁했다. 그리고 교실에 할당된 예산에서 지출해야 할 부분과 그 결과 연말에 무엇을 살 수 없을지를 파악하면서 자재를 주문했다. 그리고 마침내 몇 달 후, 학생들은 독서실을 직접 만들었다.

아이들은 그 시간 동안 교사가 작성해 둔 학습 목표 항목 각각을(수학, 계획하기, 읽기, 협업) 모두 배워버렸다. 매일 학교에 오면서 독서 다락을 짓고 싫어 안달을 냈다. 가장 중요한 건, 아이들에게 중요한 것, 즉 의미와 목적을 부여하는 뭔가를 해내기 위해 열심히 일하고 새로운 것들을 배울 기회를 가졌다는 것이다.

호기심

어린아이에게 가장 주목할 만한 특성은 지식에 대해 참을 수 없는 갈증이 있다는 것이다. 이는 어린아이가 아주 효율적이고 강력한 학습 기계인 이유를 설명해 준다. 하지만 연구에 따르면 이러한 자연스러운 호기심은 시간이 지남에 따라 줄어든다.[9] 초등학교 6학년이 되면 아이는 학교에서 호기심을 거의 보이지 않는다. 호기심은 소란스러운 웃음이나 사탕을 좋아하는 것처럼 나이가 들면서 자연스럽게 약해지는 특성 중 하나라고 쉽게 설명할 수도 있다. 하지만 실제로는 그렇지 않다. 호기심이 약해지는 건 우리가 육성하지 않기 때문이다.

교육에 관한 대화를 나누면서 비즈니스맨, 학자, 교장, 교사, 학부모 등 어느 누구도 아이가 배우는 걸 좋아하게 되는 게 얼마나 중요한지 이야기하지 않는 경우는 본 적이 없다. 그들 모두가 다 옳다. 알고자 하는 충동은 우리를 배움으로 이끌고 삶을 흥미롭게 만든다. 또한 온갖 기업가의 활동에서 가장 영향력 있는 요소이기도 하다. 공교육 기관의 교실에서 학업을 경험하지 않아서 자격증을 갖추어야 하는 의사나 변호사가 될 수 없는 많은 학생 중에도 훌륭한 기업가가 될 수 있는 잠재력을 가진 사람은 많다. 하지만 창업을 하거나 중요한 발명을 할 운명이 아니어도 지식에 대한 열망은 모든 수준에서 발전을 촉진하는 원동력이다. 그뿐만 아니라 아이는 배울 내용에 대해 호기심이 있어야 더 쉽게 배운다. 학습하고 싶은 열망에 대한 이 모든 이야기들에도, 호기심을 길러주는 깊은 사려에서 뭔가를 하는 학교는 드물다. 호기심은 학습 증진을 위해 개발되지 않은 엄청난 심리학적 자원이고 풍요로운 성인으로서 삶을 여는 열쇠다.

아기는 무언가를 알고 싶어 하는 엄청난 욕구를 가지고 태어나지만, 시간이 지남에 따라 그 욕구는 점점 약해진다. 적절한 지원과 안내가 없으면 대부분 4세에서 18세 사이에 지식에 대한 욕구는 빠르게 줄어든다. 이 나라의 대다수 학생이 학교생활을 지루하게 느끼고 집중하지 못하는 것은 바로 이것으로 설명할 수 있다. 물론 역설적인 점은 호기심이 학습에 가장 강한 효과를 내는 요소라는 것이다. 사람의 학습을 돕는 가장 좋은 방법은 호기심을 자극하는 것이다. 실제로 알고 싶은 것을 배우려고 달려드는 사람을 보라. 그 누구도 그를 막을 수 없다. 연구에 따르면 누가 이혼을 하는지, 손전등이 어떻게 작동하는지, 개미가 무엇을 먹는지, 워터게이트 사건의 책임자가 누구인지 등 호기심을 자극하면 알게 된 내용을 더 깊이 이해하고 더 오래 기억하는 것으로 나타난다. 그런데도 우리는 이 호기심을 제대로 쓰지 않고 감미료쯤으로 취급한다.

몇 년 전, 과학 수업에서 초등학교 4학년 학생들을 본 적이 있다. 교사는 학생들이 소그룹을 만들어 고대 이집트인들이 거대한 피라미드를 세울 돌을 운반하기 위해 어떻게 운반용 바퀴를 처음 발명했는지 알아보는 활동을 할 거라고 설명하고 있었다. 그런 다음 아이들을 세 그룹으로 나누고 그룹마다 나와서 필요한 학습 자료(한쪽 끝에 금속 눈이 달린 납작한 나무 조각, 둥근 목제 끼움 맞춤 못dowel, 주어진 거리에서 주어진 속도로 물체를 당기는 데 필요한 힘의 양을 기록하는 작은 측정 장치)를 가져가 준비하라고 청했다. 이 장치에는 막대에 걸수 있도록 고리가 달린 끈이 있었다. 교사는 각 그룹에게 학습 자료를 가지고 무엇을 할 것인지 단계별 지침과 그에 따르는 일련의 질문이 포함된 학습 기록지를 작성하도록 했다. 각 조는 나무 조각을 바닥에 놓고 잡아당기면서,

밑에 둥근 나무 맞춤 못이 있을 때와 없을 때 어떻게 다른지를 측정해 보았다. 나는 그때 둥근 나무 맞춤 못이 바퀴 역할을 하면 판자를 끄는 것이 훨씬 수월하다는 것을 각 조가 '발견'하게 하려는 교사의 의도를 알아차렸다.

아이들은 기쁜 마음으로 배정된 그룹으로 가고 학습 자료를 손에 들고 공간을 찾아 바닥에 자리를 잡고 시작했다. 학습 기록지에 설명된 단계를 완료하기 시작하자 소음 수준이 높아졌다. 교사는 주위를 돌아다니며 그룹을 내려다보며 격려하고, 팁을 주고, 학습 기록지의 질문에 답할 것을 상기시켰다. "잘하고 있군", "진도가 잘 나가고 있어", "거의 다 하고 있구나"하면서 여러 번 격려했다. 나는 누가 나무 막대를 당기고 있는지, 누가 측정값을 기록하고 있는지, 누가 조용히 지켜보고 있는지 보려고 방을 둘러보았다. 그러던 중 학습 기록지는 잊어버리고 그 대신 학습 장비에 흥미를 보이는 한 그룹을 발견했다. 아이들은 용수철저울이 부착된 막대를 홱 잡아당기고, 잡아 늘이고, 심지어는 줄을 높이 던져 장치에 매달린 막대가 공중에서 흔들리도록 하는 다양한 방식으로 막대를 사용해 보려고 하고 있었다. 그런 다음 둥근 나무 맞춤 못을 기둥처럼 세우고 그 위에 가로 막대를 놓고 균형을 잡으려고 했다. 마지막으로, 컨베이어 벨트 같은 것을 만들기 위해 내려놓은 둥근 나무 맞춤 못의 표면을 따라 가로 막대를 파도타기 보드인 양 서핑을 시도했다. 이 시점에 교사도 무엇을 하고 있는지 알아차렸다. 교사는 다른 아이들도 모두 들을 수 있도록 크고 또렷한 목소리로 그 그룹을 향해 외쳤습니다. "좋아, 얘들아, 그만해. 쉬는 시간에 실험할 시간을 줄게. 지금은 과학 시간이야."[10]

이집트인들이 어떻게 바퀴를 발견했는지 그 경이로운 것을 배운 아이도 분명 있을 것이다. 힘, 속도, 거리의 관계를 측정하는 방법에 대해서도 배웠을 가능성이 높다. 하지만 아이들이 가장 중요하게 배운 것은 받은 지시는 제시간에 맞추어 수행해야 한다는 것이다. 하지만 교사가 활동을 조금만 바꾸었다면 아이들은 질문을 구성하는 법과 답을 찾는 법에 대해 상당이 많이 배울 수 있었을 것이다. 이런 기량은 바퀴가 어떻게 발명되었는지 아는 것보다 장기적으로 훨씬 더 강력할 것이다. 교사가 초점을 전환하는 데 많은 시간이 드는 건 아니다. 그저 교사는 학생들에게 동일한 학습 자료를 제공하고 놀 시간을 준 다음 그걸 사용해 답을 찾을 수 있는 질문을 찾도록 해볼 수도 있다.

이렇게 하면 좋은 효과를 거둔다는 걸 보았다. 내가 아는 초등학교에서는 아이들이 매일 과학 실험실에서 시간을 보낸다. 생물학 대학원 과정을 밟고 있던 교사는 자신이 관심 있는 몇 가지 실험을 진행한다. 교사의 프로젝트에 조력하도록 아이들을 초청한다. 하지만 어느 순간부터 그녀는 아이들에게 자연계에 대해 알고 싶은 것을 묻기 시작한다. 그녀 계획은 아이들이 독창적인 연구에 참여하도록 하는 것이다. 좋은 질문이 무엇인지 알아내는 것이 최우선 과제다. 과학적 아이디어에 대한 좋은 질문은 데이터로 답할 수 있도록 매우 구체적이다. 광범위한 질문이 과학적 질문이 되는 과정과 그 지점부터 답을 찾는 방법에 이르는 과정을 이해하는 사람이 아주 적은 게 놀라울 따름이다. 아이들에게 관심 있는 분야를 탐구할 수 있는 기회가 주어진다면 과학적 방법론에 대한 수업 내용도 더 잘 그리고 지체 없이 흡수할 수 있을 것이다. 우리는 현재 아이들에게 과학적 지식 정보를 주입하는 데 초점을 맞추지만, 과학자로서 탐구하는 방법을 가르쳐야 한다.

사려 깊은 마음

아들 샘Sam은 고등학교에 다닐 시절, 집에 와서 이렇게 말하곤 했다. "아 정말! 나는 수업 시간에 '하지만 그래도but still…' 논쟁을 했어요." "하지만 그래도…" 시나리오는 항상 같은 방식으로 시작된다. 누군가 주장한다, 예를 들어, "전쟁은 필요해", "200피트는 70미터보다 길어", "X는 Y와 같지 않아", "시민권 운동은 아무것도 바꾸지 못해", "마리화나는 합법화되어야 해". 그러고 나면 다른 사람이 앞서 발언한 사람이 틀렸다는 강력한 증거를 내놓는 식이다. 첫째 발언자가 제시된 정보에 당황한 듯 잠시 쳐다보다가 "네, 하지만 그래도…"라고 말하며 자신의 관점을 계속 이야기한다. 이런 반응은 때로 웃기기도 하다. 그런데 사회 심리학자들은 이를 일반적 사회현상으로 기술하면서, 이는 우리가 비합리적 결정을 많이 내리는 이유를 설명하는 데 도움이 된다고 한다. 일반적으로 사람은 자신의 생각, 결정 및 행위를 안내하는 증거를 찾는 일을 어려워한다. 하지만 증거를 제시하는 이 능력이 바로 교육받은 사람의 핵심 특징이라고 할 수 있다. 아리스토텔레스는 교육받은 사람은 어떤 생각을 받아들이지 않고도 철저하게 즐기는 사람이라고 했다. 노벨상 수상자인 대니얼 카너먼Daniel Kahneman을 비롯한 수많은 인지 및 사회 심리학자들은 인간이 느리고 신중하게 숙고할 수 있는 존재임을 보여준다. 마찬가지로 중요한 것은 사람들이 자신의 신념을 증거에 근거할 수 있다는 것이다. 하지만 이러한 성향은 우리 대부분이 쉽게 또는 자연스럽게 갖게 되는 것이 아니고 교육받는 과정의 산물이다.

그리고 데이터는 대학에 입학하기 전에 학생들에게 이런 식으로 생각하는 방법을 제대로 가르치지 못하고 있다는 것을 보여준다. 앤드류 슈툴만 Andrew Shtulman은 대학 신입생들에게 신, 이빨 요정, 영혼 등 눈에 보이지 않는 다양한 존재를 믿는지 물었다.[11] 또한 다른 사람도 자신과 같은 생각을 할 것이라고 얼마나 확신하는지, 각 존재를 믿거나 믿지 않는 이유를 설명해 달라고 요청했다. 결과는, 미국에서 12년 동안 학교교육을 받고 모두 좋은 대학에 진학할 만큼 똑똑하고 의욕이 넘치는 이 학생들이 자신의 믿음과 증거에 바탕을 두고 있는 지식을 구분하지 않는 다는 것이다. 다시 말해, 그들은

학교의 미래, 이룰 수 없는 꿈?

초·중·고 교육을 모두 거쳤지만 증거가 가진 고유한 힘에 대해 전혀 인식하지 못하고 있던 것이다.

교육에 대해 이야기할 때 대부분의 사람이 입에 발린 말로 내뱉은 것이 있다면, 누구나 언급하는 "비판적 사고"의 중요성이다. 공립이든 사립이든, 도시든 농촌이든, 보수든 진보든 대부분의 교육받은 사람은 누구나 학교에서 아이는 생각하는 법을 배워야 한다고 말한다. 옳은 말이다. 사고력은 누구나 스스로 더 좋아질 수 있는 것이다. 마찬가지로 중요한 건 사고력이 더 좋아지도록 다른 사람이 도와줄 수 있다는 점이다. 그럼에도 학교는 사고력이 더 좋아지게 하는 일은 거의 하지 않는다.

안타깝게도 일부는 지난 50년 동안 심리학 연구가 폭발적으로 증가하면서 나타난 불가피한 결과일 수도 있다. 1960년대와 1970년대에 심리학자들은 완전히 새로운 방식으로 아이들 마음의 내면을 탐구하기 시작했다. 심리학자 장 피아제Jean Piaget는 적절한 질문이나 과제를 통해 아이들 자신이 생각하는 것뿐만 아니라 정보를 모아 조합하는 방법과 추론이 어떻게 일어나는지 드러낼 수 있다는 사실을 보여주었다. 한편, 연구자들은 컴퓨터가 인간 정신의 모형을 제공한다는 사실을 깨닫기 시작했고, 아이들이 지식을 습득하고 이해한 것을 축적하는 방식에 대한 온갖 기발한 실험이 이어졌다. 아이들의 마음을 연구할 수 있는 흥미로운 시기였다. 50년 후의 실험에서 우리는 매우 구체적인 과정에 대해 매우 많은 것을 알게 되었다. 소리와 글자를 연결하기 어려운 아이가 목표 기술을 연습할 때 어떤 일이 일어나는지, 우리가 생각했던 것보다 더 이른 나이에 아이들은 어떻게 생물에 대한 이해가 도출될 수 있는지, 추상적 존재에 대한 아이들의 추론 능력을 일시적으로 향상시키기 위해 할 수 있는 일이 무엇인지 등. 함께 생각해 보면, 이 광대한 발견의 바다는 우리의 정신 발달 모형을 앞으로 나아가게 했다. 그렇다고 우리의 학교에 그만큼 도움이 되지는 않았다. 사실, 별개로 다른 칸막이 안에서

4. 학교를 풍요롭게 하는 법, 행복

각각 고립된 채 진행된 이 모든 연구의 결과는 아이들에게 **실제로 생각할** 시간을 많이 주거나 **실제로 생각하도록** 장려하지 않고 사고의 구성 요소를 배우는 데 시간을 쓰는 방식으로 교육과정과 교습을 파편화 해버렸다.

비극이 아니었다면 웃음을 줄 만한 작은 사례 하나를 들어보겠다. 몇 년 전 한 공립학교에서 아이들 호기심에 대한 데이터를 수집하고 있었다. 유치원 교실 구석에 앉아 간식 시간 동안 아이들이 자리를 선택하는 모습을 지켜보았다. 교사와 도우미들이 크래커, 작은 사각형 치즈, 작은 주스 컵을 차려주고 아이들은 여느 때와 마찬가지로 간식 시간에 즐거워하고, 밝은 에너지로 가득 차 수다를 떨었다. 그런 다음 교사는 쉬는 시간에 주기적으로 가졌던 농담 시간을 오늘 하겠다고 알렸다. 교사는 농담을 하려면 손을 들고 호명을 받아야 하며, 모두가 정중하게 경청해야 한다는 점을 상기시켰다. 아이들은 즐거워서 몸을 꿈틀거렸다. 그리고 축제가 시작되기 직전에 교사는 엄숙한 표정으로 "소년, 소녀 여러분, 지금은 진짜 농담을 할 때라는 걸 기억하세요. 스스로 지어내지 **마세요**. 오늘은 진짜 농담만 할 거예요".

표면상으로는 이 규칙은 충분히 해롭지 않아 보이지만 실제로는 해로운 메시지를 담고 있다. 농담을 지어내는 건 신중하고 종종 복잡한 사고를 필요로 하는 반면, "진짜, 즉 지어내지 않은 것"을 말하는 것은 그렇지 않다. 이미 알려진 농담은 때를 잘 조절하거나 쇼맨십 같은 다른 것들이 필요하다. 하지만 그녀의 경고에 담긴 암묵적인 제안, 즉 농담하는 것이 왠지 장난스럽거나 시간 낭비라는 것은 학생들이 가장 배워야 하는 "생각하는 법"을 우리 학교가 독려하지 못하는 또 하나의 예시였을 뿐이다.

아이의 사고력은 여러 가지 요인에 따라 달라지며, 그중 일부만 교사나 학교가 영향을 미칠 수 있다. 우선, 아이들마다 지능이 다르다. 다른 조건이 같다면 지능이 높은 아이는 더 많은 정보를 더 빠른 속도로 받아들일 수 있어서 지능이 낮은 아이보다 더 복잡하고 유연하게 정보에 입각한 방식으로 사고할 수 있다. 마찬가지로, 독서를 많이 하는 아이는 더 나은 사고를 할 수 있는 특정한 지적 습관을 지니고 있을 가능성이 높다. 예를 들어, 그런 아이는 추상적인 수준에서 사고하는 능력이 더 좋고, 다소 낯선 생각과 경험도 염두에 둘 수 있고, 정보와 이유를 포함하는 어떤 아이디어를 더 많이 구성하고 더 잘 평가할 수 있다. 하지만 평균 지능을 가진 아이(대부분의 아이를 포함하는 정의에 따르면)나 열정적인 독서가가 아닌 아이도 사고력은 더 좋아질 수 있다.

아이들에게 생각하는 법을 가르치는 것은 여러 방법으로 이루어질 수 있다. 구부린 등을 펴고, 직관에 의문을 제기하고, 자신의 주장을 뒷받침할 증거를 찾고, 증거와 비교하여 자신의 생각을 검정함으로써 생각을 발전시키도록 아이를 고무할 수 있다. 또한 자신의 생각에 제기된 질문에 대답하고, 좋은 논쟁이나 새로운 증거 앞에서 그 생각을 수정하도록 요구할 수 있다. 직설적으로 보일지 모르지만, 이 과정은 대부분의 학교에서 거의 완전히 결여되어 있다. 당연히 이 경우 아이가 실제로 관심을 가지고 흥미를 느끼는 생각을 떠올려보라고 할 때만 효과가 있다. 관심과 흥미가 없는 일에 대해 뭔가를 기대하는 건 전혀 맘이 가지 않는 구성으로 좋은 소설을 써보라고 하는 것과 다를 바 없다.

철학자 해리 브릭하우스Harry Brighouse는 아이가 학교에서 얻을 수 있는 가장 중요한 것 중 하나는 20분 동안 지속해서 무언가를 생각하는 능력이라 했다. 이는 아주 오랜 시간에 걸쳐 들어온 것 중에 가장 설득력 있는 교육적 제안이다. 이 제안은 간단하고 세밀한 방식으로 표현되었지만, '좋은 생각은 시간이 걸리고, 생각을 숙성하는 데 시간을 보내는 능력은 필수적'이라는 강력한 관점을 담고 있다. 천천히, 그리고 마음을 터놓고 무언가를 시간을 가지고 생각하는 법을 배우는 것 외에는 어떤 것을 꿰뚫어 보는 생각을 하는 법을 배울 길이 없다.

4. 학교를 풍요롭게 하는 법, 행복

사려 깊다는 것은 어떤 생각을 검토하는 데 시간을 보내는 것이다. 즉, 그 생각의 내부 논리를 검정하고 증거를 판단하며, 그 생각이 일상생활에서 어떻게 작용할지 상상하고, 그 반대를 견주어보고, 그 생각의 변주에 대해 사색하는 것이다. 그것은 사람을 약간 불편하게 만들 수도 있는 생각을 기꺼이 수용할 것을 요청한다. 사려 깊음은 기량을 필요로 하지만, 그것은 또한 태도, 즉 사려 깊은 것이 가치 있고 즐거운 것이라는 느낌에 달려 있다.

학생들이 생각을 발전시키는 데 시간과 에너지를 쏟고, 증거를 그 생각의 초석으로 삼는다면, 자신과 타인을 위해 좋은 결정을 내리고, 직장이나 가정에서 문제를 해결하고, 지역사회에서 지적이고 이성적인 교류에 참여한다고 기대를 걸어도 좋을 자리에 있게 될 것이다.

숙달

미치Mitch를 만났을 때 그는 자퇴 직전의 초라한 고등학교 1학년이었다. 입이 좁고 비뚤어져 불편한 표정을 짓고 있었고 어른들의 눈을 똑바로 쳐다보는 것도 힘들어했다. 대부분의 과목에서 낙제점을 받았고 학교를 싫어했다. 학교가 자신에게 아무 도움도 되지 않는다고 느꼈다. 돌이켜보며 말하길 "별로 신경 쓰지 않았어요. 저는 말썽꾸러기였다고 할 수 있죠. 수업에 항상 지각을 했어요. 성적도 나빴고요. 하지만 신경 쓰지 않았어요. 여기서 나가기만 하면 됐으니까요". 그러던 중 몇몇 친구들과 상담 교사가 학교의 다른 아이들이 시작하는 프로젝트에 참여해 보는 게 어떻겠냐고 제안했다. 학생들에 의해, 학생들을 위해 운영되는 학교 안의 학교가 될 예정이었다. 미치는 학습과 학교에 대해 너무 싫증이 났던 터라 프로젝트에 대해 들었을 때 "안 할래요, 시시해. 왜 귀찮게 하죠?"라고 했다. 하지만 다른 대안을 생각해 보니 더 이상 잃을 것이 없다고 판단해 등록했다.

그 프로젝트 계획의 일환으로, 미치는 자신이 정말 배우고 싶은 것을 생각해 낸 다음, 어떻게 하면 그것을 잘할 수 있을지 생각해 보라는 요청을 받았다. 상담 교사와 함께 참여한 다른 학생의 도움으로 미치는 계획을 세웠다. 그는 앞으로 3개월 동안 일주일의 반을 이 계획에 전념할 것이다. 미치는 늘 요리를 하고 싶었다고 말했다. 음식 주변에 있는 것을 좋아했다고 한다. 노력하면 잘할지도 모른다는 느낌이 들었다고 했다. 그는 지역에 있는 일류 레스토랑의 주방장의 견습생이 되기로 했다. 미치가 학교로 돌아왔을 때, 가정 경제 프로그램을 위해 만들어진 부엌을 견습생 때 본 새로운 요리 기술을 연습하기 위해 사용했다. 한편, 그는 실험 프로그램에서 다른 학생과 함께 계속해서 읽고, 쓰고, 다양한 조사 연구를 했다. 학기 말에는 100명이 넘는 사람에게 다섯 가지 코스 요리를 대접할 정도로 요리를 잘 배웠다. 견습생으로 일했던 식당은 미치를 정식 부주방장으로 고용했다. 하지만 그 경험에 대해 들려준 이야기가 그의 취직만큼 중요하다. "나 스스로에 대해 더 자신감을 느껴요. 스스로 정보를 모으고, 스스로 무언가를 배울 수 있거든요. 나는 알죠. 내가 알고 있다는 것을 알아요. 그리고 알고 있는 것을 통해 나 자신을 표현할 수 있다는 것을 알고 있죠."

미치는 혼자가 아니다. 모든 사람은 일을 잘하기를 갈망한다. 풍부한 연구는 그러한 숙달이 삶을 잘 살아내고 있다고 느끼는 것에 얼마나 중요한지 보여준다.

1980년대와 1990년대에 사람은 스스로에 대해 만족스럽게 느낄 때 훨씬 더 높은 수준에서 역할을 해낸다는 연구 결과가 쏟아져 나왔다. 자존감이 일에 더 애쓰게 하고, 다른 사람에게 더 친절하게 해주며, 일반적으로 더 건강한 사람으로 변하게 한다고 전제한다. 그 인기가 한창일 때, 자존감은 좋은 어린 시절의 없어서는 안 되는 필수적인 것들 중 하나가 되었다. 학부모와 교사는 마치 자존감이 피와 땀 같은 체액인 양 이야기했다. "자존감이 떨어졌잖아. 그래서 수학을 하지 않는 거야" 또는 "우리가 얼마나 자존감을 높였는지 봐. 지금 훨씬 더 행복한 아이야".

하지만 연구자들은 곧 자존감이 단일 차원이 아니라는 것을 발견하기 시작했다. 자신의 한 측면에 대해서는 자신감과 좋은 느낌을 받을 수 있지만, 다른 면에 대해서는 다소 불안감을 느낄 수 있다. 그 후, 연구자들은 어떤 경우에는 아이나 어른이 자신에 대해 너무 자랑스러우면, 실제로는 더 나쁘게 행동한다는 것을 발견하기 시작했다. 예를 들어, 실험자들이 자신의 가치와 능력에 대한 아이들의 자신감을 키웠을 때(비디오 게임이나 학교 과제의 결과에 대해 잘못된 피드백을 주도록 하는 식으로), 자신에게 못되게 군다고 생각하는 또래에게 더 공격적으로 행동할 가능성이 높아졌다. 한마디로, 자존감 높은 아이가 다른 아이에게 무자비한 폭력성을 쉽게 보일 수 있다는 것이다. 결국, 아이를 칭찬하는 것이 '잘한다'는 확신을 주는 것과 같은 것에 필적하는 가치로 이어지지는 않는다고 판명되었다. 아이에게 내용 없는 칭찬을 많이 하는 게 아니라, 진짜 숙달에 이르는 경험을 주는 기회가 바로 정답이다.

무엇인가 정말 잘하게 될 때에, 아이는 오히려 그 일에 노력을 더할 가능성이 매우 높다. 또한 숙달된 기분이 어떤지 알아가기 시작하면서, 새로운 분야에 뛰어들 때 또다시 숙달하려는 마음의 준비가 되는 것이다. 연구에 따르면 자기 자신만의 배움에 대해 생각하도록 격려 받는 아이는 더 많이 배우지만 더 나아가 새로운 영역에도 그 경험을 적용할 수 있다. 아이가 스스로에 대한 주인 의식을 가지고 배운 것을 평가하고 성찰할 때, 아이는 "학습하는 법을 배운 것"이다. '학습하는 법을 배운다'는 말이 너무 진부해서 흔해빠진 말일 수 있지만, 그것을 뒷받침하는 심리학적 연구와 함께, 진정한 의미가 있다. 왜 우리는 숙달의 경험을 우리 교육체계의 목표로 삼아서는 안 되나? 특정한 주제에 매달린 숙달됨이 아닌, 숙달됨 그 자체가 목표라면 학교는 아이가 실제로 참여하는 영역을 선택하는 데에 더욱 자유로울 것이고, 그러므로 더 많은 아이를 더 진정한 숙달로 이끌 가능성이 커질 것이다. 모든 아이가 정말 스스로를 위한 진짜 전문적 기량을 경험할 수 있는 학교를 상상해 보자.

새로운 것을 스스로 학습하는 법

2011년 나는 '21세기 아이들은 무엇을 배워야 하나'에 대해 발표하는 행사에 연설자로 초청받았다. 연설자(선생님, 연구자, 소프트웨어 디자이너, 학교 교장 두 명)들은 문학, 과학기술 그리고 시민의식 등 일반적인 것들에 대해 이야기했다. 질문과 답이 오가고, 그 회차의 끝에서 청중 가운데 한 명이 일어나서 우아한 인도의 억양으로 말했다. 자신을 드러내지 않는 태도 때문에 나중에야 그의 직업적 경험이 그가 던진 질문을 형성하는 데 얼마나 중요한지 깨달았다. 그는 "제 직업에서 가장 중요한 것은 나 자신에게 새로운 것을 가르칠 수 있는 능력이죠. 그런 능력을 교육할 수 있는 길이 있을까요?"라고 물었다. 놀라울 정도로 간단한 질문이다. 알고 보니 그는 본사가 근처에 있는 IBM에서 매우 높은 직급에 있는 사람이었다. 질문을 듣자마자 짐작이 갔어야 했다는 걸 깨달았다. 정보 기술 분야만큼 스스로 새로운 기술을 학습하고, 전문 지식을 쌓고, 발명하는 능력이 분명하게 요구되는 곳은 없다. 하지만 새로운 것을 스스로 학습하는 법을 잘 아는 사람은 IBM과 구글Google 직원만이 아니다. 그것은 세상에서 가장 강력한 권한능력 강화의 원천이며 제한에 가로막힌 어떤 상황도 넘어설 수 있게 해준다. 하지만 청소년기에 접어들면 많은 아이는 새로운 것을 스스로 학습할 수 있는 타고난 능력을 잃어버린다.

어린아이는 스스로 학습하고 교습을 통해 학습하는, 이 두 가지의 서로 보완적인 학습 기술을 지니고 있다. 즉, 두 가지 학습 모두에 열렬한 타고난 천성이 있다. 유아가 걷는 법을 익히거나 욕조에 어떤 장난감이 뜨고 어떤 장난감이 가라앉는지 알아내는 것을 지켜보면 스스로 배우려는 의지가 확고함을 느낄 수 있다. 아이가 말을 배우거나 우정의 복잡성을 알아가는 과정을 지켜보면 기민한 인류학자가 뭉글뭉글 떠오르는 것을 볼 수 있다. 역설적이게도 아이들이 학교에 가면 스스로 학습하는 법을 타인에게서 배워야 한다.

지난 50년 동안 1959년 제롬 브루너가 처음 제시한 아이디어가 널리 받아들여졌다. 브루너는 『교육의 과정 The Process of Education』에서 아이들이 특정 지식을 학습하는 것보다 학습하는 법을 배우는 것이 더 중요하다고 주장한다.[12] 이후 여러 연구를 통해 학습 방법의 핵심 요소가 밝혀졌고, 이러한 요소가 얼마나 강력한지 보여주었다. 이제는 '학습하는 법을 배우는 것'에 대한 이야기가 흔하며, 대부분의 교육자는 이것을 가장 중요한 교육적 성과라고 쉽게 말한다. 하지만 실제로 학교에 가서 아이들이 학습하는 법을 배우고 있다는 신호를 찾으려고 하면 빈손으로 돌아올 가능성이 높다. 현실은 아이 스스로 학습하는 법을 배울 수 있게 할 기회를 거의 주지 않는다. 아이에게 알아야 할 지식 정보를 정해주고, 이런 식으로 공부해, 저런 식으로 공부해, 이 문제는 며칠 동안 연습해, 단계를 A, B, C 순서대로 따라 해야지 등 학습 방법을 정확하게 알려주는 경우가 많다. 그런 다음 시험을 보고 학습이 잘되었는지 결과를 알려준다.

이와 달리 아이들이 새로운 것을 스스로 학습하는 법을 명시적으로 배우는 감동적인 사례도 목격했다. 한 학교에서는 6세부터 아이가 개별적으로 자신이 아주 배우고 싶거나 잘하고 싶은 것을 알아내도록 한다. 그러면 각각의 아이는 교사와 앉아 그것을 어떻게 학습할지에 대해 느슨한 계획을 세운다. 물론 필요한 경우 도움을 받는 것도 포함된다. 학습 방법에 대한 이러한 명시적 초점은 메타인지 metacognition의 한 형태이며, 이는 지식을 받아들이고

학교의 미래, 이룰 수 없는 꿈?

유지하는 능력을 강력하게 향상시키는 것으로 알려진 지가 오래된 것이다. 아이의 계획은 특화되어 있고 구체적이다. 각 아이는 자신이 선택한 영역에서 전문가가 되기 위해 얼마의 기간이 필요한지 추정해야 했다. 각 아이는 필요한 자원(사람, 웹사이트, 방문할 장소, 학습 자료)을 알아내야 했다. 몇 달 만에, 아이마다 충분히 배웠는지 질문을 받았다. 충분하다고 대답한 아이는 나머지 친구들에게 시연을 보였다. 한 아이는 작은 가구를 디자인하고 만드는 법을 배웠고, 한 아이는 낡은 시계를 고치는 법을 배웠고, 또 한 아이는 실크로드에 상임 수준의 전문가가 되었다. 본질은 단순히 교사에 의한 평가가 아니라 학생이 타인에게 자원으로서 얼마나 유용하게 되었는가에 의해 측정되었다. 그래서 선택한 주제 자체는 크게 문제가 되지 않았고 아이의 전문 지식이 보이는 깊이와 유연성이 중요하게 평가되었다.

방금 설명한 예들은 또 다른 공통점을 가지고 있는데, 새로운 것을 스스로 학습하는 법을 배우면서, 이 아이들은 스스로 배우는 즐거움과 새로 익힌 전문 지식을 다른 사람과 공유하는 기쁨을 경험할 수 있는 기회도 가졌다는 것이다. 그러므로 그들은 단순히 독학 기술을 습득하는 것이 아니라 어떤 환경에서도 학습을 계속할 수 있는 기질을 획득하고 있었다. 풍부한 문헌을 통해 성인이 새로운 것을 계속 배울 때, 그 삶은 현저하게 향상된다는 것을 알 수 있다. 즉, 새로운 것을 배우는 능력은 실용적이며, 노년에도 계속 잘 살아가도록 해준다.

내가 다른 사람을 위한 것이 아니라면, 과연 나는 무엇인가?

학교는 아이가 유치원을 다니는 순간부터 개인적 성취를 강조한다. 개인으로서 시험을 보게 하고, 독립적으로 일하길 바라며, 타인에게 손을 내밀지 않고, 타인의 일에 끼어들지 않고, 자립하는 능력을 칭찬한다. 아리스토텔레스가 말했듯이 사람은 태어나서 죽을 때까지 서로에게 의존하는 사회적 동물이라는 것이 사실이 아니라면 이런 강조는 모두 문제가 없다. 자립은 현대 기술 세계에서 점점 타당성을 잃어가는 반면, 협업과 공동체는 과거 어느 때보다 중요해졌다. 다른 사람과 어울리고, 집단으로 번성하고, 타인을 돌보는 일은 적어도 계산법이나 철자법, 역사를 아는 것만큼이나 핵심적이다. 덧붙여 그런 일들은 터득하기가 더 어렵다. 기업 차원에서 팀워크에 대한 모든 이야기(기이하게 으스스한 한 가지 사례는 2014년에 개봉한 영화 〈레고 무비Lego Movie〉에서 팀워크가 어떻게 화제가 되었는지에 대한 것이다)와 현대 생활에서 커뮤니티의 명백한 중요성에도 불구하고, 우리는 아이가 타인의 관점에서 생각하고, 자신보다 타인의 필요를 우선하고, 그룹에서 능숙하게 일하는 법을 배우도록 돕는 데는 거의 힘을 쏟지 않는다.

최근 몇 년 동안 학교에서 아이들이 서로를 잘 대하게 하고 왕따를 신속하고 단호하게 처리하도록 하는 법안이 상당히 많이 제정되었다. 동시에 아이들이 사이좋게 지낼 수 있게 만드는 다양한 기법이 연구에 의해 밝혀졌다. 그러나 연구 결과를 단편적으로 적용하거나, 더 심하게는 연계가 안 되게 별개로 나누어 학기 초에 1주일 동안의 프로그램이나 주기적으로 도입되는 일련의 활동으로, 학교는 법을 지키기는 한다. 하지만 이런 식으로는 아이들이 다른 친구를 배려하고, 협동하며, 개인의 목표보다 집단의 필요를 우선하는 법을 익히는 데는 거의 도움이 되지 않는 경우가 너무 많다. 그럼에도 협력과 어울림, 또는 '타인을 배려하는 마음'이라고 부르는 것은 아이가 학교 환경에서 습득할 수 있는 가장 필수적인 역량 중 하나다.

1996년 나는 뉴욕 브릿지햄튼Bridgehampton에 작은 독립 학교를 설립하는 것을 도왔다. 우리는 그것을 공립학교로 만들기를 바랐지만, 그 당시에는 뉴욕주에 새로운 차터 스쿨을 설립하는 것이 불가능했다. 그 대신, 학생당 비용이 공립학교 시스템의 학생당 평균과 일치하도록 학교를 설계했다. 우리는 이 학교를 중산층 백인 자녀와 노동자 계급 흑인, 아메리칸 인디언, 라틴계 아이들(일부 가정의 소득은 빈곤선에 가까웠지만)을 포함한 지역의 인종, 경제, 문화의 다양성을 반영할 수 있는 학교로 만들기로 결정했다.

내 역할은 교육 계획을 세우는 것이었다. 아이들이 매일 무엇을 하고, 우리는 그들이 무엇을 배우길 바라고, 교사는 어떻게 가르칠까? 우리는 강력한 공동체를 만들고 아이들이 서로에 대한 책임을 지도록 장려하는 것에 사력을 다했다. 우리는 서로의 차이를 품어내는 법을 배우는 것이 책 읽는 법을 배우는 것만큼이나 중요하다고 생각했다. 그 첫 몇 달 동안, 교실이 어떠할지 상상하며, 유명한 기원전 110년생 유대인 학자, 힐렐Hillel의 멋진 학교 철학을 떠올렸다. "만약 내가 나 자신을 위해 존재하는 것이 아니라면, 나를 위해 존재하는 건 누구일까? 내가 나 자신만을 위해 존재한다면 나는 무엇인가? 지금이 아니면 언제?"

다른 친구에 대한 관심을 교실의 중심에 두려면 어떻게 해야 할까? 우리가 한 가장 흥미로운 일은 각 교사에게 5세부터 12세까지 다양한 연령대의 아이들로 구성된 그룹을 배정하는 것이었다. 여기에 담긴 생각은 다음과 같다. 교사는 매일매일 아이 한 명 한 명을 개별적으로 생각하도록 만드는 것. 인종이나 나이에 따르는 선입견을 없게 하여 아이가 어떤 사람인지, 무엇을 할 수 있는지에 대해 가정할 수 없게 한 것이다. 특정 기량을 전제로 한 수업도 할 수 없다. 그 대신 모든 아이가 각자 그 자신만의 수준에 맞게 참여할 수 있도록 모든 활동이 충분히 유연해야 하는 것이다. 이렇게 하면 교사의 안전망, 내 경험상 새장처럼 가두는 그런 망이 사라진다. 둘째, 다양한 연령대의 아이를 섞어 서로 돕는 것이 일상이 되기를 기대했다.

20세기에 접어들면서 러시아의 심리학자 레프 비고츠키Lev Vygotsky는 실험을 통해 아이는 다른 아이로부터 지식 정보를 배울 뿐만 아니라 그 상호 작용을 통해 발달 궤적이 형성된다는 것을 보여주었다.[13] 한 세기가 지난 후, 앤 브라운과 동료들은 아이가 각자 배운 것을 서로에게 가르칠 때 둘 모두 더 많이 배우고 더 잘 배운다는 것을 명백하게 보여주는 연구를 수행했다. 즉, 아이들이 서로 속임수를 쓰거나 모방하거나 지나치게 의존하지 않도록 분리하는 일반적인 관행과는 달리, 순수하게 인지적인 관점에서만 보아도 함께 공부하는 것은 학습 효과가 좋은 것이다. 아는 것이 적은 아이는 당연히 더 많이 아는 아이로부터 배우지만, 친구보다 더 많이 아는 아이는 자신의 지식을 알려줄 때 명확하게 표현해야 하기 때문에 인지적으로도 도움이 된다. 그리고 협업의 이점은 단지 학업에서 누리는 이득의 측면을 넘어선다. 아이가 함께 사는 지역사회에서 즐거움을 찾고 위험도 함께 헤쳐나갈 수 있는 어른이 되기 위해서는, 다른 중요하고 도전적인 일을 할 때와 마찬가지로 함께하는 그 일도 열심히 해야 한다. 고립은 삶을 가장 파괴적이고 쇠약하게 만드는 조건이다. 한마디로 지역사회뿐만 아니라, 직장에서도 사람들이 협력할 때 최선의 성과가 나온다. 인간은 남에게 의지할 수 있을 때와 남이 자신에게 의지할 수 있을 때 가장 행복하다. 친구를 사귀고, 그룹(예를 들어 알코올중독자 모임, 교회, 정치 및 기타 공동체 기반의 단체들)의 구성원이 되고 공동체에 속해 있다는 느낌은 삶의 웰빙에 핵심적이다. 다른 사람과 함께 살고 일하는 능력은 생산적이고 행복한 존재로 만드는 열쇠다. 하지만 이 열쇠는 흔히 사람들이 생각하는 것처럼 저절로 자연스럽게 만들어지지 않는다. 공식적인 제도 교육이든 아니든, 그 능력은 교육과정을 통해 상당 부분이 형성된다. 어떤 아이는 집에서 협동과 상호 의존을 배우지만, 많은 아이가 배우지 못한다. 그리고 현대사회에서 일상생활은 사심 없는 마음, 타협, 타인의 입장에서 생각하는 능력에 대해 적대적이다. 그러니 우리가 나이를 불문하고, 사람이라면 집단의 일원으로 함께하는 법을 알아야 한다고 생각하면, 그걸 배우는 학습 과정이 학교에서 우선순위가 되어야 한다.

읽기

읽기를 배우는 아이를 떠올릴 때마다 두 개의 이미지가 분할 화면 텔레비전 이미지처럼 나란히 머릿속에 떠오른다. 왼쪽 화면에는 한 여자아이가 학습지 위에 고개를 숙이고 운율이 맞는 어휘에 동그라미를 치고 있다. 아이는 읽기 과정의 구성 요소를 가르치기 위해 고안된 수백 개의 유사한 학습지 중 하나를 공부하고 있다. 이 학습지를 계속 공부하면 한 단락은 읽을 수 있을 것이다. 그 단락에 무엇이 담겨 있는지도 말할 수 있을지 모른다. 영어 시험에서 매번 합격 점수를 받는다면, 아이는 사용 설명서를 이해하고, 입사 지원서를 작성하고, 아마도 신문 기사를 이해할 수 있을 것이다. 읽을 줄 알게 된다는 것이다. 하지만 그렇다고 해서 이 아이가 책 읽기를 즐기는 독서가가 될 것이라는 의미는 아니다. 한편 오른쪽 화면에는 작가 레베카 미드Rebecca Mead가 10대 시절 구석에 구부정하게 앉아 주변의 소리에 무감각한 채, 눈길과 생각이 『미들마치Middlemarch』 책장에 파묻혀 있는 모습을 상상한다. 그녀는 자신을 도로시아Drothea라고 상상한다. 그녀는 도로시아의 남자에 대한 나쁜 취향에 손을 꽉 쥔다. 도로시아가 희망과 이상주의에 가득 차면 마음이 솟구쳐 오른다. 그녀는 다른 사람의 세계에서 길을 잃고, 그렇지 않다면 결코 하지 않을 생각에 빠진다.

대부분의 초등학교 교실에 들어가면 왼쪽 화면을 계속 반복해서 보게 된다. 학교 체계는 모든 사람이 읽기 능력을 확실 하게 갖추도록 설계되었다. 하지만 모든 사람이 읽는 것을 즐길 수 있게 하는 데는 거의 도움이 되지 않는다. 그렇기 때문에 운이 좋은 소수만이 오른쪽 화면의 소녀처럼 될 수 있다는 생각을 수동적으로 받아들인다. 레베카 미드는 똑똑하고 학식이 풍부하며 운이 좋은 중산층이다. 그녀는 세계 최고의 문학잡지 중 하나인 ≪뉴요커New Yorker≫에 글을 쓰고 있다. 모든 사람이 글을 **읽을 수** 있어야 하긴 하겠지만, 운이 좋은 소수의 사람만 실제로 독서가가 되는 게 문제없다고 생각해야 할까? 모든 사람이 독서가가 되는 것을 교육 목표로 삼자! 이야기를 즐기는 것, 즉 등장인물의 성격에 대한 관심, 다른 현실을 상상할 수 있는 깊은 인간적 능력 등 독서가가 되기 위한 모든 요소는 거의 모든 아이가 접근 가능하다는 것을 보여주는 발달 연구가 많이 있다.

게다가 언론에서 생각하는 것과는 달리 많은 아이가 열 살이 되면 간단한 단편 소설이나 지침서 정도는 읽을 수 있다. 그렇지 않은 아이의 경우 가장 좋은 해결책은 숙련된 독서 전문가와 일대일 시간을 많이 갖게 하고, 책과 이야기를 쉽게 접할 수 있는 즐겁고 의미 있는 언어가 풍부한 환경에 푹 빠지게 하는 것이다. 연구에 따르면 책과의 대화, 이야기가 흘러넘치고 어른이 책을 읽는 가정에서 자란 아이는 대개 읽기를 상당히 쉽게 배운다고 한다. 따라서 환경이 좋지 않은 아이에게는 학교가 필요한 역할을 해주어야 한다. 가정환경이 좋다 해도, 문장을 구문 분석하거나 이야기 구성을 정확하게 식별하도록 훈련하는 끝없는 학습지는 좋은 책과 시간을 보내지 못하게 하여 아이에게 거의 도움이 되지 않고 많은 해를 끼친다. 사람들은 읽기를 배울 때, 종종 고립된 기술적 요소에 초점을 맞춘다. 받아쓰기 능력, 어휘를 빠르고 유창하게 발음하기, 문장의 구성 요소를 식별하기, 주어진 구문에 대해 특정하고 까다로운 질문에 답하기 등. 그러나 진정 추구해야 할 것은 아이가 책에 몰입하게 하는 능력과 욕구를 양성하는 일이다.

모두가 독서가가 되고 독서가인 다른 사람들과 함께 살아가는 것이 우릴 더 풍요롭게 한다. 하지만 이것이 모든 사람이 점점 더 어려워지고 복잡해지는 읽기 시험을 통과하도록 하는 것과는 아주 다른 문제다. 글을 **읽을 수** 있다는 것은 풀어야 할 문제의 일부일 뿐이다. 독서가가 되기 위해 아주 빨리 읽거나, 문장을 잘 분석하거나, 주인공의 동기를 파악하는 데 능숙할 필요는 없다. 하지만 더 읽고 싶다는 생각이 들 때 쉽게 읽을 수 있는 정도는 되어야 한다. 이 간단한 목표를 달성하면, 가장 중요한 것은 독서의 즐거움과 유용성을 발견하고 계속 독서하면 되는 것이다.

광범위한 연구에 따르면 독서하는 사람은 어휘력이 풍부하고 효과적인 의사소통을 하며 설득력 있는 주장을 펼칠 가능성이 높다고 한다. 진정한 독서가는 추상적인 개념을 더 잘 이해하고, 다양한 관점에서 문제를 생각할 수 있으며, 누구에게 투표할지 또는 어떤 정책을 지지할지 고려할 때 다양한 정보를 고려할 가능성이 높다. 요컨대 독서가는 더 많은 정보를 가진 시민이므로 독서 인구가 많을수록 사회가 더 나은 방향으로 나아갈 수 있다. 또한 독서는 다른 세계로 들어가 먼 문화와 시대의 사람들의 경험을 접하고, 가까운 영역 밖의 것에 대해 알게 해주어서 삶을 풍요롭게 해준다. 연구에 따르면 소설을 읽는 사람은 그렇지 않은 사람보다 공감 능력과 정서적 통찰력이 더 뛰어나다고 한다. 요컨대, 독서는 세상을 열어준다. 모든 학교에서 여전히 독서 기법을 가르쳐야 한다는 데는 의문의 여지가 없지만, 이 수업은 아이가 책에 파고들어 갈 수 있게 해주는 정도로만 최소한의 수준으로 이루어져야 한다. 그 후에는 모든 학생을 진정한 독서가로 만드는 것이 우리의 중심 목표가 되어야 한다.

맨해튼에 있는 어퍼 웨스트 사이드Upper West Side의 한 초등학교를 방문했는데, 곳곳에서 이러한 접근법의 흔적이 엿보였다. 특히 한 곳이 눈에 띄었다. 처음 건물에 도착했을 때 모든 아이가 똑같이 밝고 경쾌한 책가방을 들고 있는 것을 발견했다. 알고 보니 학교에서 아이들에게 선물로 준 것이었다. 그 안에는 무엇이 들어 있을까? 모든 아이가 자신이 읽고 있는 책과 앞으로 읽고 싶은 책 한 권씩을 가방에 넣어 가지고 있다. 이건 놀랍도록 단순한 일이다. 아이에게 읽을 책을 지정하고, 연말까지 완독하기를 기대하는 약간 어려운 책을 읽기 목록에 지정하는 것과 다르지 않다고 생각할 수 있다. 하지만 노란 책가방에는 다른 메시지가 담겨 있다. 독서를 선물이자 접대로

4. 학교를 풍요롭게 하는 법, 행복

여기게 한다. 교사는 아이가 직접 책을 고른다는 점을 분명히 했다. 또한 아이에게 미래에 읽고 싶은 책에 대해 생각해 보게 해서 책을 동경과 도달하고 싶은 열망의 대상으로 만든다. 나는 학교 건물에서 적어도 한 명의 아이가 어딘가에 웅크리고 앉아 노란 책가방에 들어 있던 책을 읽고 있지 않는 교실은 보지 못했다. 이 학교는 독서가로 가득 찬 사회를 만들기 위해 노력하는 학교였다.

학교를 책임지고 있다고 상상해 보자. 학교가 성공하기 위해서는 아이들이 오고 싶어서 안달을 내는 곳이 되어야 한다고 이미 결정했다. 첫 번째 단계는 설득력 있는 목표를 명확히 하는 것이다. 이러한 목표는 9월이나 6월에 종이에 써서 보기 좋게 만들 수도 없고, 학교의 사명을 밝히는 문서에 써서 액자에 담아 벽에 붙이거나 홍보 문서로 만들어 보낼 수도 없다. 그 대신 일상생활에서 구체적이고 실제적인 의미를 갖는 구체적인 목표를 세우는 것이 좋다. 이러한 목표가 달성되면 아이들은 다른 때보다 더 사려 깊고, 더 많이 참여하게 되고, 더 행복하게 학교를 떠날 수 있을 것이다.

지난 50년 동안 학교교육을 면밀하게 살펴보면 모든 아이가 셰익스피어를 논하거나 미적분을 할 수 있기를 기대하는 것은 말이 안 된다는 것을 증명해 준다. 그렇다고 학생에 대한 기대 수준이 높지 않다는 것은 아니다. 다만 다른 시대에서 물려받은 기준이나 측정하기 쉬운 기준이 아닌 올바르고 높은 기준을 원할 뿐이다. 학교를 직업 훈련소로 쓰는 건 학교를 우습게 만드는 일임을 깨닫게 되었다고 해보자. 교육받는 것과 직업 훈련을 받는 것은 다른 일이다. 학교는 아이들이 교육받는 장소가 되어야 마땅하다.

학교가 아이들을 품위 있고, 의미 있고, 충만한 삶의 길로 인도하도록 당신이 얼마나 오랜 시간 힘들게 생각해 왔는가를 상상해 보라. 아이들을 그 길로 데려가는 능력과 성향은 무엇인가? 돈이 아닌 행복을 무지개 끝에 있는 황금 항아리로 만든다면 학교는 어떤 모습일까? 사실 그렇게 복잡하지는 않으며, 꽤나 단순한 목록으로 귀결된다.

- 복잡하고 유의미한 여러 활동에 몰입
- 목적의식의 발달
- 지식에 대한 열망과 지식 습득의 능력 획득
- 사물에 대한 충분한 사고
- 일에 대한 능숙함
- 지역사회에 공헌
- 타인에 대한 감사와 이해
- 즐거움과 정보를 위한 읽기

다음 질문은, '아이들이 이러한 능력과 기질을 획득할 수 있도록 하는 학교는 어떠한 모습일까?'

4. 학교를 풍요롭게 하는 법, 행복

THE END OF THE RAINBOW

How Educating for Happiness (Not Money)

Would Transform Our Schools

5

행복한 학교를 위한 청사진

A Blueprint for Well-Being

몇 년 전 맨해튼 하부에 있는 초등학교 두 곳을 방문한 적이 있다. 첫 학교에 들어서자마자 지저분한 음식 냄새와 더러운 발 냄새가 덮쳤다. 교무실로 향하는 길에 흐릿한 갈색 페인트 벽에는 높은 하늘로 날아오르게 최선의 노력을 경주하라는 구호가 담긴 낡은 포스터 몇 장만 보였다. 어떤 미술품이나 아이들이 만든 작품은 하나도 보이지 않았다. 한 무리의 교사가 지나쳤다. 그들은 다음 날 눈이 올지 얘기했는데, 한 아이에게 복도에 있으면 안 된다고 하려고 교사 한 명이 고개를 돌렸을 때만 대화가 멈췄다. 모퉁이를 돌자 구내식당에 가려고 기다리는 아이들이 교실 밖에 줄지어 서 있었다. 담임교사는 아이들에게 빈둥거리거나 장난치지 말고 조용히 있으라고 당부했다. 줄을 서 있던 두 명의 여자아이가 손으로 박수 치기 게임을 하기 시작했다. 교사는 엄하게 외쳤다. "얘들아, 그만해. 우리는 줄을 서고 있잖아. 자제하지 않으면 한 번 더 벌점 받고 쉬는 시간 10분을 잃게 돼. 이럴 시간이 없어. 일정에 맞추어야 해." 나는 일행을 따라 식사하러 갔다. 구내식당은 시끄럽고 퀴퀴한 냄새가 났고, 아이들은 목소리를 낮추고 서두르라는 지시를 받고 있다. 이 광경은 전혀 특별한 게 아니고, 완벽하게 타당하고 정당성이 있다. 학교는 벽의 페인트를 다시 칠하거나 미술품을 붙일 돈이 부족했고, 아이들이 이동할 때는 바르게 해동해야 질서가 유지된다. 다른 한편, 분위기는 처음부터 끝까지 음산했다. 아이들은 항상 서둘러야 하고, 지적당하고, 구속당하고 있었다. 모든 사람이 구체적인 목표를 달성하는 데에만 집중하는 것 같았기 때문에 학교에서 행복하고 쾌적한 환경을 맘껏 누리며 잘 자라고 즐겁게 지낸다는 생각은 좀 어리석고 약간 유토피아적이었다.

운이 좋아 같은 날 다른 학교도 가볼 수 있었다. 학생 인구와 재정도 비슷하지만 이 학교는 사뭇 달라 보였다. 정문을 들어서자 어렴풋이 레드 그룹스 Red Grooms*의 작품을 떠올리게 하는 조각이 나를 맞이했다. 파피에르-마세 papier-mâché(짓이긴 종이)로 만들어졌고, 밝은 색으로 칠해진 3피트 정도 키의 사람들이 모여 환호하고 있는 모습으로 아이들이 만든 게 분명했다. 복도의 벽은 아이들의 이야기와 그림으로 뒤덮여 있었다. 한쪽 벽면은 프레스코화처럼 칠해져 있었는데, 제목에는 3학년 학생들이 꿈을 묘사했다고 설명되어 있다. 그곳에서 가장 눈에 띈 것은 점심시간이었다. 각 학급은 교실에서 점심을 먹고 있었다. 스피커를 통해 음악이 흘러나오고, 아이들은 작은 테이블에 앉아 재잘거리고, 어른 한 명이 각 테이블에 앉아 점심을 먹으며 대화에 참여하고 있었다. 여름날의 맨해튼 미드타운Midtown에 있는 브라이언트 공원Bryant Park이 생각났다.

현대 학교교육의 최악의 폐해 중 하나는 아이들의 일상 경험을 등한시하는 것이다. 아이들은 추한 복도를 지나, 시끄러운 식당에 들어가서, 저질의 음식을 급하게 먹고, 빨리 생각하라고 지시받는다. 즐거운 것이라고는 거의

---

* 멀티미디어 아티스트 – 옮긴이.

없이 몇 시간이고 계속되는 공부를 해야 하고, 친구들과 이야기하는 시간은 낭비라고 여겨진다. 아이들이 잘 자라고 있다고 보이는 곳(주목 받는 예로, 핀란드) 대부분에서, 학교에서 지내는 날은 적어도 어느 정도는 즐거워야 하고, 즐거움과 공부는 병행되어야 한다는 것이 당연시된다. 그렇지 못하면서 왜 우리는 아이들을 가르치려드는가?

아이에게 행복한 삶을 살 수 있는 토대를 제공하는 것이 목적인 학교를 설계한다면, 쾌적한 물리적·사회적 환경을 만드는 법을 생각하는 것에서 시작하겠다. 즉, 아이가 하루의 대부분을 보내고 싶은 곳, 열심히 배우고 노력하는 것이 의무가 아니라 즐거움이 될 수 있는 곳을 만드는 것 말이다. 그런 곳은 어느 정도는 **아이 자신의 것**이라는 느낌이 들어야 할 것이다. 아이의 생각과 작품이 어디에나 있고, 앉아서 친구와 어울리고, 식사하는 편안한 장소를 만드는 것이다. 또한 아이가 교실 사이를 이동하고 적응 시간을 갖고 식사하는 데 서두르지 않도록 충분한 시간을 준다는 뜻이기도 하다. 마지막으로, 아이와 교사 모두에게 의미 있는 의례를 학교 일과에 포함할 것을 권장한다. 하루를 좋은 시를 읽으며 시작하고, 점심시간에 맛있는 음식을 함께 먹고, 매일 오후에 음악을 듣는 것이 포함될 수 있다. 시카고의 4학년 교실에서 교사 에스메 코델Esmé Codell은 매일 문 앞에서 아이들을 맞으면서 악수하고 쓰레기통에 문제를 던져 넣을 기회를 주는 것으로 시작한다.[1] 그리고 나서 아이들은 교내 확성기를 통해 '충성 서약'을 듣고, 그 끝에 "시작Play ball!"이라고 한목소리로 외친다. 한 무리의 아이들이 팀으로 소속감을 느끼게 할 단순하고 아주 즐거운 방법은 많다.

기본적인 환경이 웰빙의 느낌을 갖도록 북돋우는지 확인한 다음에는 아이들이 하루를 어떻게 보낼지 고민한다. 이 학교는 아이에게 공부뿐만 아니라 다른 사람과 소통하고, 사려 깊게 생각하고, 목적의식을 찾거나 만들 수 있는 몇몇 핵심 성향을 갖추는 데 중점을 두는 학교가 될 것이다. 그런 학교

147

는 어떤 모습일까? 무엇이 가장 핵심적이고 무엇이 덜 중요할까? 학생들은 어떤 하루를 보낼까? 아래 이어지는 이야기에 나는 웰빙을 높이는 학교의 핵심 요소들을 제안하고, 어떻게 그런 학교를 만들 수 있는지에 대해 밑그림을 그리겠다. 매주 대부분의 날에 아이들이 해야 할 일곱 가지를 기술할 것이다. 그러나 이들 구성 요소는 오직 특정한 조건에서만 효과가 있을 것이며, 그 조건의 개요도 설명한다.

핵심 목표

1. 대화하기

루스벨트와 처칠Churchill, 러너와 뢰베Lerner and Loewe,*『안나 카레니나Anna Karenina』의 키티와 레빈Kitty and Levin**을 떠올려보자. 이들의 공통점은 무엇인가? 대화하고 경청했다는 것이다. 거의 모든 국제 위기 상황에서 가장 좋은 헤드라인은 다음과 같다. "푸틴과 오바마, 대화에 합의하다." 국가 안팎에서 우리의 생존은 대화하려는 의지와 진정한 방식으로 대화할 수 있는 능력에 달려 있다. 거의 모든 좋은 일은 대화에서 시작된다. 사람들은 대화를 통해 생각을 교환하고, 협업하고, 차이를 해결하고, 이해하게 되고 서로를 존중으로 대우한다. 대화는 인간을 다른 종과 구별되게 하고 원초적인 본능을 뛰어넘게 하는 매개체다. 그뿐 아니라 유아기의 대화는 서로 관련이 없어 보이지만 필수적인 다른 능력들을 예비한다. 대화를 많이 하는 아이는 나이가 들수록 모든 면에서 더 잘하는 경향을 보인다. 어휘력이 더 풍부하고, 이

---

* 작사가와 작곡자 파트너 ─ 옮긴이.
** 소설에서 부부가 닥친 문제를 대화와 믿음으로 해결함 ─ 옮긴이.

후 학교에서의 성공을 예측하는 유치원 시험에서 성취 수준이 더 높고, 더 쉽게 읽는 법을 배우며, 여기에 더해 아주 중요한 것으로 어른이 되었을 때 좋은 대화 능력을 가질 가능성이 높다는 것이다. 대화 능력이 좋은 사람은 다른 사람의 말을 더 잘 듣고, 정보를 전달하는 데에 필요한 언어 사용 능력이 더 좋으며, 자신의 주장을 펼치는 데 뛰어나고, 집단적으로 새로운 생각을 구성하는 활동에 잘 참여하고, 집단적 의사 결정에 더 능숙하다는 것을 의미한다. 언어는 우리를 다른 종의 동물과 구별해 주는 과정일 뿐만 아니라 토론, 생각의 교환, 협동적 문제 해결, 공동체의 창출 등 지금 우리가 소중하게 여기는 사회의 기능을 담고 있기도 하다. 결국 듣고, 설득력 있게 상대에 맞추어 말할 수 있는 능력, 진심이 가득한 흥미와 실재 정보를 가지고 대화에 뛰어들 수 있는 능력은 규모가 어떻든 어느 사회에서라도 사려 깊고 활동적인 구성원으로 살아가려면 지녀야 할 가장 핵심적인 기량이다.

명심해야 할 중요한 것이 하나 더 있다. 연구에 따르면 아이의 대화 습관은 믿을 수 없을 정도로 인상적이란 것이다. 아기와 유아는 본능적으로 대화에 참여하는데, 그 안에서 대화의 기본, 즉 교대로 말하고, 물어보고, 대화 상대에게 적절하게 응답하는 등의 방법을 배운다. 그러나 이러한 기초적인 기량이 진실한 대화를 위한 능력으로 꽃피울지는 아이가 듣는 것과 다음 10년 동안 무엇을 하게 되는지에 달려 있다. 지속적으로 다양하고 풍부한 대화에 참여하고 듣는 아이는 스스로 그러한 대화를 시작하고 참여할 가능성이 훨씬 더 높다. 또한 연구는 중산층 가정에서 자라는 아이와 가난하게 자란 아이의 언어 경험에서 두드러진 차이를 확인한다.[2] 가난한 가정에서 자란 아이가 노출되는 일상의 어휘의 양은 훨씬 더 적다. 게다가 듣게 되는 말은 주로 명령과 규율 등 문제를 일으키지 않고 그날그날을 보내기 위한 것일 뿐이다. 중산층 아이는 온갖 다양한 어휘에 노출될 확률이 훨씬 더 높고, 아이 주변의 어른이 사물을 묘사하고, 이야기하고, 질문하고, 생각을 명확하게 표현할 만한 어휘를 풍부하게 사용할 가능성이 훨씬 더 높다. 현재 연구자들은 초기 언어 환경의 이러한 차이가 아이 사이의 학업 성취 수준의 차이를 만드는 가장 중요한 요인이라고 믿는다.

대부분의 교사는 아이들이 나누는 가벼운 대화를 아주 많이 듣기 때문에 교실에서 많은 대화가 일어나고 있다고 생각한다. 그러나 사실, 실제적인 대화는 대부분의 학교에서 짧게 이루어진다. 연구가 보여주는 건 교사가 한 명의 아이 또는 여러 소그룹의 아이들과 긴 대화를 거의 나누지 않고 이러한 대화의 내용과 구조에 특별한 관심을 두는 것도 아니라는 것이다. 게다가 아이끼리 서로 지속적이고 광범위한 대화를 나눌 시간이 주어지지도 않는다.

이 연구 결과로 볼 때, 학교에서 보내는 시간에 나누는 대화는 전형적으로 사치로 여겨지고, 부유한 사람이나 학업을 잘하는 아이만 이를 감당할 수 있고, 반면에 가난한 가정에서 자라는 아이는 학업 기반을 다지느라 할 것이 너무 많아 수다를 떨지 못할 것이라고 단정하는 것은 좀 말이 안 된다. 사실은 그 반대다. 아이의 초기 언어 환경이 열악할수록, 학교에서 그 아이에게 풍부한 언어 환경을 제공하는 것이 더 절실하다. 이 말이 그 아이에게 긴 어휘 목록이나 문장 구성법을 보여주는 학습지를 더 많이 부과하는 것을 의미하지는 **않는다**. 풍부한 언어 환경은 아이에게 중요하다고 생각하는 주제에 대해 다른 아이와 어른이 함께 깊이 있게 긴 시간을 이야기할 수 있는 더 많은 기회를 의미한다. 즉, 더 좋은 대화를 나눌 수 있는 더 많은 기회 말이다. 믿기지 않을지 모르지만, 흥미를 자아내는 대화를 나눌 시간과 기회를 만드는 것은 현재 학교에 다니는 아이가 하는 수많은 활동보다 훨씬 더 단순하고 재미있다. 그리고 대화는 훨씬 더 큰 영향을 끼친다.

그러나 모든 대화가 같은 건 아니다. 대화는 길 수도 짧을 수도 있고, 간결하고 명료할 수도, 종잡을 수 없게 다층적일 수도 있으며, 일방적일 수도 상호적일 수도 있다. 다른 교실에서 다섯 살짜리 아이 둘이 나눈 다음의 두 대화를 생각해 보자.

교사: 좋아, 친구들. 사계절이 생기게 하는 건 뭘까?

아이 1: 알아요. 저 알아요. 바로 태양이에요.

교사: 그래, 그런데 태양에서 뭐가 그렇게 하는 걸까?

아이 2: 태양이 아니야. 지구야. 지구가 원을 그리며 도는 거, 음… 뭐더라~

아이 1: 태양이 맞아.

교사: 자, 얘들아 집중해 보자. 어떻게 해서 계절이 되는 거지? 그건 언제…?

〔교사는 아이들이 빈칸을 채우기를 기다린다.〕

아이 1: 지구가 태양 주위를 도는 거요.

교사: 글쎄, 정확히는 아니지. 그럼 그게 뭘까? 지난주에 배운 것을 기억하는
　　사람 있니?

〔아이들은 교사가 원하는 답을 몰라서 조용히 앉아 있다.〕

자, 이제 앞의 사례와 비슷한 지역에 있는 다른 학교에 동갑내기 아이들
의 다른 학교 교실과 대비해 보자.

교사: 어느 해에 여름이 끝나지 않으면 무슨 일이 벌어질지 항상 궁금했는데,
　　어떻게 생각해?

아이 1: 뭐라고요? 겨울이 없다는 거예요? 왜요?

교사: 모르겠어. 그렇게까지 생각해 보지 않았어. 왜 겨울이 안 올까?

아이 2: 소행성이 태양에 충돌하면요.

아이 3: 그러면 우리 모든 바로 다 죽어.

교사: 으~~. 그런 얘길 하려던 게 아니야. 난 그냥 첫해에 뭐가 달라질까?

아이 1: 흠~ 음. 어떤 재난도 없고 소행성 충돌도 없는데, 그냥 따뜻한 날씨가

이어진다면, 서리가 내리지 않겠네요? 엄마의 토마토가 잘 자라겠네요.

교사: 여태까지는 별일 없이 좋구나. 근데 나쁜 건 없을까?

아이 2: 단풍이 안 들어요. 으으으 근데 너무 건조할 거예요. 잔디는 항상 8월 말이면 누렇게 변해요. 어쩌면 아주 검게 변할 거예요.

아이 3: 맞아, 그럼 우리가 곧 죽지는 않겠다. 그런데 지금보다는 빨리 죽겠어.

〔대화는 스물두 차례 더 계속되었다.〕

첫 대화는 내가 다른 곳에서 '퀴즈 모델'이라고 불렀던 것의 예다. 교사는 알았으면 하는 것을 알고 있는지 확인하려고 질문을 사용한다. 아이들도 교사가 정해진 답을 찾고 있다는 걸 안다. 그러다 보니 어떤 생각이나 정보의 진정한 교환이 없는 형식적 대화일 뿐이다. 교사도 아이도 주제에 대해 어떤 노력이나 진실한 관심을 보이지 않는다. 이런 대화에서는 특별히 중요하거나 유용한 것을 아무것도 배우지 못한다. 이런 문제가 있다 보니, 실제의 대화를 해볼 기회를 놓치고 있다. 그 대신 질문에 대해 옳은 답을 알고 있다면 기분이 좋기는 할 것이고, 아니면 기분이 별로일 것이다.

제임스 서버James Thurber의 고전 이야기 「하늘의 도로변The Curb in the Sky」에서, 화자는 정신병원에 있는 오랜 친구 찰리 데슬러Charlie Deshler를 방문한다.[3] 그는 여러 해 동안 멋대로 행동하는 아내 도티Dottie로 인해 미치게 되었는데, 도티는 매번 그의 삶을 방해한다. 도티가 방해할 수 없는 것에 대해 이야기하려고 필사적으로 시도한 찰리는 화자에게 달 여행의 꿈에 대해 말한다. 산타클로스가 말리는 꿈의 부분에 이르자 "그래서 도로변에 차를 세웠다"고 하자, 아내 도티가 말을 가로막고 찰리를 바로잡는다. "안 돼. 구름에 차를 세웠잖아. 하늘에는 도로변 경계석이 하나도 없어. 있을 리가 없지. 구름을 향해 차를 세운거야." 서버의 사례는 방해받지 않고 자신의 생각과 사사로운 생각을 수정 없이 타인에게 말할 수 있는 능력이 인간의 정신에 필수

학교의 미래, 이룰 수 없는 꿈?

적이라는 것을 날카롭고 생생하게 상기시킨다.

교실 활동의 중심에 대화가 있으려면 어떤 것이 필요할까? 한 가지 간단한 방법은 아이들을 작은 그룹으로 나누어, 자신의 생각을 처음부터 끝까지 이야기하고, 프로젝트 또는 자신만의 경험일지라도 함께 이야기하는 더 많은 시간을 가지라고 하는 것이다. 다음의 두 가지 문학 토론 예를 생각해 보자. 첫째 사례는 열한 살에서 열세 살 아이들, 둘째 사례는 일곱 살에서 열한 살 아이들이다.

12명의 중학생들이 탁자에 둘러앉아, 전날 밤에 과제로 읽은 소설 『앵무새 죽이기 To Kill a Mockingburd』의 일부에 대해 토론한다. 교사가 대화를 시작한다.

교사: 스콧과 젬은 누가 나무에 껌을 붙였는지 아니?

학생 1: 처음에는 아니에요.

교사: 맞아. 누가 먼저 알아냈지? 젬? 아니면 스콧?

학생 2: 젬이요.

교사: 왜 작가가 이런 식으로 에둘러 말하고 있는지 생각해 봤니?

학생 1: 계속해서 독자가 추리하도록 만들려는 게 아닐까요?

학생 2: 수수께끼 같은 전개가 더 재미있잖아요.

교사: 맞아.

질문은 모두 합리적이고, 모두 아이가 더 세밀한 것에 집중하고 책이 왜 특정한 방식으로 쓰였는지 생각하도록 의도하고 있는 것이 확실하다. 그러나 대화의 구조는 모든 실제 의견의 교환이 일어날 여지가 없다. 실제 대화는 짜인 대본을 따르지 않는다. 이 대화는 마치 한 사람이 모든 정보를 가진 듯하지만 그런 경우는 드물다. 그리고 아이들은 단지 자신의 지식을 내보이고 있을 뿐이다. 실제 대화는 다소 종잡을 수 없고, 생각하지 못했던 우여곡절을 포함하며, 진정성 있고 종종 즉석에서 구성된 생각과 의견으로 특징지어진다. 반응과 생각 그리고 인상을 표현하는 것과 정답을 말하는 것은 다르다.

다음 대화 역시 보는 입장과 관련된다. 일곱 살에서 열한 살 학생들과 교사의 대화다. 교사는 「유일무이한 이반The One and Only Ivan」이라는 이야기를 큰 소리로 읽었고, 학생들은 책에 대해 토론하려고 모인 것은 아니다. 교사가 의자에 앉아 책을 읽는 동안, 몇몇 아이들은 커다란 빈백bean bag 소파에 편하게 앉아 있거나 양탄자 위에 누워 있거나 테이블에 앉아서 조용히 그림을 그리고 있다.

이반이 자신의 방을 묘사하는 부분을 읽고 있을 때였다.

캠(7세): 잠깐만, 이반이 이 전체 이야기를 다 얘기하고 있는 거야?

메러디스(11세): 응, 맞아. 소설 전부가 그의 관점에서 이야기되고 있어.

캠: 그렇지만 쇼핑몰 외부가 묘사되지 않아. 화자인 이반이 "난 이 쇼핑몰의 바깥이 보여"라고 하지는 않잖아.

메러디스: 그래도 그게 1인칭 시점이라는 거지. 비록 이반이 "난 이 쇼핑몰 밖이 보여"라고 하지 않더라도 너는 이미 그의 시점이라는 걸 알기 때문에 모든 것에 그의 눈이 필요한 건 아니야. 그리고 때로 독자는 그 인물이 볼 수 없는 것을 볼 필요도 있어.

〔캠이 어깨를 으쓱거린다.〕

교사: 모두 훌륭한 지적이네, 이야기가 이반의 관점에서 얘기되기 위해서 책의 모든 상황에 "나" 또는 그의 눈이 필요하지는 않아. 1인칭 관점과 3인칭 관점 간의 차이점을 생각해 보는 일은 재미있지. 누구 그 차이점을 말해 볼

친구 있니?

미래(9세): 음… 3인칭은 이야기하는 특정한 한 사람이 없을 때예요. 알 수 없는 화자가 있어요.

아드리안(8세): 아! 전부 3인칭으로 된 수스Seuss 박사의 책처럼 말이지? 내가 생각하기에 우리 모두가 이반에 대해 얘기할 때 (메러디스를 가리키며) 너는 모든 책이 1인칭이라고 했고, 나는 '말도 안 돼, 수스 박사의 책은 아니야'라고 생각했어. (행복하게 안도하며) 이제 알겠어.

〔캠은 교사에게 계속 읽어달라고 한다.〕

때때로 교사는 작은 자극만으로 이런 대화를 이끌 수 있고, 그걸 통해서 대화의 암묵적인 규칙에 제대로 능숙하게 훈련되지 않은 아이들이 그 규칙을 익힐 수 있다. 몇 년 전에 본 어떤 교사는 발언권 지팡이가 있었다. 지팡이를 든 사람은 발언권을 가지고 다른 사람은 집중하는 식이다. 그런 다음 그 사람이 다음에 지팡이를 건네줄 사람을 선택한다. 아이들에게 이 규칙을 설명하고 처음 실행에 들어가는 걸 보고는, 이 규칙이 답답하다고 느꼈다. 아이들을 지켜보면서 막대기를 전달하는 데 지나치게 집중하느라 수업의 흐름이나 주제 자체로 몰입하지 못하는 것 같았다. 하지만 한 달 만에 다시 볼 때 아이들은 막대기가 아이들 사이를 움직이고 있는 것을 거의 알아차리지 못하고, 이 간단하고 본능적인 규칙을 통해 서로의 말에 귀를 기울이고 진정한 의견 교환에 기여하는 것을 볼 수 있었다. 익숙해지는 데는 시간이 좀 걸렸지만 보상은 엄청났고, 그 과정에서 아이들은 교사가 진정한 토론에 얼마나 큰 가치를 두는지 배웠다.

아이들도 자신에게 중요한 것에 대해 이야기할 수 있어야 한다. 서양 문명에서 농업의 중요성, 예지몽의 문학적 기법, 전기가 어떻게 작동하는지 등 주제에 큰 관심이 없는 경우 좋은 대화를 나누는 것은 거의 불가능하다. 다시 말해, 아이들은 너무 자주 끌림이나 긴박감이 없는 주제에 대해 얘기하라고 채근 받는다. 다행히 아이들을 사로잡을 주제는 얼마든지 있다. 흥미를 유도할 만한 방식의 훌륭한 예로, 캐서린 스노Catherine Snow와 동료들은 보스턴 공립학교의 중학생들에게 스스로 큰 관심을 가지고 있는 주제에 대한 토론을 계획해 보라고 했다. 학생들이 토론을 계획하고 진행하는 몇 주 동안 어휘력, 문장 구조에 대한 이해, 논증력이 기하급수적으로 향상되었다.[4]

대화는 학교에서 습득할 수 있는 가장 강력한 도구 중 하나다. 시도해 보지 않은 미개척자들에게 덧없고, 느슨하고, 예측할 수 없고, 관리하기 어려워 보일 수 있다. 하지만 그것이 비공식적이고, 무질서하고, 재미로 하는 듯하다고 해서 교사, 부모, 또는 교육 행정가들이 대화를 중요하지 않게 생각하도록 혼동시켜서는 안 된다. 대화는 아이가 습득할 수 있는 가장 가치 있는 지적 도구 중의 하나이다. 교실 방문객은 아이들이 서로 이야기하고 어른에게 말하는 것을 보고 당황하지 말고 감명받아야 한다.

2. 읽기

종종 사람들에게 특정하고 구체적인 방식으로 자신을 변화시킨 책에 대해 이야기해 달라고 한다. 어느 때는 제목을 쉽고 빠르게 떠올린다. 한 중년 여성이 "열두 살 때 『폭풍의 언덕Wuthering Heights』을 읽었어요. 그때 처음으로 늘 갈망하던 것을 표현할 방법이 있다는 것을 깨달았죠. 순간 그게 내 어두운 비밀이 아니게 된 거죠. 다른 사람도 그렇게 생각할 강력한 것이었죠!" 한 청년은 "열네 살 때 이모가 에드워드 윌슨Edward O. Wilson의 자서전 한 권을 주셨어요. 그 후에 나는 할 수 있는 한 모든 생물학 강좌를 들었어요. 제가 야외 활동을 좋아한다는 것을 알고 있었거든요. 하지만 윌슨의 책은 땅 밑 세상에도 윌슨이 그랬던 것처럼 알고 싶은 세계가 있다는 것을 알려주었죠". 버몬트주에서 온 한 30대 여성은 "『작은 아씨들Little Women』은 변화해야 할

학교의 미래, 이룰 수 없는 꿈?

내가 있기 전에 나를 먼저 변화시켰어요. 조 마치Jo March는 제가 닮고 싶은 여성 인물상 중에서 엄마를 제쳤답니다. 엄마가 내리는 결정보다 나은 결정을 내리는 인물이라고 느껴서 화가 난 첫 인물이었죠. 부모나 권위와 동의어가 아닌 성인이 된다는 것에 대해 처음으로 이해하게 된 일 같아요". 한 남성은 "지난주에 『우리 모두 완전히 제정신이 아니다We Are All Completely Beside Ourselves』라는 새 책을 읽었어요. 이제 다시는 동물의 세계를 같은 시각으로 보지 않을 거예요"라고 말했다. 어떤 사람은 좀 더 현실적인 예를 제시하기도 했다. 한 여성은 "『줄리와 줄리아Julie and Julia』를 읽고 요리를 배워야겠다고 결심했어요"라고 말했다. 또 다른 여성은 "책이 아니라 작가 때문이죠. 스티븐 킹Stephen King만큼 나를 이해해 주는 사람은 없어요. 내가 실제로 아는 사람만큼이나 가까운 동반자랍니다". 하지만 모두가 이런 대답을 하는 것은 아니다. 사실 물어본 대부분의 사람은 질문에 대해 전혀 이해하지 못했다. 대개는 하루의 피로를 풀거나 실용적인 정보를 얻으려고 책을 읽는다고 생각한다. 책을 실용적인 정보나 휴식을 위한 것쯤으로 생각하는 사람에게는 책이 삶의 중심이 되어 우리가 생각하고 느끼고 행동하는 방식을 형성한다는 생각은 완전히 낯설다.

작가 조이스 캐롤 오츠Joyce Carol Oates는 최근 사람들이 한 권의 책이나 한 작가와의 강력한 관계가 어떤 의미인지 재조명하는 주목할 만한 책 몇 권을 나열했다.

니콜슨 베이커Nicholson Baker의 기발한 영감으로 완성된 장편 에세이 『당신과 나U and I』에서 베이커의 젊은 시절의 집착을 보여준다. 그의 집착이 향한 건, 감각적이고 균형 잡힌 산문과 자신을 드러내지 않으면서도 거만한 이중적인 존 업다이크John Updike의 대중적 경력이다. 제프 다이어Geoff Dyer의 『미루고 짜증 내도 괜찮아: D. H. 로렌스와 씨름한 날들Out of Sheer Rage: Wrestling with D. H.

Lawrence』은 작가가 로렌스의 작품에 대한 "냉정하고 학문적인 연구"를 하지 못한 채 산만함과 관성에 사로잡혀 그 자리에 "야생의 책"을 만들게 된 과정을 매우 재미있으면서도 절망적으로 묘사한 작품이다. 크리스토퍼 베하의 『5피트 서가 전체: 위대한 책들이 삶과 죽음, 그리고 그 밖의 거의 모든 것에 대해 가르쳐준 것들The Whole Five Feet: What the Great Books Taught Me About Life, Death, and Pretty Much Everything Else』는 가족적 위기와 상실의 시절에 하버드 고전(51권)을 집중적으로 읽은 한 청년의 따뜻하고 개인적인 이야기를 담고 있다. 필리스 로즈Phyllis Rose의 역설적 제목이 붙은 『프루스트를 읽은 그해: 실시간 회고록The Year of Reading Proust: A Memoir in Real Time』은 과거의 일에 대한 성스러운 기억을 작가의 바쁘고 종종 사소한 일상에 종속시키는 반면, 그 패기만만한 제목이 시사하듯이 데이비드 덴비David Denby의 『위대한 책들: 호머, 루소, 울프 및 기타 서구의 불멸의 작가들과 함께한 나의 모험Great Books: My Adventures with Homer, Rousseau, Woolf and Other Indestructible Writers of the Western World』은 컬럼비아 대학 학부 시절 제대로 그 가치를 몰랐던 교육으로 돌아간 성인의 풍취 있는 일화다. 그리고 25권의 책이 영국의 서적 상인인 작가의 삶에 미친 영향을 추적하는 릭 게코스키Rick Gekoski의 수다스러운 『게코스키의 독서 편력Outside of a Dog: A Bibliomemoir』도 있다. [5]

이 작가들은 비록 좀 편하고 어쩌면 아주 사적인 방식이지만 일반 독자들에게 책이 단지 정보나 오락의 한 순간만을 위한 것이 아닌, 때로는 진실이라는 것을 확대경으로 보여준다. 정보나 오락으로 책을 읽는 것은 기껏해야 사람의 심리적 삶에 스며들어 생각과 열망, 세상에 대한 이해에 깊은 영향을 미친다. 그러나 독서가가 되면 산문적인 글을 읽는 것에 의해서도 강한 영향을 받을 수 있다. 추리작가 로라 리프먼Laura Lippman은 이렇게 묘사한다.

학교의 미래, 이룰 수 없는 꿈?

나의 독서 생활은 비행기 떼가 공중대기 경로에서 일정한 모양으로 선회하다가 쿵, 쿵, 쿵 하고 여러 대가 착륙하며 들어오는 공항 같다. 자, 이제 세 가지다. 헬렌 피츠제럴드Helen FitzGerald의 『울부짖음The Cry』, 엘리자베스 핸드Elizabeth Hand의 『일리리아Illyria』, 톰 니슬리Tom Nissley의 『요금 독서가의 책A Reader's Book of Days』 등이 있다. 『울부짖음』은 범죄 소설에서 가장 어려운 주제인 유아의 죽음을 다루는 데 나를 놀라게 했다. 그건 범죄 소설을 읽을 때는 드문 일이다. 핸드의 책은 『다락방의 꽃Flowers in the Attic』과 노엘 스트릿필드Noel Streatfeild의 『극장 신발Theater Shoes』을 청년 취향 문학으로 뒤섞은 것이다. 니슬리의 책은 월간 독서 목록을 제공하는데, 나는 그런 목록에 사족을 못 쓰는 사람이다. 1월에는 H. P. 러브크래프트H. P. Lovecraft, 제이디 스미스Zadie Smith, 아서 헤일리Arthur Hailey 등이 포함되어 있는데 좋아하지 말아야 할 게 뭔가 있겠나?[6]

왜 그렇게 격렬하고 진지한 독서가 특권층만을 위한 것이어야 하나? 독서가의 가정에서 자라지 않았다 해도 누구나 독서가가 될 수 있지만 학교가 독서가가 되는 가장 좋은 길이다. 내가 학교 과제를 검토했던 11세 소녀 조에Zoe는 이렇게 썼다. "학교에 다니기 전에는 페이지마다 그림이 있는 짧은 동화만 읽곤 했다. 이제는 아무 그림도 없이 두툼한 묵직한 기억〔즉, 회고록〕을 읽는다! 아무나 물어봐. 책 없는 나를 거의 볼 수 없을 거야. 난 독서를 좋아하고, 그게 다 학교 덕분이야."

비록 모두가 이렇게 되지는 않을지 모르지만, 지금으로선 여전히 독서가 사람의 지적 삶을 변화시키는 필수적 활동이다. 독서를 통해 사람은 전혀 마주치지 않았거나 결코 마주치지 않을 것들, 즉 멀리 떨어진 곳, 다른 나라에 사는 사람, 오래전에 있었던 일, 그들의 경험에서 낯선 관점, 그리고 믿기 힘들거나 불가능한 사건에 대해 배울 수 있다. 독서는 복잡한 사고를 요구하는 동시에 그쪽으로 유도하며, 대개 혼잡스럽고 부산스러운 일상에서 너무 쉽게 놓치게 되는 깊은 사색과 분석의 수준으로 이끈다. 캐서린 스노가 보여주듯이, 아이들이 독서가가 되면, 타인의 입장에서 생각하고, 증거를 평가하고, 타인이 생각한 이유와 사실을 면밀하게 분석할 가능성이 높아진다. 최고 수준(예를 들어 좋은 대학에 진학하거나 대학원 수준의 공부를 하는 사람)에서는 이러한 기량을 실행하면서 매우 엄격하게 연마할 수 있다. 그러나 대부분의 사람도 이러한 기량의 일부를 단지 독서를 많이 하는 것만으로도 쉽게 얻을 수 있다.

그러나 글을 읽을 줄 아는 것과 독서가가 되는 것 사이에는 상당한 차이가 있다. 관점을 분석하고, 문학적 기법을 토론하며, 이야기의 구조에 대한 끝없는 질문에 답할 수 있다는 것을 보여주는 식의 헛된 것으로 판명 난 일로 아이를 밀어붙이는 대신에, 아이가 독서의 즐거움을 느끼는 데 도움이 되도록 시간과 에너지를 더 많이 쓰게 해주어야 한다. 여기저기서 큰 성공을 거두고 있는 방식이 바로 그것이다.

에스메 코델은 『에스메 교육*Educating Esmé*』이라는 저서에서 책장이 놓인 자리를 교실에서 가장 매력적인 장소로 만드는 법에 대해 생생하게 묘사한다.[7] 아이는 읽을 시간이 필요하고, 불길하게 퀴즈나 숙제를 떠올리지 않고 소리 내어 읽는 이야기를 들을 수 있어야 한다. 각 장이나 책의 마지막을 읽고 나면 늘어선 질문에 답해야 한다면 누가 읽고 싶겠나? 물론 학교는 글을 읽을 수 없는 아이가 벌어진 틈새로 미끄러져 빠지지 않게 하는 법을 알아내야 한다. 교사는 그런 척 하고 있지만 실제로 읽지 않는 얼굴 앞에 책을 들고 앉아 있는 아이에 주의를 기울여야 한다. 독서에 영향을 주는 장애물을 극복하게 해주는 수많은 단순 기술이 있다. 하지만 대화에 좀 더 철저하게 몰입하고, 많은 책을 큰 소리로 읽어주는 것을 듣고, 좋아하는 책을 읽을 시간이 많아진다면 독서에 어려움을 겪는 많은 아이가 감당할 고군분투를 덜어줄

학교의 미래, 이룰 수 없는 꿈?

것이다. 독서 수업과 독서가 공유된 문화인 곳에서 하루 몇 시간을 보내는 것은 다르다. 만약 학교에 독서 문화가 팽배해도, 여전히 독서를 제대로 할 수 없는 아이가 있을 것이고, 그 아이는 여전히 더 많은 도움이 필요하다. 그러나 한 다발의 독서 기술을 연마하기보다는 독서가를 양성하는 데 초점을 맞춘다면, 훨씬 적은 수의 아이가 독서의 중요한 측면과 씨름하게 된다.

3. 서로에게 기대기

대부분의 부모, 교사, 정책 입안자들은 다른 사람과 잘 지내고, 집단의 구성원이 되는 법을 알고, 협력적인 태도가 문명화된 삶에 필수적이라는 것에 동의한다. 그럼에도 불구하고 대부분의 학교는 이것을 우연에 맡긴다. 학교에서 협동을 아이의 일상 경험의 중심축으로 만들자. 그 방법이 몇 가지 있다.

1954년 학교 간 인종 분리가 헌법에 불일치하다는 '브라운 대 교육위원회' 사건에 대한 연방법원의 판결 직후, 많은 교실이 혼란에 빠졌다. 역설적으로, 주로 백인 학교로 보내진 수많은 유색인종 아이가 인종이 분리되어 있고 대개 조건이 열악한 학교에 다녔을 때보다 훨씬 더 큰 학업 문제와 개인 문제를 겪었다. 왜냐하면 새로 인종이 통합된 학교에서는 인종적 긴장이 대개 증가하기만 했기 때문이다.

멕시코 국경에 가까운 지역사회에서, 통합학교에 보내진 라틴계 아이는 다른 아이처럼 영어를 쓰지 못하는 것이 마음에 더 큰 상처가 되었고, 아이들 사이의 학업성취 수준의 차이는 점점 더 벌어지는 양상으로 보였다. 텍사스주의 오스틴Austin시 교육감은 일군의 사회 심리학자에게 무슨 일이 벌어지는지 관찰하고 해결책을 찾아달라고 도움을 청했다. 몇 주간의 관찰 끝에, 역설적인 상황이 드러났다. 같은 공간에 밀어넣어지면서, 각 인종 집단의 자기 개념과 다른 인종 집단에 대한 태도는 단지 더 공고해지고 있을 뿐이었던 것이다. 함께 공부한다는 그 자체로는 고정관념을 줄이거나 서로 잘 어울리

5. 행복한 학교를 위한 청사진

는 법을 터득하게 이끌지는 않았다. 그래서 심리학자들은 아이가 태도를 바꾸고 함께 공부하게 만드는 데 매우 적절한 다소 교묘한 계획을 고안했다. 아이들을 직소 퍼즐 방식으로 끼워 넣었다.[8] 백인, 라티노, 흑인 아이들이 시험을 보거나 학업 단원을 마치기 위한 준비를 하면서 함께 공부하도록 한 것이다. 그룹의 개별 학생은 학습 정보의 특정 부분에 대해 책임진다. 예를 들어, 영국의 개혁에 대해 공부할 때 엘리자베스 여왕, 교황의 영향력, 토머스 크롬웰Thomas Cromwell을 책임지고 공부할 사람을 정하는 식이다. 각각의 아이는 그룹의 다른 친구 모두의 공부가 잘되게 하려면 필요한 학습 정보가 무엇인지 알고 있다. 이 배치는 아이들을 서로에게 의존하게 만든다.

심리학자는 인지부조화 이론을 바탕으로 이 계획을 고안했다. 그 이론은 어떤 사람이 두 가지 상반된 생각을 품게 되면 불편함을 경험하게 되고, 불편함을 줄이기 위한 노력의 일환으로 그 생각 중 하나를 바꾸거나 두 가지 생각에 대해 새로운 정당성을 생각해 낼 수밖에 없게 된다고 예상한다. 심리학자는 백인 아이가 성공하기 위해 의지하는 흑인이나 라틴계 아이를 천시하기는 어려울 것이라고 생각했다. 백인 아이는 자신이 형편없다고 생각하는 누군가의 도움이 필요하다고 느끼는 것이 불편할 것이기 때문에, 심리학자는 그 부조화를 해소하려고 백인 아이가 비非백인 아이에 대한 관점을 수정할 것이라고 생각한 것이다. 반대로, 흑인과 라틴계 아이는 학습에 대한 참여와 교실 안에서 경험하는 관계에 대해 기분이 좋아지기 시작할 거라 본 것이다. 충분히 확실하게 학업 성과뿐 아니라 자아 존중감이 향상되고 몇 달 안에 인종 간의 긴장이 극적으로 줄어든 것이다. 이것이 다른 인종의 아이들이 잘 지낼 수 있게 해준 매우 깊은 고민이 만들어낸 노력의 한 예다.

대학생이 직소 퍼즐식 교실에 대해 읽을 때 대개 이렇게 말한다. "어릴 때 그룹 프로젝트를 해야 했죠. 내 성적이 명석하지 않거나, 아니면 그냥 게으르거나, 나만큼 학교생활에 신경 쓰지 않는 아이에게 달려 있다는 것이 저를

학교의 미래, 이룰 수 없는 꿈?

짜증나게 했어요." 협력해서 공부하는 건 어렵다. 상황은 늘 공평하게 돌아가지 않아서 집단의 일원이 되는 건 생각보다 빈번하게 누군가를 뒤로 물러나 있게 하는 게 사실이다. 그러나 이 어려움은 단지 아이가 그 상황을 관리하는 법을 배우게 해야 한다는 것을 더욱 절실하게 만들 뿐이다. 왜냐하면 협동의 보상은 위험보다 훨씬 더 크기 때문이다.

2007년, 서부 매사추세츠에 있는 고등학교의 소규모 학생 집단이 지역에서 재배한 유기농 먹을거리를 학교 구내식당에 공급하려고 텃밭 농사를 시작했다. 9개월 안에 그 지역 학군 5세에서 18세에 이르는 200여 명의 학생들이 정기적으로 일을 도왔다. 이 텃밭의 가치에 대해 주목할 점은 협력이 단순히 생각을 더하는 것이 아니라는 점이다. 2000명의 아이들이 먹을 수 있는 채소를 충분히 기르기 위해서는 많은 사람이 함께 일해야 한다. 텃밭 같은 프로젝트에서는 아무도 사람을 상호 의존적으로 만드는 방법을 발명할 필요가 없다. 생각과 창의성을 필요로 하는 유일한 것은 아이가 대부분의 어른이 보여주는 온갖 나쁜 습관을 배우지 않게 함께 일하는 법을 잘 가르치는 방도를 알아내는 것이다. 학생들이 생각해 낸 것 중 하나는 모두가 같은 날 아침에 밭에 물을 주려고 오지 않기 위해 날짜와 작업 선택지였다. 아이들이 일을 나누는 데 능숙해지면서, 몇몇은 잡초를 뽑고, 몇몇은 씨를 뿌리고, 몇몇은 씨앗을 주문하고, 몇몇은 물을 대는 시스템을 새로 고안하고, 몇몇은 수확을 담당했다. 학생들은 나이에 맞는 일을 선택할 수밖에 없었다. 유치원생들은 모종 심기보다는 수확을 더 많이 하고, 반면에 초등학생들과 중등학생들은 보조금을 신청하고 온실을 지었다. 마지막으로 중요한 것은, 학생들은 자신의 성공을 자축하는 시간을 냈다는 것이다. 텃밭 가장자리에서 잔치를 열고, 처음으로 수확한 수박을 먹기 위해 일을 멈추고 모이고, 봄에는 동네의 돼지고기 바비큐 파티를 조직했다. 학생들은 재미와 함께 성취하는 것은 연계되어 진행되는 법이고, 단체로 일할 때 개인이 배울 수 있는 것도

5. 행복한 학교를 위한 청사진

훨씬 더 크다는 것을 금방 알게 되었다. 그 목표는 학교에서 흔히 하듯이 특정 내용이나 기술을 배우는 게 아니고, 함께 일하기도 아니었다. 도리어 텃밭을 가꾸는 것이 목표였다.

교사들은 교과과정을 지키면서 너무나 자주 학생이 완벽히 습득하길 바라는 활동이나 수업 주제(곱셈 문제, 미국 헌법, 전기의 작동 방식)를 생각하고 그룹 활동이 수업을 재미있게 만들거나 어떤 '팀 형성' 작업을 효율적으로 담아내길 바라면서 아이들을 그룹으로 묶는다. 이런 상황에서라면 배울 필요가 있는 것에 집중하는 대신에 아이는 협동 그 자체는 제쳐두고 학습 주제에 집중할 것이다. 집단을 참아내고 심지어 즐길지도 모른다. 그러나 공동생활에 대해 어떤 새로운 것도 배우지 못할 것이다.

우리는 자신에게 중요한 것을 배울 때 가장 잘 배운다는 걸 알고 있다. 교과과정이나 아이들에게 별다른 의미가 없는 그룹 활동을 주기적으로 추가하는 것으로는 충분하지 않다. 아이들이 함께 공부하고 일하는 법을 배우길 원하면, 그들이 관심을 가지며 동시에 집단의 노력이 필요한 과제를 주어야 한다. 덧붙여 인간의 타고난 본능, 즉 공격하고, 사람을 조정하고, 공동의 필요보다 사적 필요를 우위에 두려는 본능을 넘어서는 방식으로 과제를 수행할 시간과 안내도 제공해야 한다.

자신과 다른 사람을 포용하고, 목표를 위해 함께 일하고, 자기 이익을 넘어서 집단 혜택을 지지하는 이들 능력은 매우 중요하고 매우 어려워서, 학창 시절의 주변부에서 중심부로 옮겨 와야 마땅하다.

4. 탐구하기

아이는 타고난 탐구자다. 그러나 학교에서 이 강력하고 중요한 성향을 발달시켜 가는 걸 배울 수 있다. 세상이 어떻게 돌아가는지 알아내려 하고, 어떻게 그렇게 돌아가는지 아는 아이가 우주로 가는 열쇠를 쥐고 있다. 탐구는 단순히 아이들이 과학 수업에서 주당 몇 번 배우는 연구 방법이 아니라 삶의 방식이자 모든 상황에서 지식 정보를 모으려는 성향이다.

탐구는 교실 생활의 일부로 자리 잡을 수 있다. 아이들이 습관적으로 탐구하는 습관을 갖도록 돕는 것은 누가 시키는 질문이 아닌 자기 자신의 진짜 질문에 대한 답을 찾을 수 있는 기회를 제공하는 것에서 시작된다. 이를 위해서는 간단하지만 종종 실천하기 어려운 교육 관행의 변화가 필요하다. 교사는 정기적으로 학생이 무엇을 알고 싶어 하는지 파악하는 데 상당한 시간을 할애한 다음, 학생이 답을 찾을 수 있도록 시간과 안내를 제공해야 한다. 때때로 학생의 질문에는 실제 실험을 수행해야 하는 경우도 있다. 하지만 다른 사람에게 물어보고, 사람과 자연을 관찰하고, 온라인에서 찾아보고, 직접 해보는 것만으로도 답을 찾을 수 있는 경우도 많다. 아이가 아주 어릴 때는 호기심을 갖고, 묻고, 만지고, 탐구하는 것을 막는 것이 어렵지 않다. 학교가 해야 할 일은 이러한 자연스러운 성향을 억압하기보다 이를 바탕으로 교육하는 것이다. 학생은 탐구할 시간과 자원이 필요하다. 마지막으로, 아이는 자신의 질문에 대한 답을 제대로 찾았는지 평가할 수 있는 기회가 필요하다. 일곱 살이든 스무 살이든 학생이 "이게 선생님께서 원하시는 거예요?"라고 말하는 것을 몇 번이나 들어보았나? 학생은 다른 사람의 요구 사항을 충족하는 데 집중하는 법은 배웠지만 자신이 가진 의문에 대한 답을 찾았는지 파악하는 법은 배우지 못했다. 그러나 좋은 과학적 연구의 핵심 요소 중 하나는 데이터가 원래 제기한 질문에 대한 답을 제대로 하고 있는지 파악하는 것이다. 과학자는 종종 자신이 원하는 것을 찾지 못했다는 사실을 깨닫고 계속 탐구하기로 결정한다. 때로는 찾고 있던 답을 얻어서 새로운 질문을 구체화하기도 한다. 탐구하는 습관을 기르려면 어릴 때부터 연습해야 한다.

역설적이지만, 연구에 따르면 호기심을 충족하는 것은 인생의 가장 큰 만족감 중 하나다. 그리고 대개의 식욕이 그렇듯이 식욕에 대한 포만감은 잠시 동안만 유지된다. 아이가 호기심을 보이면 칭찬하고 제기한 의문에 대해 탐색하고 답하는 법을 가르쳐주면, 아이는 호기심이 계속되고 그치지 않고 질문을 만들어낼 가능성이 높아지게 되어 더 풍요로운 삶을 살게 된다.

5. 쓸모 있는 사람 되기

19세기까지만 해도 자녀는 가족에게 짐이기도 하고 도움이기도 했다. 많은 경우 아이는 매우 도움이 되어서 부당하게 착취당했다. 공장이 농장과 소규모 공방을 대체할 무렵, 아이는 그저 집안일을 돕는 존재가 아니고 노동력의 일부가 되었다. 디킨스의 작품 속 묘사는 19세기 중반 많은 어린아이의 삶을 아주 잘 보여준다. 그러나 아동노동법이 시행되면서 서구의 의식 속으로 어린아이에 대한 다른 사고방식이 스며들었다. 어린아이를 성인과 근본적으로 다른 존재로 보기 시작한 것이다. 심리학자는 어린아이가 드러내는 정신의 독특한 특징을 설명하기 시작한다. 연구에 따르면 어린아이는 성인보다 아는 것이 적을 뿐만 아니라 생각도 다르게 하는 것으로 나타났다. 교육자와 연구자는 어린아이에게 놀이, 자유, 자비로운 관용의 가치를 강조하기 시작한다. 아이는 어른처럼 되려면 오랜 시간이 걸리며, 그 기간 동안 어린아이의 동심에 잘 맞는 활동을 하면 그 보상이 크다는 것을 이해하게 된 것이다.

아이의 요구를 충족시키기 위해 교육 관행에 많은 변화를 가져온 것은 멋진 일이다. 대부분의 학교에서는 더 이상 체벌을 허용하지 않는다. 일부 학교에서는 어른의 충분한 보호 관찰, 흥미로운 놀이 재료, 체험 학습을 가능하게 하는 물건, 적어도 어떤 면에서는 어린아이의 취향과 리듬에 맞춘 수업을 제공한다. 하지만 학교에서 아이의 학습을 돕는다고 생각하는 모든 지식은 아이를 쓸모없는 존재로 만들어버리는 매우 안타까운 부작용을 낳는다. 대부분의 아이에게 학교는 언젠가는 성공할 수 있을 것이라는 미끼로 오랫

학교의 미래, 이룰 수 없는 꿈?

동안 만족감을 미루기 위한 훈련소다. 운이 좋아서 좋은 학교에 다니면 친구와 보내는 시간, 재미있는 일을 누리고, 더 나아가서 좋은 성적, 상 받기, 이전에 없던 기량을 습득하는 등의 짜릿함 까지 얻을 수 있지만, 그 일 자체는 다른 누구에게 어떤 영향도 없다. 하지만 어린아이라도 자신의 일이 다른 사람에게 중요하다는 것을 알 필요가 있다. 아이가 다른 사람에게도 멋지고 쓸모 있는 것을 만들어내는 일이 주는 기쁨을 알길 원한다면, 어려서부터 시작하게 하는 것이 좋지 않겠나?

다른 사람이 고마워하거나 유용하다고 생각할 일을 할 때 아이는 자연스럽게 잘하려고 애쓴다. 성적을 올리려고 글을 더 잘 쓰기 위해 노력을 기울이는 것은 다른 사람을 즐겁게 하거나 다른 사람의 마음을 바꾸려고 글을 쓰는 것에 비해 자연스럽지 않다. 교육자는 학업 성과에 대한 평가 기준을 끝없이 고민한다. 평가 기준은 단순히 아이가 습득한 지식의 양을 평가하거나 다른 아이와 비교하기 위해 고안된다. 그런데 대신에 학생과 교사가 다른 사람에게 유용하고, 흥미롭고, 유익하고, 멋진 것을 만들어내거나 수행했는지 여부를 평가한다면 어떨까?

일군의 교사에게 학생이 한 일을 주제나 테마가 아닌 노력의 관점에서 정리해 보자고 제안한 건, 아이가 다른 사람이 사용할 물건을 만들면 뛰어난 결과를 내기 위한 관심과 헌신, 에너지, 욕구가 더 많이 그 일에 투여될 것이라고 생각해서다. 학생과 함께 지리학을 공부하던 한 교사가 사람이 사용하는 다른 종류의 지도에 대해 토론하게 했다. 예를 들어 한 장소에서 다른 장소로 빨리 이동할 수 있게 하는 지도, 특정한 위치를 식별하게 해주는 지도, 중요한 역사적 정보를 제공하는 지도, 좀 더 특이하거나 개인적인 이야기를 알려주는 지도 등. 아이들이 몇몇 무리로 나뉘어 자신들 모두가 살고 있는 지역의 각양각색의 새 지도를 만들기 시작했다. 봄이 되어도 아이들은 교사의 의견이 어떤지 또는 평가를 받기 위해 수행한 것을 제출하지 않았다. 그

5. 행복한 학교를 위한 청사진

대신, 지역사회 구성원들에게 지도를 보내서, 특정한 위치와 대상을 찾는 일에 자신들이 만든 지도를 사용해봐 달라고 부탁하고 그 지도들이 얼마나 도움이 되는지 알아보았다. 아주 빠르게 누가 더 유용한 지도를 만들었는지 드러났다.

아이는 지적 성취가 모든 사람에게 영향을 미치며, 습득한 기술과 지식이 자신의 삶뿐만 아니라 다른 사람의 삶을 개선하는 데 사용될 수 있다는 것을 학습할 수 있다. 아이에게 쓸모 있는 일을 하게 하면, 진정성 있게 자신을 둘러싸고 있는 지역사회에 기여하는 즐거움을 경험하게 할 수 있다. 덧붙여 좋은 안내가 있다면 그렇게 하게 된 일을 우수하게 수행하는 법을 배울 수 있다.

6. 빠져들기, 전문가 되기

놀이터에 가면 다섯 살이든 열한 살이든 땀을 뻘뻘 흘리며 얼굴이 빨갛게 달아오른 채 그네 타기, 공놀이하기, 요새 만들기, 깃발 뺏기 팀을 짜는 등 무엇을 하든 집중하고 있는 아이들을 볼 수 있다. 아이는 집중하는 법을 알고 있으며 자신이 끌리는 일에 완전히 빠져든다. 이렇게 하고 있는 것에 대한 열정은 어린 시절의 가장 소중한 특성이다. 이상하게도 학교는 이러한 열정을 키우기보다는 억누르는 경향이 있다. 아이가 어릴 때는 자신의 몰입 능력을 활용하기 어렵고 즉각적인 흥미를 유발하지 않는 활동에 참여를 유도하기 어려운 게 사실이다. 아이의 마음이 끌리기 쉽지 않은 활동에 참여하는 법을 배우는 것은 교육과정의 소중한 결과이다. 하지만 대부분의 경우 학교는 아이들의 참여를 유도하려고 노력조차 하지 않는다. 대신 복종과 의무로 만족한다. 그 결과 아이들은 일상적인 활동에 몰입할 기회를 잃게 될 수 있다. 한 대도시 교육청의 유명한 교육감에게 학군 내의 학교에 다니는 학생들이 통제 불능 상태인지 물었을 때, 목에서 핏줄이 튀어나오게 힘주며 말했

학교의 미래, 이룰 수 없는 꿈?

다. "오, 세상에, 아니죠. 정반대예요. 아이들은 진정제를 먹은 것처럼 예의 바르게 행동한답니다. 하지만 애들이 자신이 하는 일에 관심을 쏟고 있을까요? 절대 아니죠."

학교에서 모든 아이는 정기적으로 자신이 정말로 **빠져들 수 있는** 일을 최소한 하나는 해야 한다. 일단 아이가 그러한 일을 찾았다면, 그렇게 몰입을 최대한으로 발전시킬 기회가 필요하다. 그러나 대부분의 학교에서의 일정은 그러한 지속적이고 사력을 다하는 참여에 반대로 작용한다. 45분 수업 시간, 빈번한 주제 바뀜, "우수한" 것과 "완료된" 것을 구성하는 것에 대한 외부의 선험적인 생각 등 모두는 가능한 모든 에너지와 능력으로 무언가에 뛰어들려는 아이의 소질에 방해가 된다.

몇 년 전 한 무리의 중학생이 전국의 학교에서 열리는 과학 박람회와 비슷한 연례 프로젝트 박람회에 참가한 것을 지켜보았다. 교외에 위치한 이 학교는 예술과 과학을 위한 박람회였기 때문에 아이들은 거의 모든 주제의 프로젝트를 선택할 수 있었다. 손재주가 좋은 아버지를 둔 아이는 조립 세트로 파란 새집을 만들고, 다른 아이는 스포츠에 관한 포스터 시리즈를 만들었다. 세 번째 아이는 시집을 썼다. 이 프로젝트를 통해 학생들은 정규 교과과정보다 경험에 더 직접적이고, 상상력을 풍부하게 활용하고, 자신에게 특유한 방식의 개별화된 작업을 할 수 있는 기회를 가졌다. 마지막 날, 아이들 모두는 자신의 프로젝트를 체육관으로 가져왔고, 체육관에는 프로젝트가 어떻게 진행되었는지 설명하는 작은 포스터가 붙은 테이블이 설치되었다. 교사로 구성된 팀이 프로젝트마다 돌아다니며 미리 정해진 지침을 사용해 평가했다. 그 하루가 끝나면 학생은 자신의 프로젝트를 집으로 가져가고, 그게 끝이었다.

이런 프로젝트는 멋지고 학업의 반복되는 일상에서 깨어나게 해준다. 하지만 학생이 깊게 **빠져들어** 강렬한 몰입을 경험하게 하는 경우는 드물다. 실제로 많은 학교에서 '잘하고 싶은' 학생은 과제를 관리하고, 평가 지침의 기준을 충족하고, 제시간에 과제를 제출하는 데 지나치게 집중하다 보니 자신이 깊은 애정을 가지고 있거나, 거부할 수 없거나, 더 잘하고 싶은 프로젝트보다는 관리하기 쉬운 프로젝트를 의식적으로 선택하게 된다. 더구나 도전을 피하거나 성적에 크게 신경 쓰지 않는 학생은 모든 것을 포기하기도 한다.

하지만 어떤 경우에는 다르게 작동하는 상황도 보았다. 일부 학교는 교사가 학생이 정말 좋아하고, 잘하고, 잘하고 싶은 것을 찾아내도록 도와주고, 그것을 추구할 수 있는 시간을 주는 것을 최우선 과제로 삼는다. 이러한 노력이 모두 대칭을 이룰 수는 없다. 어떤 아이는 만화책에 몇 시간이고 쓰고 싶어 하고, 어떤 아이는 악기를 배우고 싶어 하고, 또 어떤 아이는 전쟁에 대한 정보를 충분하게 얻지 못하기도 한다. 교사는 이러한 다양한 관심사를 억누르거나 특정 틀에 맞추려 하기보다는 격려하는 것을 최우선 과제로 삼아야 한다. 해마다 중반에 교사는 개별 아이의 주요 관심사를 나열하고 매주 해당 아이가 자신의 관심사에 사용하는 시간을 파악할 수 있어야 한다. 특정 수준의 성취가 아니라 참여와 숙달 정도, 즉 깊이 또는 범위를 늘리는 것이 목표가 되어야 한다. 몇 년 전 중학생들의 미술 및 과학 프로젝트를 지켜보던 중 한 남학생이 『오디세이 *The Odyssey*』의 한 장면을 묘사한 점토 타일을 만들기로 선택한 경우를 봤다. 그는 로버트 페이글스Robert Fagles의 번역본을 읽고 고대 기법(유튜브 수업에 설명되어 있는)을 사용하여 직접 점토를 만든 다음 각 타일에 자신이 선택한 책의 특정 부분을 매달아 두루마리 종이 위에 베껴 쓴 다음 학교 벽에 걸었다. 그는 몇 주 동안 다른 일은 거의 하지 않았다. 교사들은 다른 일을 소홀히 한다고 그를 꾸짖었다. 시간이 너무 많이 걸리고 타일이 너무 칙칙하다는 말도 들었다(그는 고대에 사용했던 것과 유사한 종잇조각이나 광택제를 사용했다). 분명한 건 몰입이 교사가 사용하는 평가 지침의 일부가 아니었다는 거다.

7. 가족의 경계 밖 어른과 알게 되고 어른에게 알려지기

내 할머니 헨리에타Henrietta는 맨해튼 로워 이스트 사이드에서 자랐다. 동유럽 유대인 이민자의 많은 아이처럼, 헨리에타는 어렸을 때 매우 가난했지만 학교에서 잘했으면 하고 원했다. 당시 뉴욕의 다른 많은 가난한 아이와 마찬가지로, 그녀는 학구적인 일반 교과과정을 따라가기보다는 고등학교에서 비서가 되는 교과 과정을 밟았다. 그러나 그녀는 학창 시절을 생생하게 기억했다. 70년이 지난 지금도 그녀가 가장 잘 기억하고 있는 것은 3학년 때 선생님이 동화책을 선물로 주신 것이고, 어른이 되어서도 그 책을 소중히 간직했다. 선생님께서는 할머니에게 인형도 주셨다. 교사가 학생에게 작은 선물을 주는 것을 상상해 보자. 학업 향상을 위한 것이 아니라 단지 애정 표시로 말이다. 그런 사랑의 표시로 받은 선물이 큰 기계 안의 톱니바퀴라고 쉽게 느낄 수 있던 아이에게 미칠 수 있는 영향을 상상해 보자.

학교가 아이에게 줄 수 있는 매우 소중한 기회 중 하나는 직계가족 이외의 어른을 알게 되고 알려질 수 있는 기회이다. 가족이 세심하고, 역할이 뛰어나고, 사랑이 가득하든, 아니면 힘들고, 불화 있거나, 멀리 떨어져 있든, 어린 시절에 익혀야 할 필수 과제 중 하나는 가족을 벗어난 외부 관계를 또래뿐만 아니라 어른과도 점차 만들어가는 것이다. 학창 시절에 대한 좋은 기억이 하나라도 있는 사람이라면 누구나 자신에게 특별한 의미가 있었던 교사를 떠올린다. 우리는 너무 자주 놀라운 영감을 준 교사에 초점을 맞추기 때문에 그 교사가 너무 훌륭해서 아이의 변화를 일으켰다고 생각하곤 한다. 하지만 모든 교사가 훌륭할 수 있는 것은 아니며 그럴 필요도 없다. 그러나 아이는 진정으로 자신을 좋아하고 잘 아는 교사와 함께 느긋하게 시간을 보내는 것이 중요하다. 일부 학교에서는 교사나 지도교사와 함께 하루를 시작하는 소그룹에 아이들을 배정하여 이를 시도하기도 하지만, 이러한 관계와 이러한 관계가 펼쳐져야 하는 환경은 대개 매우 형식적이어서 쓸모가 없다. 어른이 실제로 학생과 의미 있고 지속적인 관계를 맺을 때(수학을 가르치거나, 축구를 지도하거나, 정원을 가꾸거나, 식사를 준비하거나, 책을 고르는 데 도움을 주거나) 아이가 진정한 관계를 형성할 가능성이 훨씬 높아진다. 이러한 관계의 지적·정서적 가치는 매우 중요하므로 이를 위해 시간과 에너지를 투자할 가치가 충분히 있다.

아는 어떤 학교의 선생님들은 매주 금요일 오후 1시에 만나서 교과과정에 대해 계획하고, 논의하고, 새로운 프로젝트를 발전시킨다. 하지만 매주 전체 학생을 검토하기도 한다. 각 학생이 언급된 후에는 방에 있는 누군가가 그 학생과 오랫동안 의미 있는 교류를 해왔다고 말할 수 있어야 하며, 그 학생이 무엇을 하고 있고 어떤 상태인지 구체적으로 말할 수 있어야 한다. 보통은 교과 교사이지만 항상 그런 것은 아니다. 때로는 시설 관리자, 미술 교사, 코치 또는 점심 준비 및 배식을 감독하는 사람이 될 수도 있다.

모든 학생이 어른 및 다른 아이들과 오랫동안 의미 있는 대화를 나누고, 유용하거나 흥미로운 책을 읽을 기회가 많고, 매일매일 다양한 종류의 증거를 수집·검토하고, 정기적으로 무언가에 깊이 빠져들어 전문성을 키우고, 어른과 활기차고 호혜적인 관계를 맺고, 지역사회의 일원이 되도록 하는 일에 지속적인 관심을 기울이는 학교라면, 모든 학생에게 꽤 좋은 성과를 거두고 있는 것이다. 이러한 학생은 수많은 특정 기량이 부족하더라도 필요에 따라 습득할 수 있는 단단한 토대 위에 있어서 의미 있고 충만한 삶을 살 수 있을 것이다.

이 목표를 달성하기 위한 조건

이러한 핵심 목표를 겨냥하면 교사의 일상을 바꾸고 아이들의 교육 경험을 변화시키며 매우 다른 결과를 이끌어낼 수 있다. 그러나 이러한 목표를 파악하고 이를 달성하기 위한 활동을 상상하는 것만으로는 충분하지 않다. 학교는 이러한 목표를 달성할 수 있는 여건을 조성해야 한다. 그 조건은 무엇일까?

커뮤니티 만들기

1993년 로드아일랜드주 프로비던스Providence에 공립 고등학교 네 개를 설립한 교육자 데니스 리트키Dennis Littky는 각 학교에 정의, 단결, 평등, 자유라는 이름을 붙였다. 이 학교의 모든 학생에게는 소규모 친구 그룹과 하루 종일 함께 지내는 교사가 있었다. 각 그룹은 매일 회의를 통해 하루를 시작하고 끝냈다. 낮 동안 교사는 개별 학생뿐만 아니라 한 쌍의 학생들과도 상당한 시간을 보냈다. 서로를 좋아하고 잘 아는 사람끼리 자연스럽게 대화할 수 있는 시간이 많았던 것이다. 수업이 끝난 후에도 교사는 필요에 따라 학생과 전화하여 후속 조치를 취하기도 한다. 또한 교사들끼리도 서로 대화하고 여러 그룹을 모아 토론하고 성취를 축하하는 데 상당한 시간을 들였다. 이처럼 개인적인 관계 형성에 중점을 두면서 학교는 서로 다른 일을 수행하는 학생과 교사를 가두고 있던 건물에서 사실상의 커뮤니티로 탈바꿈했다.

　일부 학교에서는 학교의 교훈, 교복, 전통을 통해 학생이 집단의 일원이라는 느낌을 갖도록 장려한다. 하지만 이보다 더 중요한 것은 구성원의 일상적 관행이다. 사람은 서로 돕고, 공동의 목적을 위해 노력하고, 의식을 공유하고, 함께 의사 결정을 내릴 때 자신이 커뮤니티의 일원이라고 느낀다. 피상적인 수준 이상의 진정한 공동체 의식을 조성하기 위해서라면 학교 지도

5. 행복한 학교를 위한 청사진

자는 종종 다른 우선순위를 뒤로 미뤄야 한다. 학생은 정원을 가꾸고, 이웃을 돕고, 학교 운영에 관한 결정을 내리고, 서로의 성취를 축하하는 시간을 갖기 위해 학급 회의 횟수를 줄이거나 숙제를 줄일 수도 있는 것이다. 이러한 활동이 형식적이고 지루하다면 효과가 없다. 대부분의 사람은 진짜 커뮤니티와 가짜 커뮤니티의 차이를 알고 있다. 학교는 진짜 커뮤니티여야 한다.

합당한 시간 배분

아이가 학교에서 행복하게 지내고 성인 생활에서 웰빙의 느낌을 높이는 습관을 익히게 해주는 아주 중요한 길은 공부하고, 대화하고, 단계를 밟고, 지적 및 신체적 환경을 탐색할 때 서두르지 않아도 되게 시간을 주는 것이다. 교사 또한 하루 종일 이 일에서 저 일로 정신없이 뒤섞이지 않도록 속도를 늦춰야 한다.

간소화

대부분의 학생이 앞서 나열한 목표를 달성할 수 있는 가능성을 최적화하려면 교사와 학생의 수행 목록이 훨씬 짧아야 한다. 즉, 따라가야 할 기량은 적어져도 더 중요하고, 탐구해야 할 주제는 적지만 더 풍부하고 흥미로우며, 복잡하고 어려운 과제도 더 적어야 한다. 아이는 몇 가지 일에만 집중해야 하고, 이를 위한 충분한 조력과 시간을 받아야 한다. 교사도 달성해야 할 목표는 적고, 목표를 달성하기 위해 할 수 있는 한 모든 방법을 동원할 기회는 많아야 한다. 테드 사이저Ted Sizer는 1992년 고등학교에 관한 저서 『호러스의 타협Horace's Compromise』에서 고등학교에서는 "적은 것이 더 많은 것"이라고 주장했다.[9] 그러나 그 후 25년 동안 그 반대의 일이 일어났다. 대부분의 학교는 "많을수록 좋다"는 표어에 따라 운영되고 있는 상황으로 보인다. 교사가 책임져야 할 일의 목록은 점점 더 길어지고, 그 목록에 있는 의미 있는 항목이 실제로 성취될 가능성은 점점 더 낮아지고 있는 것이다. 이것이 어떻게 진행되는지 알아보기 위해 한 가지 예를 들어보겠다.

몇 년 전 매사추세츠주는 공립학교에서 왕따를 줄이고, 당시 "좋은 학교 분위기"라고 불렸던 것을 장려하기 위한 계획을 수립하게 하는 법안을 통과시켰다. 내가 속한 학군에서 그 계획을 수립하는 위원회에 참여해 달라는 요청을 받았다. 교육 행정 담당자, 학부모, 교사, 학교생활 상담교사 등이 함께 앉아 팀 만들기 활동, 갈등 해결 장치, 평가 양식, 왕따를 당한 학생에 관한 기록부, 친사회적 행동을 장려하고 친구에게 상처를 주는 악행에 대해 경고하도록 설계된 교과과정 등의 목록을 작성하면서 교사의 어깨가 점점 더 처지는 것을 보았다. 마침내 그들 중 한 명이 손을 들고 말했다. "저는 이 모든 것을 정말로 믿어요. 이 아이들이 잘 지낼 수 있도록 돕는 것은 정말 중요하다고 생각하죠"라고 하고서, "하지만 솔직히 이런 회의가 저를 힘들게 하고 있어요. 매주 서둘러 처리해야 하는 일 목록에 여섯 개 항목을 더 추가했어요. 누군가가 중요하다고 말한 일을 끝내려면 저와 아이들이 서두르지 않아도 되는 시간은 하루 중 단 1초도 없게 되죠. 하루를 얼마나 더 버틸 수 있을지 모르겠어요". 이러한 밀집된 환경은 공장에서는 효과가 있을지 모르지만 (물론 공장에서도 효과가 없을 수도 있다), 아이들에게 좋은 환경은 아니다. 하루 종일 분주하게 보내는 것은 교육적으로 가치 있는 일이 아니다.

자율성

아이와 성인 모두를 대상으로 한 여러 연구에 따르면 어느 정도의 자율성과 선택권을 갖는 것이 웰빙의 열쇠다. 학생이 학교에서 잘 성장하고, 선택하는 법을 배우고, 성인이 되어 독립적으로 대처할 수 있으려면 학업 환경뿐 아니라 가정생활에서도 그렇게 할 수 있는 기회를 가져야 한다. 즉, 무엇을 할 것인지, 얼마나 오래할 것인지, 누구와 함께 할 것인지를 자유롭게 결정할 수 있으면 아이가 더 행복하고 학교를 좋아하게 된다. 이는 아이가 하는 일에 더 큰 열정을 가지고 하는 참여로 이어지고, 나이가 들면서 그러한 자율성을 행사할 수 있는 능력을 습득하는 데 도움이 된다.

학교에서 아이의 자율성은 종종 무의미할 정도로 제한되어 있다. 주어진 쓰기 과제 한 번 또는 두 번, 축소 모형 만들기, 콜라주collage 만들기, 축구 또는 배구하기 등 다양한 선택지가 주어질 수 있다. 그러나 이러한 선택은 진정한 선택이 아니며 아이도 그것을 알고 있다. 시간을 어떻게 보내야 하는지, 어떤 질문에 답을 찾기 위해 노력할 가치가 있는지, 작품에 수정이 필요한지 여부는 아이가 학교에 다니면서 배워야 할 결정의 하나다. 그러한 의사 결정은 시간과 어른의 지도와 도움이 필요하다. 몇몇 학교에서는 학생들이 추구하는 전문 지식을 찾도록 지도하고, 그런 전문 지식을 갖추기 위해 아이가 무엇을 해야 하는지 알도록 도와준다. 또한 출발이 잘못되었더라도, 심지어는 실패할지라도 그 일에 몰두할 기회가 주어지기도 한다. 그러한 경우에 교사가 행하는 역할은 아이가 특정 기량이나 지식을 습득하는 것보다는 아이의 자율성을 향상시키는 것에 두는 것이다.

교사도 역시 자율성이 필요하다. 누군가 교사가 되는 데 충분히 명석하고 헌신적이라면, 학생이 어떤 활동을 수행해야 하는지, 하루 일정을 어떻게 짜는지, 목표를 위해 우선순위를 매기는지에 대해 신뢰하고 기대를 가져야 한다. 학생이 좋아하는 책을 자유롭게 선정하고 자신이 공부하는 교실에서 가장 잘 맞는 학습 방법을 사용하게 해주어야 한다. 좋은 교사라면 아이가 해야 할 것을 지정하기보다는 하고 싶은 일을 더 잘하게 조력해야 한다.

자신이 하는 일을 좋아하는 교사

이 "조건"은 아주 중요해서 마지막으로 두었다. 가정생활에 대한 연구의 대부분은 부모가 일정 수준의 안전과 웰빙을 느낄 때 아이가 잘 성장한다는 것을 드러낸다. 아이는 부모가 고통받으면 함께 고통을 느낀다. 스트레스, 우울증, 질병, 빈곤, 불안정성, 불확실성은 모두 아이의 지적·신체적·정서적 발달과 웰빙에 막대한 충격을 준다. 이상하게도, 연구로부터 얻어진 이 핵심적인 교훈은 학교와는 별개의 것으로 여겨진다. 행복한 부모가 아이의 웰빙에 그토록 핵심적이라면, 아이가 평일을 함께 보내는 어른도 마찬가지 아닐까? 교사가 일정 수준의 안정감, 자신이 하는 일에 대한 즐거움, 자율성을 가진 상태로 함께 아이와 나날을 보내면, 아이는 효과적으로 공부하고, 학교 생활을 충만하게 즐기고, 건강하고 활력 있는 성인으로 발전할 것이라고 믿을 만한 온갖 이유가 널려 있다. 교사에게 좋은 업무 환경을 만들어주는 것은 교사에게 좋을 뿐만 아니라 학생에게도 좋다.

최근 몇 년 동안 정책 입안자, 자선사업가, 학부모는 나쁜 교사를 골라내고, 효과가 떨어지는 수업에 불이익을 주고, 교사의 업무 성과를 평가하는 객관적이고 엄밀한 방식을 고안하는 데 골몰해 왔다. 이런 생각의 근본적인 가정은 문제가 있는 교사를 제거하면 학교가 좋아질 것이라는 것이다. 하지만 이런 생각을 떠받쳐 줄 어떤 논리도 없다. 게다가 자격이 부족한 교사를 색출하겠다는 이 강력한 생각은 인간 본성에 관한 수많은 중요한 사실을 무시하고 있다. 대부분의 사람은 자신이 하는 일에 대해 잘 해내려고 애쓰지 그 반대로 하지는 않는다. 그처럼 대부분의 교사도 잘하고 싶어 하지, 나쁜 교사가 되려고 최선을 다하지는 않는다. 불행히도, 윗사람이 일거수일투족을 주목하고, 뭔가 샛길로 빠지지 않는지 감시하는 것은 고군분투하는 교사의 역량을 향상시키는 데 전혀 도움이 되지 않고, 도리어 잘하고 있는 교사의 직무 수행에 해악을 끼칠 가능성이 더 높다. 사실, 최근 몇 년 동안 학교에 부과된 많은 규제와 제약은 가장 열정적이고, 숙련되고, 재능 있는 교육자들에게 그들의 일을 혐오하게 만들었다. 교사의 수준을 높이겠다는 최근의 변화들 대부분은 어려움을 겪고 있는 교사를 힘 빠지게 하고 동시에 좋은

5. 행복한 학교를 위한 청사진

교사가 학교를 떠나게 만들었다. 그렇다면 반대로 해보자! 고군분투하는 교사를 잘하게 해주고 이미 잘하고 있는 교사가 더 좋은 교사가 되도록 조력하는 일에 많은 힘을 기울여 보자!

　이 일이 효과가 있도록 할 몇 가지 구체적인 방법이 있다. 교사는 매주 자신의 수업에 대해 이야기할 시간이 필요하다. 교과과정, 시험 점수, 심지어 어떤 특정 학생에 대한 것은 아니고 오로지 수업의 기법에 관한 것만 이야기하는 것이다. 한 학교에서 수업의 기법을 논의하는 월례 점심 모임에 동네 식료품점에서 샌드위치와 쿠키를 기부했다. 이 점심시간 토론의 유일한 규칙은 교사들이 정부, 노조, 부당한 학부모, 문제를 일으키는 아이에 대해 말할 수 없다는 것이다. 점심을 먹을 때마다 한 교사가 아주 멋지게 잘 지내고 있었다거나 처참히 실패한 사례를 이야기하면서 시작했다. 이 모임이 기존의 주간 팀 회의나 전체 교무 회의와는 많이 달라서 처음에는 좀 어색해했다. 초기에는 깊은 인상을 주려는 노력이 불필요하다는 것이나 큰 취약점을 감출 필요가 없다는 것을 알려주는 약간의 눈짓이 필요했다. 시간이 지나면서 모임이 자리를 잡아갔다. 교사들이 이런 이야기를 하기 시작했다. "함께 생각하고 대화할 수 있는 기회를 갖는다는 게 너무 신기해요. 아이들과 그 행동에 대해 생각해 보는 걸 내가 얼마나 좋아했는지 잊어버렸어요." 어느 날 모임의 첫 발언을 한 교사가 복도에서 내게 다가왔다. 학교에서 뛰어난 사회 교사로 알려진 20년차 베테랑 교사로, 박식하고 친절하며, 어린 10대들에 능숙하고, 자신의 교과목에 깊이가 있었다. 그러나 매우 조용하고, 사실 교무 회의에서 발언한 적이 없고, 동료와 함께하는 어떤 공동 작업에도 자원한 적이 없다. "모임에서 한 말이 마음에 들지 않아요"라고 서두를 꺼내면서, "내가 의도한 걸 제대로 말하지 못했어요. 그래도 그 생각을 멈출 수가 없어요. 내가 생각하는 것에 대해 글로 써봐도 될까요?" 그가 이전에 한 번도 동료에게 자신의 실제 수업에 대해 큰 소리로 생각을 말해 보라고 초대받은 적

학교의 미래, 이룰 수 없는 꿈?

이 없던 것이 너무 분명해서 깜짝 놀랐다. 더구나 이상하게도 글로 자신의 이야기를 쓰려면 허가가 필요하다고 생각할 만큼 소심했다. 6주 후에 이 교사는 어떻게 그의 수업 기법을 실천하는지에 관한 40쪽짜리 에세이를 내게 건네주었다. 그 내용은 여러 해 동안에 읽어본 교수법 실천 사례 중에 아주 명쾌하고 세밀하고 영감을 주는 작업 중 하나였다. 그는 자신이 단지 쓰고 또 쓴다는 것을 알아 차렸다고 말했다. 자신이 얼마나 알고 있고 말하고 싶어 했는지 모르고 있었다. 그에게 필요했던 건 단지 샌드위치 몇 개와 점심 시간, 그리고 다른 교사와 그의 교수법에 대해 함께 생각해 보자는 초대장이면 충분했다.

또 다른 학교에서는 교사들이 교대로 1년에 두 번 나오는 학교 출판물에 교육에 관한 기사를 쓰는데, 그것은 지역에 있는 다른 학교의 학부모, 졸업생, 교육자로 구성된 더 큰 커뮤니티로 전파된다. 매번 출판되는 호에 기여하는 기고자에게는 커다란 부담이 되는 일이지만, 그것은 또한 주기적으로 모든 사람에게 교사들이 하는 일을 성찰해 보고, 지식을 공유하고, 교사로서 자신의 성취를 기록으로 남길 수 있는 기회를 준다.

교사들끼리 이런 서로에 대한 관심과 동료 의식, 상호 지지를 생성할 수 있는 다른 방법이 있다. 어느 해 내가 관여하고 있던 한 학교가 6월, 7월, 8월에 여섯 번에 걸쳐 진행할 여름방학 교사 연수에 필요한 보조금을 확보했다. 우리는 연수에 참여할 모두가 읽을 책 두 권을 고르기로 하고, 참여자를 두 그룹으로 나눈 후, 각 그룹이 한 권씩 고르게 했다. 즉, 우리가 한 일은 북 클럽을 만든 것뿐이다. 무엇에 관한 책인지 명시하지 않았고, 토론의 불씨가 될 것이라고 생각한다면 소설, 에세이, 교육 관련 서적, 과학 보고서 등 무엇이든 상관없었다. 여름이 끝날 때, 각 그룹은 여름 동안 배우고, 생각하고, 논쟁했던 것을 다른 그룹에게 전달하기 위해 시각적·언어적·비공식적 또는 공식적인 발표 자료를 만들기로 했다. 이렇게 흥분하고 열정적인 교사 집단을 본 적이 없다. 다수가 거침없이 교직 생활에서 처음으로 생각하는 데 보수를 받아 봤다고 했다. 교사가 자기 시간의 대부분을 이렇게 느끼지 않는다고 상상해 보자. 이게 어떻게 아이에게 좋을 수 있겠나?

요점은 정말이지 단순하다. 학생이 학교에서 잘 성장하고 웰빙으로 이끄는 습관을 갖추어가려면 학교에서 만나는 어른, 즉 교사가 자신의 일을 좋아하고 그 일에서 충만감을 느껴야 한다는 것이다. 학교는 부족한 교수법을 색출하려고 애쓰지 말고 잘 가르치는 교사를 만드는 환경을 조성하는 데 시간과 자원을 쏟아야 한다. 심리학 연구는, 거의 100년 동안, 사람은 나쁜 행동으로 벌을 받을 때보다 좋은 행동으로 상을 받을 때 훨씬 더 잘한다는 것을 밝혀왔다. 이 사실은 어른뿐만 아니라 아이에게도 마찬가지다.

대학을 갓 나온 아는 청년이 금융업 세계에서 경력 사다리를 오르기 시작했다. 그 회사는 3개월마다 하위 20%의 직원을 해고하는 정책을 가지고 있었다. 그래서 내 어린 친구는 3개월마다 그달에 해고되지 않기를 바라면서 화장실이나 친구 책상 아래, 혹은 탕비실 문 뒤에 숨었다. 당신이 원하는 유일한 결과가 더 많은 돈이라면 이 방식이 효과가 있을지도 모르겠다. 하지만 주변 어른에게서 배우는 중에 있는 아이가 행복하게 잘 성장하길 바란다면 이렇게 하는 건 성공의 비법이 아니다. 아이가 잘 성장하는 학교는 슈퍼스타 교사가 아니라 그저 좋은 교사가 자기 역량을 활짝 꽃피게 할 수 있는 곳이어야 한다.

* * *

여기서 핵심은 학교에 어떤 구성 요소가 몇 개 있는지가 아니다. 지금까지 설명한 요건들의 특징에 모두가 정확히 동의하는지도 핵심이 아니다. 중요한 것은, 최대한 많은 아이에게 진정한 의미에서, 말 그대로 좋은 교육을 제공하려면, 심대한 의미가 있고 중요한 성향으로 자리 잡을 몇 안 되는 행위 습관을 식별해서, 어떻게 하면 그 행위가 몸에 배게 잘 가르칠 수 있는지 숙고하는 게 필요하다는 것이다. 수행 여부를 점검하느라 학생과 교사, 교육 행정가 모두를 끊임없이 분주하게 만드는 기량, 정보, 활동 등의 긴 목록은 좋은 학습 환경이 아니고 그 결과도 좋지 않다. 교사와 교육 행정가는 단 몇 가지 일에 집중해서 잘하려 할 때, 모든 사람의 더 좋은 성과로 나타난다. 고등학교를 졸업하는 아이가 인종, 민족, 사회적 계층 또는 계급 배경에 관계없이, 진정으로 독서를 좋아하게 되었고, 자신과 여러 가지로 다른 사람과 함께 일하고 공부하는 데 익숙해지고, 철저하게 하나의 문제를 파고들어 숙고할 수 있으며, 어떤 일에 능숙해지는 법도 터득하고, 더 많은 것을 알고 싶은 마음으로 세상에 나가는 것이 어떨지 상상하는 것이 도움이 된다고 생각한다. 만약 교사가 이 몇 가지 일에만 집중할 수 있다면, 훨씬 더 높은 성공 확률로 훨씬 더 많은 결과를 만들어낼 거다.

THE END OF THE RAINBOW

How Educating for Happiness (Not Money)

Would Transform Our Schools

6

무엇을 측정해야 할까

What We Should Measure

미국은 좋아하는 것을 측정하고, 측정하기를 좋아하는 나라다. 우리는 몸무게를 재고, 콜레스테롤 수치를 추적하며, 점점 더, 영화나 책의 가치를 판매된 양의 관점에서 따진다. 현대적인 측정 도구의 잠재력과 그것이 우리에게 제공하는 것으로 보이는 힘에 현기증이 난다.

이런 정밀함이 큰 도움이 되는 사례도 많다. 예를 들어, 의학에서 새로운 검사는 최고로 악성인 형태의 유방암에 노출될 확률이 제일 높은 여성을 찾아낼 수 있게 해주었다. 유제품이 치명적일 수 있는 아기도 식별할 수 있다. 우리는 폭풍을 예측하고 대비할 수 있게 되었다. 하지만 일부 과학자들이 주장하듯이, 이러한 검사들은 남용될 수도 오용될 수도 있다. 내과의사 이지키얼 이매뉴얼Ezekiel Emanuel은 사람들이 해마다 서둘러 받는 의료 검사는 많은 비용이 들지만 실제로 건강 증진으로 이어지지 않는다고 주장한다. 일부 검사는 실제로 아무것도 개선하지 않으면서 확인했다는 환상만 갖게 한다. 이런 일은 의심의 여지 없이 학교에서도 일어난다.

개는 새로운 꼬리가 필요하다

1969년 하버드 대학교 심리학자 아서 젠슨Arthur Jensen은 영향력 있고 저명한 교육연구 학술지 ≪하버드 교육 리뷰Harvard Educational Review≫에 논문을 발표한다.[1] 이 논문에서 젠슨은 흑인 아이는 백인 아이에 비해 지능이 높지 않다고 주장하면서 그 주장을 뒷받침하기 위해 자신의 연구실에서 수집한 양질의 데이터를 제시했다. 그의 주요 연구 중 하나에서 아이에게 어휘 목록(고양이, 의자, 사과, 테이블, 개 등등)을 들려주고 잠시 간격을 두었다가, 목록에서 들려준 어휘를 기억해 내도록 했다. 이 방법은 원래 지능 검사에서 사용된 것이다. 19세기에 프랑스의 교육자 알프레드 비네Alfred Binet가 발명한 이래로, 표준 IQ 검사는 지적 능력의 중심 지표로서 들었던 목록이나 보기 카드에 있던 것을 기억해 내는 능력을 검사한다. 그리고 젠슨의 연구에서 백인 아이는 흑인 아이보다 어휘 목록에서 더 많은 수의 항목을 일관되게 기억해 냈다. 목록에 과일, 가구, 도구, 차량 등 무엇이 있다 해도 나이에 관계없이 그랬다. 흑인 아이는 백인 아이보다 기억하는 항목의 수가 적은 것 같았다. 당시 일부는 젠슨의 연구가 마침내 흑인과 백인 아이가 학교 성적에서 명백한 차이를 보이는 이유를 정확히 잡아냈다고 생각했다. 흑인 아이가 그만큼 똑똑하지 않다면 어떻게 좋은 성적을 올리거나 학교 공부를 잘 해낼 수 있을까?

말할 필요도 없이 젠슨의 논문은 뜨거운 반향을 불러 일으켰다. 생물학, 유전학, 교육, 심리학 등 다양한 분야의 정책 입안자, 교육자, 연구자 다수가 논쟁에 참여했다. 어떤 이는 젠슨이 사용한 특정 검사가 백인 아이에게 유리하게 작용했다고 주장하면서 그 방법론적 의문을 제기했다. 흑인 아이가 그 설정에 겁을 먹었거나, 그 검사 자체가 당시 백인 아이가 용이하게 접근할 수 있는 학교에서 습득될 가능성이 더 높은 기량이라는 생각에 근거한 의문인 것이다. 많은 사람은 단순히 젠슨의 결론에 격분했다. 흑인이 백인에 비해 덜 똑똑하다고 내린 결론 그 자체가 도덕적·인본주의적 반감을 산 것처럼 보였다. 그리고 꽤나 많은 이가 젠슨이 사용한 검사가 진정한 지능을 측정했다는 근본 가정에 논쟁을 도발했다. 예를 들어, 기억할 수 있는 단어의 양으로 지능처럼 역동적이고 복잡한 것을 포착한 것이라고 젠슨이 생각한 이유는 무엇일까? 당시에도 지금처럼, 사람들은 똑똑한 것이 무엇을 의미하고, 똑똑하다고 생각할 때에 어떻게 우리가 그것을 알 수 있는지에 대해 논쟁을 벌였다. 젠슨에게 지능에 대한 그의 생각을 물었을 때, "지능은 지능 검사가 측정하는 무엇이든 해당한다"라고 답했다.

젠슨의 연구와 인종과 지능에 대한 그의 결론은 심각한 결함이 있고 끔찍하게 잘못된 것이었지만, 그는 똑똑한 사람이자 훌륭한 과학자였다. 그리고 그가 옳았던 한 가지는 우리가 사용하는 검사가 결국 우리의 현실을 정의하는 경우가 많다는 점이다. 예를 들어, 우리 대부분은 누가 똑똑하고 누가 똑똑하지 않은지에 대해 직관적으로 빠르게 판단한다. 얼마나 재미있는 사람인지, 얼마나 일을 잘하는지, 얼마나 빠르게 혹은 쉽게 내 말을 이해하는지, 얼마나 박식하게 보이는지 등 온갖 신호에 기초해 판단을 내린다. 오랫동안 사촌 영희가 다른 사촌 숙희보다 더 똑똑하다고 생각했을지도 모른다. 하지만 숙희가 IQ 테스트에서 높은 점수를 받은 반면, 영희는 실제로 상당히 낮은 점수를 받았다는 걸 알게 되면, 이전의 직감을 유지하기가 어렵게 된다. 이런 상황에 처하면 자신도 모르게 두 사람에 대한 인상을 수정하기 시작한다. 검사는 측정하는 대로 현실을 만들어내는 것이다.

학교도 매한가지다. 내가 가는 모든 학교에서 묻지 않아도 표준화된 시험을 활용하는 것에 대해 재빨리 반대의 뜻을 표시하는 사람을 만난다. 이 거부의 태도는 종종 전통적인 정당 노선과 관계없다. 그럼에도 불구하고, 대부분의 학부모, 교사, 지역 공무원에게 그 시험 점수 자체를 못 본 척하기란 불

6. 무엇을 측정해야 할까

가능한 일이다.

내가 사는 지역이 매우 좋은 사례다. 매사추세츠주의 서부 농촌 마을의 친구와 이웃 대부분은 표준화된 시험은 최선으로 보아도 한계가 뚜렷하고, 최악의 경우 파괴적이라고 반복적으로 이야기한다. "정말, 이 시험은 알려 주는 게 아무것도 없어"에서부터 "표준화된 시험이 우리 지역의 교실을 망치고 있어"라고 의견을 단다. 그러나 매년, 지역 신문이 관내 학교들의 시험 점수를 발표할 때면 납세자, 정책가, 학부모는 동요한다. 점수표를 보게 되면, 이전에는 융통성 없고, 지루하고, 무뚝뚝하게 보였던 학교가 이제는 호감이 가고, 흥미롭고, 생기 있게 보인다. 한편, 온갖 흥미로운 일들 ― 연극 프로그램, 새로운 교과목, 학생 운영 과수원 ― 이 벌어질 수 있는 좀 떨어진 동네의 학교가 기대보다 낮은 점수를 받기라도 하면, 사람들은 새로운 리더십이 필요할지, 왜 학교 건물을 새롭게 단장하는 데 세금을 더 내야 하는지 등에 의구심을 갖기 시작한다.

시험 점수가 학교를 바라보는 시각을 좌우한다면 학교 내에서 일어나는 일에는 훨씬 더 강력한 영향을 미친다. 교사가 시험 점수에 대해 지나치게 우려하면 가르치는 방식이 달라진다. 좋은 생각보다 정답에 집중하게 되고, 학생에게 지적으로 중요하거나 흥미롭다고 생각하는 주제나 질문보다 시험에 나올 가능성이 높은 문제만 집중하는 경향이 강화된다. 특정 평가 기준을 충족해야 한다는 압박감을 지속적으로 느끼는 교사는 종종 나쁜 수업 방식에 빠져든다.

교사를 내 연구실로 오게 해서 아홉 살 아이의 학습 활동을 수행하게 하는 연구를 한 적이 있다. 일부 교사에게는 함께 공부하는 학생이 수업이 끝날 때까지 제공된 학습지를 완성하게 만들 것을 권장하고 다른 교사에게는 대신에 학생과 함께 학습 주제를 탐구할 것을 요구했다. 이 간단하고도 미묘한 강조점의 대조가 모든 차이를 만든다. 학습지를 완성하라는 지침을 받은 교사는 아이가 너무 많은 질문을 하거나 계획에서 벗어나는 것을 막았다. 한편, 학습 주제를 탐구하라는 말을 들은 교사는 아이에게 질문을 하고 무언가를 시도해 보라고 격려했다. 이 모든 과정에서 얻은 교훈은 우리가 학생을 평가하는 방법이 교사의 직무에 영향을 주고, 교육의 과정을 형성하는 데에 큰 역할을 한다는 것이다.

또 다른 연구에서는 구석에 앉아 2학년 영어language arts 수업이 진행되는 것을 지켜보았다. 아이들은 가장 좋은 기억으로 남은 일을 적어보라고 지시받았다. 활기 넘치는 한 남자아이가 교사가 지침을 내리는 모습을 유심히 지켜보며, 짙은 갈색 눈이 신나서 반짝이고 금방이라도 의자에서 튀어나올 것 같은 표정이었다. 교사가 말을 끝내기도 전에 아이는 나누어 준 두 줄 간격으로 줄이 인쇄된 종이에 2번 연필로 글을 쓰기 시작했다. 약간 얼굴이 상기되고 완전히 몰입한 채 몇 분 동안 글을 써 내려갔다. 교사는 걸어 다니며 아이 어깨 너머로 모두가 지시를 잘 따르고 있는지 확인하고 있었다. 그 아이는 할 수 있을 때마다 그녀를 끌어들이고 싶어 하는 표정으로 고개를 들었다. "루리Lurey 선생님, 루리 선생님, 여기요? 크리스마스 휴가 때 멕시코로 돌아간 일에 대해 쓰고 있어요. 삼촌네 집에 대해 쓰고 있죠. 우린 토티야tortilla를 직접 만들었어요. 파티도 많이 했고요. 근데 어느 날 밤 큰불이 났어요. 좋은 불은 아니었죠. 나쁜 불이죠."

교사가 말을 가로막았다. "그만둬, 안토니오Antonio. 넌 좀 엉뚱한 방향으로 가고 있어. 좀 쓰기 쉬운 걸 골라보는 게 어때? 대단한 이야기 같지만, 음, 이 이야기는 연습을 위한 거야. 두 달 후에, 우리는 몇 가지 시험을 볼 거야. 시험에서 네가 쓴 모든 단어의 철자를 바르게 알고 써야해. 마침표를 꼭 쓰도록 해라. 그리고 이야기 속에서 길을 잃지 마."

시험에 필요한 것을 안토니오가 확실하게 연습하게 하려는 마음이 앞서서 교사는 지침을 강조했고 이는 좋은 점수를 받게 해줄지 모른다. 하지만

6. 무엇을 측정해야 할까

그건 분명하게 쓰고 있던 글에 대한 아이의 열기를 식혀버리는 것이다. 물론 교사의 그런 지침이 아이가 더 좋은 글을 쓰게 만들지도 않을 것이다. 아마도 "큰 이야기"를 장려하고, "이야기에 빠져들게" 해주며, 그리고 안토니오가 마음 쓰는 것을 말하게 하는 것이 글쓰기를 잘 배울 수 있게 해주는 올바른 조치였을 것이다. 그러나 교사는 시험에 나올 아주 구체적이고 측정 가능한 성취를 달성하도록 안토니오를 이끌어야 한다고 생각했다.

만약 학교가 개라면 시험은 꼬리다. 그리고 그 꼬리를 심하게 흔들고 있다. 만약 시험이 가치 있는 무언가를 예측한다면 이건 문제가 아니다. 시험 점수가 중요한 것을 예측한다면 아이와 교사에게 부과하는 제약이 가치 있는 것일지 모른다. 그런가?

지난 몇 년 동안 학부모, 교사, 정책 입안자들은 표준화된 시험 점수를 학생의 진급 또는 유급을 결정하고, 교사를 해고하고, 학교에 대한 재정 지원을 보류하는 데 사용하는 문제에 대한 격렬한 논쟁을 벌였다. 이 논쟁의 대부분은 시험이 불공정한 방식으로 사용되고 있는지에 초점이 맞춰져 있다. 그러나 시험이 의미 있는 무언가를 측정하거나 그 이상의 중요한 것을 예측한다는 근본 가정에 대해 공개적으로 의문을 제기하는 사람은 거의 없다.

초·중등K-12교육에서 행하는 각종 시험에 대한 300개 이상의 연구를 검토하면서 발견한 것은 놀라운 것이다. 학생, 교사, 학군을 평가하는 데 사용되는 대부분의 시험은 후속 시험에서 비슷한 점수를 얻을 가능성을 제외하고는 거의 아무것도 예측하지 못한다. 그러한 시험과 사고력 또는 좋은 삶을 살게 만드는 일 사이의 관계를 보여주는 어떤 연구도 사실상 발견하지 못했다. 표준화된 시험을 통해 우리가 하고 있는 것과 아직 알지 못하는 것을 파악하려면 우리는 몇 가지 핵심적인 수수께끼를 염두에 두어야 한다. 왜 시험 점수에서 개인 차이가 발견되는가, 즉 왜 한 아이는 다른 아이보다 잘하거나 못하는지, 무엇이 아이의 시험 점수를 올라가게 하는지, 그리고 그 점수 향상이 도대체 무엇을 알려줄 수 있는 것인지 말이다.

대부분의 연구자는 학교와 관련이 없는 여러 요인이 아이의 학업 시험 성적에 큰 영향을 미친다는 데 동의한다. 이 요인들은 전반적으로 대부분의 아이가 시험 점수에서 상당히 안정적인 이유를 설명하는 데 도움이 된다. 다른 모든 조건이 같아도, 빈곤층 아동은 충분한 소득이 있는 가정의 아동보다 학업 성취도가 떨어진다. 가정에서 노출되는 언어의 양이 적은 아이는 학업에서 불리한데, 시험 성적을 포함해 여러 지점에서 이 불리함의 결과가 나타난다. 부모가 독서를 많이 하는 아이는 반대의 처지에 있는 아이보다 학교생활을 잘한다. 중산층 자녀는 빈곤층 자녀보다 부모가 교육 수준이 높고 가정에서 풍부한 언어생활에 노출될 가능성이 높아서 앞서 언급한 요인들이 한데 묶여 작용하는 경향이 있다. 즉, 어떤 아이는 다른 아이에 비해 교육적으로 많은 이점을 누리고 있고 그것이 시험 점수에 반영되는 것이다. 그런데 가정의 경제적 배경이 매우 유사한 아이들만 비교하는 식으로 학교와 관련이 없는 사적 환경의 모든 특징이 동일한 아이들만 비교해도, 여전히 어떤 아이는 다른 아이보다 높은 성적을 올린다. 이렇게 남아 있는 차이는 아마도 조금은 근본적인 지능의 역할일 수 있다. 가정환경과 지능은 모두 상당히 안정적인 요인이다. 그래서 3학년 때 평균보다 높은 시험 점수를 받은 아이는 9학년 때도 평균보다 높은 시험 점수를 받을 가능성이 높은 것이다.

하지만 우리 대부분은 지능과 가정 배경이 아이의 운명을 결정짓지는 않는다고 생각한다. 우리는 대개 아이가 혼자서 스스로 습득할 수 있는 것보다 많은 지식과 기량을 학교에서 배울 수 있다고 믿는다. 덧붙여, 지금 우리의 시험에 대한 신뢰는 시험 점수로 아이가 학교에서 가치 있는 것을 배우고 있는지 여부를 판단하게 해주는 적절한 척도라고 믿게 만든다. 뉴스에서 보듯이, 일부 교실 또는 학교 전체가 앞선 시험 점수로 예측한 것보다 눈에 띄게 시험 점수를 끌어올리는 데 성공하기도 한다. 부정행위가 없었다는 전제에서 아이들의 점수가 올라간 성과가 특정 교사나 새 교수법 사용의 효과로 아이들이 더 많은 것을 알게 되고 사고 능력이 좋아졌다는 것을 의미할까?

그럴지도 모르지만 이에 대한 좋은 경험적 증거를 본 적은 없다. 향상된 시험 점수가 실제로 더 많은 지식과 기량을 가진 아이라는 것을 보여주려면 세 가지 증거가 필요하다. 첫째, 아이가 과거보다 좋은 점수를 받았을 때 아이의 지식이나 기량이 시험에 등장한 특정 항목 이상으로 확장되었다는 증거가 필요하다. 지금까지 증거는 이를 보여주지 못한다. 많은 주에서 아이들이 표준 시험에서 극적인 향상을 보였지만, 새 시험이나 다른 시험을 치르게 되면 향상된 점수가 나타나지 않는다. 알고 지내는 어느 학교 교장이 이렇게 말했다. "우리 교사 중 한 명이 학생들이 메뉴판 읽기와 관련된 문제에 특히 어려움을 겪는다고 했어요. 그 교사의 해결책은 시험에 앞서 몇 주 동안의 학교 수업에 메뉴 항목을 포함시키는 것이었죠." 메뉴판에 친숙하지 않은 게 진짜 문제가 아니었다는 건 말할 필요도 없다. 이 아이들에게 필요한 것은 메뉴 문제를 연습하는 시간이 아니라 낯선 자료를 읽고, 새로운 영역을 이해하며, 새로운 서식의 문서를 탐색하는 법을 알아내는 능력이다. 학생들이 다음 시험에서 성적이 올라갈 수는 있지만, 그렇다고 해서 실제로 읽기 능력이 좋아졌다고 단언할 수는 없다.

둘째, 아이의 시험 점수가 향상되었을 때 시험이 없는 영역에서 학업 성취도가 함께 향상되면 좋은 일이다. 다시 말해, 학생들이 매 시험에서 과거 점수로 가늠해 본 예측보다 좋은 점수를 받을 때, 해당 학생들의 사고력과 학습 능력이 향상되도록 교사가 돕고 있다는 증거가 필요하다. 예를 들어, 독해력 항목에서 더 높은 점수를 받은 학생이 더 복잡한 책을 선택하고, 더 정교한 방식으로 책을 사용하여 의견을 형성하며, 문리에 맞고 권위 있는 방식으로 말하는 것을 볼 수 있어야 한다. 문제는 사실상 이를 보여주는 데이터는 없다는 것이다.

학교의 미래, 이룰 수 없는 꿈?

셋째, 위의 두 가지에 대한 연구 결과가 없어도, 아이의 시험 점수를 향상시켰을 때 그 아이가 인생을 잘 살아가게 된다면 좋은 일이다. 매사추세츠주에서처럼 좋은 시험 점수가 학생에게 풍부한 학업 기회나 주립 대학에서 장학금을 받을 수 있는 자격을 부여하는 등 좋은 일이 **일어날 수 있게 만들어 준다**는 사실은 연구에 의해 입증되었다. 하지만 점수가 높아졌다고 해서 아이에게 좋은 근본적인 변화가 일어났다는 것을 측정할 수 있을까? 예를 들어, 좋은 교사의 4학년 반 아이들이 나쁜 교사의 4학년 반 학생들보다 3학년 때에 비해 점수가 올라가서, 15년 후 좋은 교사의 학생들이 나쁜 교사의 반 아이들보다 좋은 직업을 갖고, 뭐든 잘하고, 충만한 삶을 살고, 성실한 유권자가 된다면 시험 점수는 유용한 것일 수 있다. 더불어 좋은 교사의 반 아이들이, 점수는 오르지 않았어도 다른 좋은 일들(예를 들어, 아이들이 집중력이 좋고, 공부를 열심히 하고 독서를 많이 하는 등)을 하면서 살고 있는 다른 좋은 교사의 반 아이들보다 좋은 인생을 살아간다는 결과를 확인하는 것도 마찬가지로 중요하다. 즉, 교사가 학생의 점수를 높이기 위해 무엇을 하든 좋은 삶을 살 수 있는 기회를 잘 예측할 수 있어야 한다.

지금까지는 이러한 중요한 질문에 대한 확실한 증거가 거의 없다. 적어도 우리가 사용해 온 방식의 시험에서 시험 점수가 올라가서 학생이 실제로 사고력이 좋아졌다거나, 인생을 잘 살아간다는 결과를 예측한다는 데이터가 나오기 전까지는 우리 모두는 벌거벗은 임금님의 알몸을 고의로 외면하고 있는 것이다. 대안은 있을까?

미국 전역의 여러 단체가 학교 시험을 완전히 없애야 한다고 주장한다. 이러한 단체 중 다수는 학교가 매우 잘 운영되고 있는 것처럼 보이는 어떤 곳에서는 시험 점수를 거의 사용하지 않는다는 사실을 지적한다. 핀란드가 이러한 사례 중 첫 번째이다. 그러나 이 주장에는 두 가지 큰 문제가 있다. 우선, 핀란드의 학교가 우수하다는 것을 사람들이 알게 되는 것은 사실 시험

6. 무엇을 측정해야 할까

결과를 통해서이다. 현지 콘텐츠에 기반한 시험이 아니라 국가 간 비교에 사용되는 국제학업성취도평가PISA 시험 점수 말이다. 최근 몇 년 동안 핀란드는 PISA에서 가장 높은 점수를 받았지만 미국은 그렇지 않았다. 따라서 핀란드가 표준화된 시험 점수를 사용하지 않는다고 말하는 것은 정확하지 않다. 핀란드도 표준화된 시험 점수를 사용하지만 우리가 하는 만큼은 아닐 것이다. 둘째, 당연하게도 핀란드의 국가 규모와 인구 통계는 학생들이 직면하는 목표와 도전이라는 측면에서 미국과 거의 비교할 수 없다.

미국 내의 다양하고 많은 지역에서 사람들이 이해할 수 있는 상당히 객관적인 방식으로 학교에 책임을 다하라고 요구하지 말아야 한다고 제안하는 것은 아니다. 특정 병원의 수술 실적이 좋은지, 질병 진단에 가장 좋은 방법을 사용하고 있는지 대부분의 사람들이 이해할 수 있기를 기대하는 것만큼이나 모든 학부모가 학교를 방문하는 것만으로 학교에서 진행되는 교육과 학습을 평가할 수 있기를 기대하는 것은 확실히 합리적이지 않다.

사실 학교와 병원의 비교는 확실하다. 지난 10년 동안 의사들은 의료 행위에 대해 흥미로운 논쟁을 벌여왔다. 제롬 그루프먼Jerome Groopman은 의사들이 열린 마음으로 심사숙고하여 대안을 고려하고 생각할 필요가 있다고 주장했다.[2] 반면에 어툴 거완디Atul Gawande는 의사(및 병원 전반)가 인간의 실수를 방지하기 위해 체크리스트를 사용하고, 일상생활에서 손 씻기와 같은 자동적인 습관을 기르고, 정량적 데이터를 사용하여 성과를 평가하는 등 체계화해야 한다고 주장했다.[3] 이런 유형의 사고를 학교에 적용하는 것은 매력적이다. 병원과 학교, 그리고 의사와 교사 사이에는 많은 유사점이 있다. 둘 다 사람들의 삶을 향상시키는 일에 종사한다. 최고의 의사와 최고의 교사는 좋은 과학적 데이터와 직관의 연금술 같은 화합에 의존한다. 둘 다 숙련된 기술자인 동시에 사람에 대해서도 잘 알아야 한다. 만약 뇌 수술을 받아야 하는데 어떤 사람이 정말 똑똑한 사람, 잘 훈련된 사람, 손재주가 좋은 사

학교의 미래, 이룰 수 없는 꿈?

람 중 하나를 선택해야 한다고 말했다면, 우리는 당연히 화가 날 것이다. 왜 나하면 누구라도 세 가지 능력 모두를 가진 사람을 원하기 때문이다. 이들 능력 중 하나를 다른 능력보다 우위에 놓는 것은 있을 수 없는 일이다. 마찬 가지로 똑똑하고, 좋은 교사 훈련을 받았으며, 아이들과 함께 지내는 데 직 감을 보유한 교사를 원하는 것도 무리한 요구가 아니다.

의료와 교육의 흥미로운 유사점을 고려할 때, 두 기관을 평가하는 방식을 비교하는 것도 합리적일 것이다. 미국 최고의 병원 중 하나로 꼽히는 클리블 랜드 클리닉Cleveland Clinic은 115개의 지표를 사용하여 성과를 평가한다. 하 지만 의사들은 부족한 부분을 파악하고 개선할 방법을 고안하는 데 이들 지 표를 사용한다. 이 지표는 사람들이 병원을 선택하는 데 도움이 되지는 않는 다. 그 대신 클리블랜드 클리닉의 책임자인 토비 코스그로브Toby Cosgrove에 따르면 사람들은 이웃이나 잡지 등에서 들은 평판, 직원이 예의 바른지, 냄 새가 좋은지, 정돈되어 보이는지 등 비공식적인 보고를 바탕으로 병원을 선 택한다고 한다. 환자들은 종종 프런트 데스크에서 대하는 방식이 자신이 받 는 의료 서비스의 질만큼이나 중요하다고 생각한다. 하지만 전반적으로 의 료 전문가와 환자는 같은 큰 그림을 염두에 두고 있다. 병원의 성공 여부를 가늠하는 가장 중요한 척도는 살아서 퇴원하는 환자의 수와 입원했을 때보 다 퇴원할 때 더 건강해진 환자의 수이다.

병원은 문제를 해결하기 위해 존재한다. 아무도 아프지 않으면 병원은 사 라질 것이다. 반면에 학교는 문제를 해결하기 위해 존재하는 게 아니다. 학 교는 좋은 것을 제공하고 사람이 자연적으로 가진 것 이상의 지식과 능력을 습득하도록 해주어야 한다. 다시 말해, 환자는 몸이 아프고 대부분 불행한 상태로 병원을 찾는다. 아이는 대부분 온전하고 온갖 강점을 가지고 학교에 온다. 가난하거나 어려운 가정에서 온 아이조차도 지능, 밝은 인생관, 잘하 고 싶은 충동 또는 무언가에 대한 진정한 관심을 가지고 있는 경우가 많다.

여기서 중요한 점은 병원과 달리 학부모가 학교를 평가하는 데 사용할 수 있는 단순하고 깔끔한 일반 지표가 없다는 것이다. 앞서 확인한 모든 이유에서 시험 점수는 특별히 유용하지 않고 종종 오해의 소지가 있으며 대부분의 학부모는 학교 방문도 그다지 유용하지 않다고 생각한다.

하지만 지역사회는 학교가 잘하고 있지 않다면 알 권리가 있다. 주 정부와 연방 정부도 학교에 대한 재정적 책임을 지고 있기 때문에 알 권리가 있다. 물론 가장 중요한 것은 교사와 교장이 목표에 도달하고 있는지 확인하는 데 도움이 되는 데이터를 받고 싶어 해야 한다는 것이다. 교사는 당연히 언제 아이가 학습하고 있는지 '알고 있다'는 생각은 병원이 최상의 절차를 사용하고 있는지 '알고 있다'고 생각하는 것만큼이나 우스꽝스러운 일이다.

최근에 친절하고 실력 있고 선의를 가진 초등학교 교사들과 함께 대화를 나누었다. 그들은 요즘 교사들이 모이면 늘 그렇듯이 현재의 표준화된 시험에 반대하고 있었다. 평생을 교육에 종사한 50대 후반의 한 교사는 "아이가 언제 읽기를 배웠는지 알기 위한 이런 시험은 필요하지 않아요. 그냥 직감으로 알아요"라고 말했다. 하지만 그녀는 틀렸다. 결혼한 사람에게 가정생활의 다양한 측면에 대한 자신의 기여도를 추정하도록 요청하면, 대부분의 부부는 남편과 아내 모두 자신이 50% 이상 기여했다고 계산하는데, 이는 명백히 불가능하다는 사실이 연구에 의해 거듭 밝혀졌다. 우리 대부분은 자신의 기여도가 다른 사람보다 더 크다고 생각하는 경향이 있으며, 대부분 실제보다 더 잘하고 있다고 생각하는 경향도 있다. 결국, 학생이 학습한 내용을 측정할 때 교사는 학생들이 잘했다는 것을 확인하고자 하는 무의식적이지만 강력한 동기를 갖게 된다. 학생이 제대로 배우지 못하거나 실력이 향상되지 않으면 교사가 자신이 효과적이지 못했다고 느끼는 것은 당연한 일이다. 연구에 따르면 자신의 기분을 좋아지게 하고 자기 확신을 가지게 하려는 심리가 현실을 왜곡하는 것은 완전히 인간적이고 꽤 보편적이다. 우리는 스스로

학교의 미래, 이룰 수 없는 꿈?

를 속이고 교사도 다르지 않다.

이상적으로는 학교에서 아이의 학습을 객관적으로 측정할 수 있다면 모두에게 도움이 될 것이다. 답은 시험을 포기하는 것이 아니라 우리가 가장 중요하게 여기는 것을 측정하고 이를 측정할 수 있는 좋은 방법을 찾는 것이다. 실제로 그러한 측정이 아이에 대해 중요한 것을 예측하거나 더 나은 교육 실행으로 이어지지 않는다면 문장을 구문 분석하거나 특정한 수학 문제를 푸는 능력을 측정하는 것이 얼마나 어리석은 일인가? 현재 우리가 사용하는 시험의 유일한 주목할 만한 특징은 모든 학교에서, 모든 아이에게 비교적 쉽게 시행할 수 있고, 점수를 매기기 쉬우며, 이해하기 쉬워 보인다는 것이다. 실제로는 그렇지도 않다. 하지만 학교에서 편의성이 최우선이 되어서는 안 된다.

학교에서 시험을 활용하는 문제에 대해 사람들이 토론하는 것을 들으면 대개 현재 방식에 대한 유일한 대안은 시험을 전혀 치르지 않는 것이라고 가정한다. 하지만 이는 사실과 거리가 멀다. 아주 엄격한 제약이 주어진 시험 준비 후에 가장 엄격한 감독이 있는 상황에서 보는 시험은 보게 하지 말자. 우리가 중요하게 여기는 것에 대해 시험을 치르게 하고, 그것을 통해 아이들이 실제로 무엇을 할 수 있는지를 정확하게 파악할 수 있게 해주는 방식으로 시험을 보게 하자. 이 또한 그리 어렵지 않다. 지난 50년 동안 경제학자와 심리학자는 우리가 충동에 굴복하는 시기와 이유, 도덕적 선택을 지배하는 힘, 무의식적 고정관념의 근간이 되는 사고 과정을 설명하는 메커니즘처럼 미묘하고 역동적인 것들을 측정하는 방법을 찾아냈기 때문이다.

그러니 지금, 여기에서 아이의 삶에 중요하고 아이의 미래에 좋은 일로 이어질 자질과 과정을 측정해 보자. 이 장의 나머지 부분에서는 아이들이 학교에 다니는 동안 습득하거나 개선해야 하는, 따라서 측정되어야 하는 능력과 성향에 대한 상당히 짧은 목록을 논한다. 처음 몇 가지 요소는 좀 더 전통적으로 학업에 관련된 것이지만, 특정한 필요를 충족할 기량의 긴 목록은 아니고 핵심적인 지적 습관에 중점을 둔다. 다른 요소는 측정의 세계에서 무시되어 온 역량이다.

측정에 대한 구상

전통적인 평가의 가치는 시간제한이 있는 지필 시험이라는 매우 특정한 조건에서 아동이 할 수 있는 것을 통해 좀 더 일반적이고 안정적인 특성을 포착한다고 가정하는 데에 있다. 아이가 시험을 치를 때 긴장하거나, 엄격한 시간 제약하에서 생각이 잘 굴러가지 않거나, 특정 질문이나 엄격한 채점 방식에 의해 활용되지 않는 색다른 방식으로 생각하는 경우와 같이 이러한 시험에서 보이는 성과가 아이의 능력을 과소평가할 수 있다는 것을 대부분의 사람은 잘 알고 있다. 그러나 이 방식의 시험은 관심을 덜 받는 또 다른 방식으로 오해의 소지가 있다. 학교교육을 잘 받고 그러한 환경에서 빛나기를 열망하는 아이는 질문을 받았을 때 자신이 할 수 있는 것을 보여주지만, 이것이 반드시 그 아이가 일상생활에서 무엇을 하게 될지를 알려주지는 않는다. 연구에 따르면 학교 대수학을 가장 잘하는 아이도 주소 찾기, 특정 시간에 특정 거리를 이동하는 물류 계산, 노동량에 따른 보상 분배 방법 계산과 같은 일상적인 문제를 해결할 때는 이러한 수학적 사고를 사용하지 못하는 경우가 많다고 한다. 교과서에 등장한 문구에 대한 짧은 질문에 답할 수 있는 아이가 반드시 새로운 정보를 얻거나 의사 결정에 도움이 되거나 삶에 대한 이해를 넓히기 위해 독서를 하는 것은 아니다. 그 대신 내가 제안하는 많은 방안은 아이의 행동에 대한 주기적인 표본을 확보하는 데 달려 있다.

영상 자료는 교사와 아이들이 평가받고 있음을 알고 있을 때 할 수 있는 행동이 아니라, 실제로 하는 행위를 보여준다는 이점이 있다. 좋은 연구에서 수행되는 것처럼 예측할 수 없는 무작위 일정에 따라 표본 자료를 수집해야 하며, 영상 자료 수집이 쉽게 눈에 띄지 않아야 한다. 현재의 기술력을 고려할 때 이는 비교적 쉬운 작업이다. 모든 교실에 여러 대의 카메라를 설치하여 연중 내내 다양한 시간대에 영상 자료를 수집하도록 설정한다. 그런 다음 숙련된 전문가가 이 데이터를 분석해야 한다.

영상 자료를 사용하여 학생과 학교를 평가하려면 극복해야 할 몇 가지 장애물이 있다. 이 제안을 들은 대부분의 사람은 다음의 둘 중 하나의 이유를 들어 반대한다. 어떤 사람은 카메라가 빅 브라더Big Brother의 도구가 될 것이라는 다소 즉각적 공포를 드러낸다. 즉, 아이들을 영상으로 촬영함으로써 아이들과 교사의 사생활을 침해하는 것이 아니냐는 것이다. 하지만 교실은 사적인 공간이 아니라 공공의 공간이어야 한다. 점점 더 많은 법 집행 기관에서 심문 과정을 비디오로 촬영하고 있으며, 이제는 병원에서도 직원과 환자 간의 다양한 종류의 시술과 상호 작용을 녹화한다. 게다가 교실에서 일어나는 일을 녹화하는 것은 어떤 목적으로 수집되는지 아무도 모르는 온라인에서 수집되는 방대한 양의 데이터보다 사적 정보를 훨씬 덜 침해하고 덜 파괴적이다. 물론 비디오로 촬영된 데이터는 훈련된 교육 평가자만 볼 수 있도록 조심스럽게 다루어야 하며, 연구 데이터와 마찬가지로 파기하거나 보관해야 한다. 영상 자료의 잠재적인 풍부함과 아이들이 학교에서 실제로 무엇을 하고 있는지 더 명확하게 파악할 수 있다는 점은 잠재적인 개인 정보 보호 위험을 훨씬 능가하는 이점이며, 다른 데이터 수집 체계와 마찬가지로 관리하기 쉽다.

다음 반대 입장은, 비용이 많이 들고 번거로운 평가 방식이 될 것이라는 점이다. 하지만 거의 모든 아이가 매년 시험을 치르는 현재의 방식에 드는 엄청난 비용을 고려해 보면 터무니없는 우려다. 일반적인 지필 시험의 구성, 배포, 채점 방식 등을 고려했을 때, 영상 자료를 무작위 표본 추출하여 수집하고 코딩하는 데 더 많은 비용이 쓰일 만한 어떤 이유도 없다. 내가 제안하는 시스템의 한 가지 중요한 특징은 양질의 연구처럼 매년 모든 학생이 시험을 치르는 게 아니라 전체 학생을 대표하는 표본을 활용한다는 점이다. 적은 양의 데이터를 활용하여 더 좋은 결과를 얻을 수 있다면, 표준화된 시험에 바쳐지는 준비와 시험 자체에 소요되는 많은 시간과 날들 또는 몇 주에 걸친 기간을 실제 교육과 학습에 사용할 수 있는 시간으로 확보할 수 있다.

마지막으로, 영상 자료를 사용하면 추가적인 이점이 하나 있다. 영상 자료 평가 방식을 활용하는 유일한 길은 실제로 교실의 학습 실행을 향상시키는 것이다. 3학년 교사가 자신의 수업이 연중 내내 예상할 수 없는 시점에 관찰될 것이라는 것과, 평가기획자가 학생들의 협력과 지속성 있는 대화의 신호를 찾을 것을 알고 있다고 상상해 보자. 교사는 영상에 잘 보이기 위해 하루 종일 많은 협업과 대화를 장려할 것이다. 이는 일종의 "시험에 대비한 교습"이 될 것이다.

필수 능력과 성향 측정

읽기

모든 아이는 초등학교를 마칠 때까지 책을 읽을 수 있어야 한다. 마찬가지로 중요한 것은 모든 아이가 규칙적으로 책을 읽고 책과 기타 문서 자료를 통해 즐거움과 정보를 얻어야 한다는 것이다. 읽을 수 있다는 것은 무엇을 의미하나? 에세이나 책을 읽고 그 정보를 실용적으로 활용하거나 다른 사람과 이야기할 수 있을 정도로 충분히 이해할 수 있는 능력을 의미한다.

아이가 글을 읽을 수 있고 또 제대로 읽을 때 언어와 사고가 달라진다. 따라서 읽기 능력을 측정하는 한 가지 방법은 아이의 언어와 사고를 면밀히 살

퍼보는 것이다. 예를 들어, 발달 심리학자는 아이의 일상적인 말들을 녹음하여 지적 기능의 두 가지 중요한 지표를 계산할 수 있다. 문장의 문법적 복잡성과 실제 사용하는 어휘의 양, 즉 시험에서 동그라미를 치는 단어가 아니라 실제 생활에서 사용하는 어휘 말이다. 학교에서도 똑같이 해보자. 또한, 이 방법을 아이의 작문에도 적용하여 학생이 쓴 에세이와 이야기 표본을 무작위로 수집하여 분석할 수도 있다.

심리학자는 또한 불특정 이름 중에서 실제로 책의 저자 이름을 식별할 수 있는 능력이 개인의 문해력 수준을 나타내는 좋은 지표라는 사실을 발견했다. 즉, 주노 디아스Junot Díaz와 J. K. 롤링J. K. Rowling이 책을 출판한 작가인 반면 리처드 캐슬Richard Castle은 그렇지 않다는 것을 아는 사람은 실제 작가를 식별할 수 없는 사람보다 문해력이 더 높다는 것이다. 우리는 아이에게 주기적으로 이러한 시험을 실시하여 아이가 시험을 위해 어떤 단순 기량을 연습하는 것과 다르게 얼마나 많이 책을 읽는지 알아볼 수 있다.

아이가 자신이 읽었거나 읽어준 이야기를 구술하면 문해력의 필수 요소인 서사적 능력에 대한 모든 정보를 얻을 수 있다. 학생에게 책을 주고 숙련된 시험관과 함께 읽은 내용에 대해 이야기하게 한 다음, 구술로 재구성한 내용을 분석해 이야기의 서사를 얼마나 잘 이해하고 있는지에 관한 증거를 얻을 수 있다.

아이가 글을 읽고 이해하는 기본적인 능력과 실제로 글을 통해 즐거움이나 지식을 얻는 빈도를 측정하는 것은 복잡하지도 않고 반복해서 시험 보게 할 필요도 없다. 기본적인 독서의 질과 양을 파악할 수 있다면 학교와 아이들은 훨씬 더 나아진다. 그 기준에 도달하면 다른 것들도 찾아낼 수 있다.

탐구

아이에게는 타고난 탐구에 대한 충동이 있다. 하지만 학교는 대체로 이 소중한 충동을 키워주기 위해 거의 노력하지 않는다. 실제로 아이는 학교에 가면 질문하는 횟수가 줄어들고, 탐구하는 빈도와 강도가 낮아지며, 호기심이 줄어든다. 미국 교육체계의 가장 큰 역설은 새로운 것을 배우고 과학적 발견과 발명을 추구하는 데 가장 필수적인 충동을 억압하고 있다는 점이다. 다행히도 연구자들이 아이가 가진, 새로운 것을 알아내는 일에 대한 '흥미', 그리고 점점 더 꼼꼼하고 철저하며 정확한 방식으로 문제를 파고드는 '능력'을 측정할 수 있는 훌륭한 방법을 개발했다는 좋은 소식이 있다. 다음은 아이의 탐구 성향을 측정할 수 있는 몇 가지 방법이다. 주어진 시간 동안 아이가 묻는 질문의 수를 쉽게 기록할 수 있다. 또한 그 질문을 다음과 같이 평가할 수도 있다. 아이가 데이터로 답할 수 있는 질문을 하는가? 아이가 바로 답을 얻지 못했을 때 계속 질문하는가? 아이가 답을 얻기 위해 다양한 기법, 즉 다른 사람에게 물어보기, 온라인에 접속하기, 물건 조작하기, 사물 보기 등 몇 가지 중요한 전략을 사용하는 것으로 보이나?

연구자들은 학생이 간단한 과학 실험을 비평하는 방식에서, 모든 과학적 연구의 핵심 요소인 변수의 통제에 대한 개념을 이해하고 있는지 여부를 판단할 수 있다는 사실을 발견했다. 과학적 기량을 평가하기 위해, 아이가 과학 실험에 대한 글을 읽거나 과학 포스터(연구자나 과학 박람회에서 학생들이 사용하는 포스터)를 보고 어떻게 개선할 수 있는지 설명해 보게 할 수 있다. 실험에 대한 아이들의 설명은 이미 전문 연구자에 의해 부호화coding되어 있어서, 이러한 학생의 응답을 어떻게 평가해야 할지 파악하는 것은 전혀 어렵지 않다.

유연한 사고와 증거 활용

학교에 다니면서 얻을 수 있는 가장 중요한 능력 중 하나는 상황에 대해 여러 가지 다른 방식으로 생각하는 능력이다. 이는 이미 대학생을 대상으로 측정된 바 있다. 그렇다면 어린아이에게도 측정해 보자! 학생은 "자신이 잘하는 것을 하나 선택하고, 그 방법을 독자에게 설명하세요" 같은 지시문에 대한 응답으로 에세이를 작성하게 해본다. 이를 통해 학생은 자신의 전문 분야를 활용하고, 자신의 능력을 평가하고, 과제를 논리적으로 설명하고, 실제 정보와 내용을 전달할 수 있다. "친구(또는 적)의 관점에서 자신에 대해 설명해 보세요"라는 지시문은 다른 사람의 관점을 이해하는 능력을 측정하는 데 도움이 될 수 있으며, 이는 또 다른 아주 소중한 기량이다.

대화

대화는 앞서 논의한 다른 많은 목표를 달성하기 위한 핵심 요소이지만, 그 자체로도 중요하다. 그리고 대화는 측정하기 어렵지 않다. 연구자들은 수년 동안 대화와 대화 능력의 발달을 분석해 왔다. 그 방법에는 대화의 길이(예: 발화 문장 수, 사용 단어 수, 대화 시간), 각 화자에게 몇 번의 차례가 돌아가는지, 이 중 몇 번의 자기 차례에서 방금 말한 내용에 대해 응답하는지, 얼마나 많은 주제가 논의되는지, 한 주제의 범위가 얼마나 넓고 깊은지, 각 화자가 방금 말한 내용에 얼마나 집중하는지 등을 살펴보는 것이 포함된다. 외부의 데이터 전문가는 차례, 주제의 깊이, 교환된 정보의 양, 명확하게 표현된 관점, 대화 내 동의 및 불일치 횟수 등 여러 가지 특성에 대해 아이들의 대화를 분석 가능하게 부호화할 수 있다. 또한 특정 교실에서 대화에 참여하는 학생의 비율(한 학생이나 소그룹이 모든 대화를 하는 것은 아닌지 확인하기 위해)과 같은 항목도 분석할 수 있다. 이러한 분석은 아이들이 어떤 주제에 대해 어떤 환경에서 토론하는지 파악하고 있어야 한다.

이러한 대화에서 교사의 역할도 고려하는 것이 좋다. 많은 연구에 따르면 성인이 아이가 대화 기술을 습득하는 데 중요한 역할을 한다. 연구자가 집에 앉아 있는 자녀와 부모 간의 대화를 녹음한 결과, 많은 부모가 자녀와 자주 대화하고 질문하고 대답하면서 자녀가 대답을 확장하고 풍부하게 하도록 유도하며, 대화를 통해 자녀가 무엇을 생각하고 무엇을 알고 있는지 알아가는 것으로 나타났다. 또한 부모는 대화를 통해 자녀에게 세상에 대한 새로운 정보를 제공할 뿐만 아니라, 의식적으로 노력하지 않아도 대화의 기술을 가르친다. 그러나 모든 가정이 이 측면에서 같은 것은 아니며, 연구에 따르면 빈곤층 가정의 아이는 가정에서 이러한 풍부한 대화를 듣고 참여할 가능성이 훨씬 낮다. 따라서 그런 아이에게는 교사가 학교에서 많은 토론과 언어적 교류를 장려하는 것이 더욱 중요한 일이다.

부모는 대화를 장려하고 육성하는 방법을 직관적으로 알고 있지만, 교사도 똑같이 직관적일 것이라고 가정할 수는 없다. 교실 환경에서 대화를 장려하는 것은 완전히 다른 차원의 문제다. 아이들이 서로 대화할 수 있는 공간을 마련하는 것은 쉽지 않으며, 개별 학생이나 소그룹과 대화할 시간을 찾는 것은 훨씬 더 어렵다. 특히 교사와 아이가 서로 다른 구어적 전통을 가진 경우, 어린이가 언어적 또는 이야기 서사의 목록repertoire을 확장하도록 돕는 것이 항상 쉬운 일은 아니다. 교사는 아이들의 대화를 장려하고, 확장하고, 심화하는 방법에 대한 교육을 거의 받지 못한다. 교육기관에서 교육과정 계획, 읽기 전략, 평가, 학급 관리에 대한 많은 강좌를 제공하지만, 교사가 학생들과 실제 대화를 나누는 방법에 대해 의도적으로 성찰하게 하거나 연습하는 곳은 거의 보지 못했다. 교사는 원래 이런 대화에 능숙하다고 생각하기 쉽다. 하지만 그렇지 않다.

최근에 넓고 쾌적한 방 뒤편에 앉아 노련한 교육대학 교수가 초등학교 교사를 대상으로, 읽은 이야기의 장면을 작은 블록으로 만들게 해서 아이가 이야기를 이해하는 데 도움이 되게 하는 연수를 진행하는 모습을 지켜보았다. 교수는 학생들이 자신이 만든 장면에 대해 서로 이야기하도록 유도하는 방법을 설명하기 시작했다. "아이 각자에게 차례로 자신이 만든 것이 무엇인지, 어떤 책에서 나온 것인지 다른 아이들에게 이야기해 달라고 부탁하세요.

아이들이 다 만들었으면 칭찬하지 마세요. 이건 당신에 관한 것이 아니니까요. 그냥 '말해 줘서 고마워'라고 하세요. 한 아이가 이야기하는 동안 다른 아이들 중 일부는 의견을 말하거나 질문을 할 거예요. 상대방에게 직접 말하게 하지 마세요. 아이는 종종 잘못된 질문을 하기도 하죠. 대신 아이가 다른 학생의 구조물에 대해 알고 싶은 것이 있으면 선생님에게 질문하도록 하세요. 그러면 선생님은 통역하여 좋은 질문으로 바꿔줄 수 있죠. 그런 다음 자신의 작품을 설명하던 아이에게 '한 친구가 왜 공원의 바깥쪽만 만들고 안쪽은 만들지 않았는지 알고 싶어 해'라고 말해 줄 수 있답니다. 당신이 전달자 역할을 하도록 하세요." 이런 엄격한 통제가 풍부한 대화를 유도하거나 아이들이 자신의 구상에 대해 서로 이야기할 기회를 많이 제공하지 않는다는 건 말할 필요 없다.

교사가 학생의 대화가 소중하고 교사와 학생의 대화가 측정되고 있다는 사실을 안다면 아이들의 대화를 지지해 주고 풍부하게 하는 법을 배우는 일에 더 적극적일 것이다. 그리고 우리가 알고 있는 '시험을 대비한 교육'이 아이들의 교육적 경험을 줄어들게 하는 것과는 달리, 바로 이런 '시험을 대비한 교육'은 아이들의 교육적 경험을 매일매일 증가하게 할 수 있다.

협력

비다Vida에게는 어린 아들 둘이 있었는데, 둘 다 서부 해안 교외 지역의 공립학교에 재학 중이었다. 큰애 퀸Quinn은 아빠를 닮아 키가 작았다. 그런데 아홉 살 때 다른 아이들보다 키가 작다는 것은 부담스러운 일이었다. 퀸은 근시 때문에 안경을 썼고, 엄마의 도움으로 안경을 제자리에 고정하기 위해 뒤쪽에 밴드가 달린 굵은 안경테를 선택했는데, 마치 물안경을 쓴 것처럼 약간 이상하게 보였다. 퀸은 몽상가였고 책에 빠져 있을 때 가장 행복해했다. 운동하는 것을 꺼려서 놀이터에서는 자신감이 없었다. 학교에 친구가 없다고 엄마에게 불평하기 시작하면서, 아침이면 학교에 가기 싫은 날이 많아졌다. 엄마는 어떻게 해야 할지 몰랐다. 그런데 퀸은 점심시간이 최악이라고 말하기 시작했다. 인기도 많고 운동도 잘하고 리더십도 있는 션Sean이라는 남자아이는 자신만의 특별한 식탁이 있었다. 모든 아이가 그 자리를 '션의 테이블'이라고 불렀고, 초대를 받아야만 그곳에 앉을 수 있었다. 션의 내부 집단에 속한 아이는 정해진 자리가 있었다. 퀸은 그 내부 집단에 속하지 않았지만 바깥쪽 집단에도 속하지 않았다. 늘 어디에 앉아야 할지 몰라 비참했다.

이런 이야기는 육아 잡지에 반복해서 등장하고 모든 부모 그룹이 비슷한 사회적 고통에 대한 이야기를 공유하지만, 이 문제는 단순히 부모의 아픔이 아니라 교육적인 문제여야 한다. 교사는 퀸과 같은 아이가 사회적 환경을 탐색하는 법을 터득하도록 도와줄 수 있으며, 아이들에게 이러한 능력을 가르치는 것은 더하기, 빼기, 철자를 가르치는 것만큼이나 가치 있는 일이다. 하지만 더 중요한 것은 교사가 션과 같은 아이가 사회적 환경에서 다른 사람을 배제하고 지배하려는 지극히 자연스럽지만 바람직하지 않은 충동에 저항하는 법을 습득하게 해줄 수 있다는 것이다. 이를 위해 교사는 매일 시간을 할애하여 아이들이 사회적 상호 작용의 정글을 잘 헤쳐 나가도록 지도해야 한다.

2000년 캐나다의 한 연구진은 교실 밖에서 아이들이 서로에게 어떻게 행동하는지 알아보기 위해 학교 운동장에 비디오카메라를 설치했다.[4] 카메라를 통해 왕따 사건이 시간당 약 4.5회 발생한다는 사실을 밝혀냈다. 또한 다른 아이들은 일반적으로 왕따가 벌어지는 것을 옆에서 지켜보고만 있었다. 이와 같은 연구는 서로를 친절히 대하는 것과 다른 사람을 옹호하는 것이 자연스럽게 이루어지지 않는다는 것을 알려준다. 프로이트가 그의 저서 『문명 속의 불만Civilization and Its Discontents』에서 지적한 것처럼, 발달은 따뜻하고 협력적인 집단의 일원이 되기 위해 이기적인 만족에 대한 욕구를 억제하는 법을 배우는 길고 험난한 과정이다. [5] 아이는 함께 공부하고, 타협하고, 서로를 포용하고, 서로를 보호하는 법을 배워야 한다. 학교에서 공동체 생활이 우선시된다면 아이들은 협동, 포용, 갈등 해결의 습관을 익힐 수 있을 것이다. 하지만 이를 측정하려면 자연스러운 환경에서 아이들을 관찰해야 한다.

여기서도 주기적이지만 무작위 일정에 따라 수집된 영상 자료는 아이들이 얼마나 자주 서로를 돕고 얼마나 자주 서로를 해치는지 알려줄 수 있다. 또한 아이들이 필수적인 사회적 기술을 습득하도록 돕기 위한 교사의 노력도 평가할 수 있다. 예를 들어, 데이터는 아이들에게 얼마나 자주 협력할 기회가 주어졌는지 알 수 있고 데이터 전문가는 아이들이 서로 협력하는 방법을 배우도록 돕기 위해 교사가 어떤 격려와 지도를 제공하는지 파악할 수 있다. 사회적 관계의 문제를 해결하는 데에 교사가 행한 지도의 질과 양을 평가할 수도 있다.

이러한 데이터는 다른 정보로 보완될 수 있다. 아주 다양한 단순 과제를 통해 아이들이 얼마나 공격적인지, 각종 사회적 상호 작용을 어떻게 해석하는지, 그룹 내에 발생한 특정 문제를 푸는 것에 대해 어떻게 생각하는지 알 수 있다. 예를 들어, 일부 심리학자는 아이들을 온라인 게임에 초대하여 게임 중에 각 어린이가 얼마나 공격적인 움직임을 보이는지 측정한다. 특히 기발하고 유익한 하나의 실험에서 연구자는 소그룹의 아이들을 실험실로 초대해서 매우 탐나는 장난감 하나를 주고 아이들이 그 장난감을 공유하는 다양한 방법을 관찰했다. 또 다른 실험에서 연구자는 소그룹의 아이들에게 어려운 과제를 해결하도록 한 다음 협업 능력을 평가했다. 어떤 유형의 교실이나 학교가 아이들의 협업 능력을 향상시키는 데 도움이 되는지 알아보기 위해 이러한 행동 테스트를 주기적으로 실시해 보자!

발달 심리학 연구가 밝혀낸 아주 공고한 결과 하나는 아이는 어른이 자신을 대하고 서로를 대하는 방식을 보면서 상대방을 대하는 방법을 배운다는 것이다. 이는 부모뿐 아니라 교사에게도 마찬가지다. 문제는 비공식적 상황에서 교사가 올바르게 행동하는 법을 중시하는 교사 연수 프로그램은 거의 없다. 교장이나 교육감도 교사가 하루 종일 아이들을 대하는 방식이나 어떤 식으로 다른 교사와 상호 작용하는지에 대해서는 별로 주목하지 않는다.

학부모가 새 학교를 방문할 때 무엇을 눈여겨봐야 하는지 물어보면, 항상 복도를 돌아다니면서 벽에 무엇이 있는지 살펴보고, 지나가는 학생이 교사에게 하는 말을 듣고, 교사들이 서로에게 하는 말을 지켜보라고 조언한다. 우리가 알고 있는 건, 협업과 친절은 그 가치가 집단에 스며들어 있을 때만 주어진 환경에서 나타난다는 것이다. 친절과 팀워크의 습관을 기르기 위해서는 시간과 노력, 관심이 필요하다. 즉, 아이들이 서로 돕고 협력하는 데 기량이 발전하고 있는지, 그렇게 하는 경향이 강화되고 있는지 평가하는 것이 중요한 것처럼, 교사가 협업이 일어나게 하는 방식을 평가하는 것도 중요하다. 물론 교사가 이러한 평가에 대비해 아이들을 준비시킬 수도 있지만, 이 경우라면 그 준비 과정 자체가 교육적 가치가 있다고 할 수 있다.

참여

아이가 규칙적으로 학습에 몰두하고 있는지 확인하려면 자연스러운 환경에서 평가해야 한다. 중요한 것은 아이가 적어도 일정 시간 동안 다양한 활동에 완전히 몰입할 수 있는 기회가 제공되는지 여부를 파악하는 것이다. 또한 그러한 기회가 주어졌을 때 아이가 특정 활동에 집중하고 활력을 얻는지 평가하는 것도 필수적이다.

다시 한번 말하지만, 교실에서 녹화된 활동의 일부를 보면 주어진 시간 동안 얼마나 많은 아이가 얼마나 오랫동안 무언가에 몰두하고 있는지를 알 수 있다. 앞서 언급했듯이 교육 철학자 해리 브릭하우스Harry Brighouse는 한번에 20분 동안 무언가에 대해 생각하는 능력(지속성 있는 집중력)이 학교에서 습득하는 가장 강력한 인지 능력의 하나라고 제안했다. 말할 필요도 없이, 어떤 아이는 처음부터 집중력이 뛰어난 것처럼 보이는 반면, 다른 아이는 지속성 있는 집중력을 갖추는 길이 너무 멀어서 목적지에 도착하는 게 거의 불가능하다고 생각한다. 하지만 내가 여기서 주장하는 방법은 어떤 아이가 집중력이 더 좋고 어떤 아이가 더 나쁘다는 것을 알려주려는 것이 아니다. 그 대신 대부분의 아이가 기본적인 기준을 충족할 수 있게 하려는 것이다. 우리는 아이에게 집중력을 더 많이 요구할 필요가 없다. 다시 말해, 아이와 학교가 매년 더 높은 점수를 받을 필요는 없다는 뜻이다. 또 친구만큼 몰입하지 못하는 아이를 억누를 필요도 없다. 그 대신 평가는 단순히 개별 아이가 주기적으로 한 가지 또는 다른 것에 깊이 몰입하는지 알려주어야 한다. 마찬가지로, 평가는 특정 교실이 몰입할 수 있는 충분한 기회를 제공하고 있는지 여부를 알려줄 수 있다. 따라서 여기 설명한 다른 평가와 마찬가지로 참여도 측정도 아이와 교실이 적정 기준에 도달했다는 증거를 제공하는 것이다.

웰빙

제임스 서버는 오래된 명작 동화 『많은 달Many Moons』에서 달을 동경하여 슬픔에 잠겨 죽어가는 공주의 이야기를 그리고 그린다.[6] 공주의 아버지인 왕은 가장 저명한 조언자들을 모두 불러 달을 얻기 위한 정교한 방법을 제안받아 공주에게 달을 선물하려고 한다. 하지만 그 어떤 조언도 통하지 않았다. 슬픔과 절망에 빠진 왕은 궁정 광대에게 자신의 기운을 북돋아 주라고 명한다. 광대는 왕이 왜 그렇게 슬퍼하는지 알게 되자, 그저 공주에게 문제를 해결할 방법을 물어보라고 한다. 자 보시라, 공주는 광대에게 달이 어디에 있는지, 무엇으로 만들어졌는지, 어떻게 달을 구할 수 있는지 알려주는 게 아닌가!

나는 무엇보다도 아이가 학교에서 웰빙의 느낌을 가져야 한다고 주장했

6. 무엇을 측정해야 할까

다. 그러니 주기적으로 아이에게 기분이 어떤지 물어보자! 관심을 가지고 하고 있는 일이 무엇인지, 얼마나 자주 학교에 가는 것을 좋아하는지, 학교의 어른들이 자신을 알아본다고 느끼는지, 자신이 하고 있는 일 중 적어도 일부에 흥미를 느끼는 시간이 얼마나 되는지 등을 캐물어볼 수 있다. 경제학자와 심리학자는 사람은 자신이 얼마나 행복한지 말할 때 아주 신뢰할 수 있다는 것을 밝혀냈다. 학교를 평가할 때 이 지표를 사용해 보자!

* * *

이는 특정 영역의 내용을 얼마나 많이 연습했는지 평가하는 일반적인 지필 시험보다 아이의 교육 진도를 더 효과적으로 파악할 수 있는 몇 가지 방법일 뿐이다. 또한 내가 제안한 지표는 수험실 밖 실제 생활에서 중요한 역량을 직접 평가한다.

학교가 무엇을 어떻게 하는지 감시하기 위해 매년 모든 아이의 성장을 철저하게 추적할 필요는 없다. 연구자가 무작위로 선택된 집단을 활용하여 더 큰 집단을 파악하는 것처럼, 몇 학년 이내의 모든 학급에서 신중하게 수집한 대표 표본만 검정하면 된다. 점점 더 측정을 많이 하는 게 삶의 다른 부분(예: 의학)에서 유용하지 않다고 입증되고 있다. 그리고 교육 환경에서도 유용하지 않다. 그 대신, 우리는 교실을 점검하여 특정 핵심 성향을 장려하고 있는지 확인하고 간단한 평가를 통해 아이들이 몇 가지 중요한 기본 능력을 습득하는 데 진전이 있는지 확인해야 한다. 학생이나 학교에 대한 인구 조사와 같은 철저한 전수 조사 데이터는 필요하지 않다. 그 대신 자연스러운 학교 환경에서 촬영한 경험적 스냅사진이 필요하다. 이런 방식으로 평가에 접근하면 학생과 교사가 자유로워지고 더 의미 있는 일에 집중하게 될 것이다.

학교의 미래, 이룰 수 없는 꿈?

후기

Afterword

얼마 전 초등학교 5학년 교사인 오랜 친구를 만났다. 친구는 마흔여덟 살이다. 오랫동안 교직에 몸담아 왔고, 자신의 교실과 그곳에 있는 아이들을 사랑한다. 하지만 최근 몇 년 동안 친구는 자신과 학생들을 심각하게 방해하는 수많은 요구 사항으로 인해 지쳐가고 있다고 했다. 최근에는 너무 지쳐서 1월 한 달을 학급에서 하고 싶은 것을 마음껏 하는 달로 만들기로 결심했다고 한다. 주에서 제공한 정기적인 학습지도안과 긴 교육과정 목표 목록을 모두 치워버리고, 학생들의 읽기와 수학 점수에 대한 자세한 정보가 적힌 기록지도 숨겨두었다. 6월까지 어떤 과학 단원을 공부해야 하는지 알려주는 책도 숨겼다. 그 대신 친구는 학생들이 그달에 세 가지만 하게 결정했다. (1) 원하는 책을 마음대로 읽는다. 자신도 학생들에게 큰 소리로 책을 읽어주고, 학생들도 스스로 책을 읽고, 때로는 한 명이 친구들에게 책을 읽어준다. (2) 평화롭게 서로의 이야기를 들을 수 있는 교실에서 함께 점심을 먹는다. (3) 학생들이 일 년 내내 하고 싶어 했던 타임머신을 만든다.

준비를 위해 많은 책을 가져왔다. 일부는 친구 책이고 중고 서점과 염가 판매tag sale, garage sale장에서 구입한 책도 있다. 점심시간에 들을 음악을 가져 왔고 공상 과학 소설뿐만 아니라 시간 여행에 관한 과학의 모든 것을 공부했 다. 1월 말, 교실에 들러보았다. 두 명의 남학생이 양자 물리학에 관한 웹사 이트를 찾은 후 컴퓨터 앞에서 함께 블랙홀과 상대성 이론에 관한 에세이를 읽고 있었다. 그 옆에는 타임머신의 작동 원리를 보여주는 다양한 모델을 메 모하고 낙서한 종이가 놓여 있었다. 타임머신에 이론 물리학자 스티븐 호킹 Stephen Hawking의 설명을 반영하기 위해 필요한 계산을 놓고 논쟁을 벌이고 있다. 종소리가 울리자 교사인 친구는 쉬는 시간이라며 짐을 정리할 시간이 라고 전달했다.

두 소년은 여전히 컴퓨터 앞에 구부정한 자세로 눈을 화면에 붙이고 있었 다. 한 명이 다른 한 명에게 다급하게 속삭였다. "고개를 숙여. 우릴 못 알아 볼지도 몰라. 그럼 계속해서 이것을 알아내면 되잖아."

"쉿." 다른 소년이 대답했다. "읽고 있는 중이야. 그냥 네가 하고 싶은 걸 말해. 우린 해낼 거야. 우린 해내야만 해."

학교를 방문하고 아이들을 관찰하고 교사를 만난 시간 동안, 학생이 책에 대한 애정을 발견하고, 스스로 세운 목표를 향해 열심히 노력하는 것이 얼마 나 멋진 일인지 깨닫고, 서로에게 의지하는 기쁨과 만족을 경험하는 걸 보았 다. 또한 교사가 매주 수업에 대해 서로 이야기하고 진지한 대화와 질문이 교과과정의 핵심인 학교도 가봤다. 내가 이 책에서 제안한 것 중 많은 부분 이 이미 일어나고 있는 일이다. 일부에서 제안하는 것처럼 교육을 전면적으 로 재창조할 필요는 없다. 아이들이 학교에서는 공부를 잘하고 직장에서는 일을 잘하게 되는 데 도움이 되는 것을 배워야 한다는 생각도 버릴 필요가 없다. 그 대신 학교에서 일어나는 중요한 일이 중심 무대가 되기 위해 요구 되는 시간, 에너지, 관심이 모아질 수 있도록 우리는 이 일을, 즉 학교 사업

학교의 미래, 이룰 수 없는 꿈?

전체를 재구성할 수 있다. 그렇게 하는 사이에 교사와 아이들 모두를 힘들게 하는 많은 파괴적인 기능이 불필요하게 될 것이다.

　모든 아이가 안전하고 합리적인 인력이 배치된 학교를 다닐 수 있도록 하는 것은 정부와 정책 입안자의 몫이다. 아이가 사려 깊고, 참여하고, 다른 사람들과 연결될 수 있도록 교육하는 것은 교육자의 몫이며, 이를 통해 아이들이 졸업할 때 보유할 만한 가치가 있는 황금 항아리를 손에 넣을 수 있도록 도와야 한다.

주

들어가는 말

1 Jonathan Swift, *A Modest Proposal* (1729; New York: Dover Publications, 1996).

2 Mark Bauerlein, "The Paradox of Classroom Boredom," *Education Week*, August 6, 2013.

Chapter 1 돈을 따라 가는 길

1 Andrew Carnegie, *The Autobiography of Andrew Carnegie* (New York: PublicAffairs, 2011), p.29.

2 *Oxford Dictionary of National Biography*, "Andrew Carnegie," www.oxforddnb.com/public/index-content.html.

3 David Nasaw, *Andrew Carnegie* (New York: Penguin, 2007).

4 Andrew Carnegie, *The Autobiography of Andrew Carnegie*, p.12.

5 같은 책, p.21.

6 같은 책, p.33.

7 David Nasaw, *Andrew Carnegie*, p.12.

8 Andrew Carnegie, *The Autobiography of Andrew Carnegie*, p.4.

9 John Spargo, *The Bitter Cry of the Children* (New York: Macmillan, 1909), p.127.

10 The photograph is part of a collection at the Library of Congress, Frances Benjamin Johnston, "United States Indian School, Carlisle, Pennsylvania," 1901-1903, www.loc.gov/pictures/collection /coll/item/86706686/.

11 "Schools and Teachers," *New York Times*, March 27, 1901.

12 "New York City's Schools and What They Cost," *New York Times*, September 13, 1908.

13 John Dewey, *The School and Society and the Child and the Curriculum* (Chicago:

학교의 미래, 이룰 수 없는 꿈?

University of Chicago Press, 2013).

John Dewey, *Democracy and Education*(New York: Free Press, 1916), p.228.

U.S. Department of Education, *A Nation at Risk*, April 1983, www2.ed.gov/pubs/ NatAtRisk/risk.html.

Thomas Friedman, "It's the PQ and the CQ as Much as the IQ," *New York Times*, January 29, 2013.

같은 글.

Diane Ravitch, *The Death and Life of the Great American School System: How Testing and Choice Are Undermining Education*(New York: Basic Books, 2011).

Benno C. Schmidt Jr., "The Edison Project's Plan to Redefine Public Education," *Educational Leadership*, Vol.52, No.1(September 1994), pp.61~64.

Somini Sengupta, "Edison Project Gets Aid to Open New Schools," *New York Times*, May 27, 1998.

Chapter 2 어떻게 돈이 교육을 망가뜨리나

Rudolph Flesch, *Why Johnny Can't Read, and What You Can Do About It*(1955; New York: William Morrow, 1986).

Diana Jean Schemo, "In War over Teaching Reading, a U.S.-Local Clash," *New York Times*, March 9, 2007.

Frank Smith, *Understanding Reading: A Psycholinguistic Analysis of Reading and Learning to Read*(New York: Routledge, 1994).

Mark R. Lepper and David Green, "Turning Play into Work: Effects of Adult Surveillance and Extrinsic Rewards on Children's Intrinsic Motivation," *Journal of Personality and Social Psychology*, Vol.31, No.3(1975), pp.479~486.

Elliot Aronson, "The Theory of Cognitive Dissonance: A Current Perspective," *Advances in Experimental Social Psychology*, 41(1969), p.1~34.

Jennifer Medina, "Schools Plan to Pay Cash for Marks," *New York Times*, June 19, 2007.

Ann Brown, "Transforming Schools into Communities of Thinking and Learning About Serious Matters," *American Psychologist*, Vol.52, No.4(997), pp.399~413.

Maureen Nolan, "New Schedules for Syracuse Elementary Schools Don't Set Aside Time for Recess," *Post-Standard*(Syracuse, NY), September 8, 2012.

Carol Dweck, *Mindset: The New Psychology of Success*(New York: Random House, 2006).

213

주

1　Robert H. Bradley and Robert F. Corwyn, "Socioeconomic Status and Child Development," *Annual Review of Psychology*, Vol.53, No.1(2002), pp.371~399; Gary W. Evans and Pilyoung Kim, "Childhood Poverty, Chronic Stress, Self-Regulation and Coping," *Child Development Perspectives*, Vol.7, No.1(2013), pp.43~48; Gary W. Evans and Pilyoung Kim, "Childhood Poverty and Young Adults' Allostatic Load: The Mediating Role of Childhood Cumulative Risk Exposure," *Psychological Science*, Vol.23, No.9 (2012), pp.979~983.

2　David L. Kirp, *The Sandbox Investment: The Preschool Movement and Kids-First Politics* (Cambridge, MA: Harvard University Press, 2009).

3　Bridget K. Hamre and Robert C. Pianta, "Early Teacher-Child Relationships and the Trajectory of Children's School Outcomes Through Eighth Grade," *Child Development*, Vol.72, No.2(2001), pp.625~638.

4　Daniel Kahneman, Alan B. Krueger, David Schkade, Norbert Schwarz, and Arthur A. Stone, "Would You Be Happier If You Were Richer? A Focusing Illusion," *Science*, Vol.312, No.5782(2006), pp.1908~1910; Daniel Kahneman and Alan B. Krueger, "Developments in the Measurement of Subjective Well-Being," *Journal of Economic Perspectives*, Vol.20, No.1(2006), pp.3~24.

5　Richard A. Easterlin, "Income and Happiness: Towards a Unified Theory," *Economic Journal*, Vol.111, No.473(2001), pp.465~484.

6　John F. Helliwell, Richard Layard, and Jeffrey Sachs, eds., *World Happiness Report 2013* (New York: UN Sustainable Developmental Solutions Network, 2013).

7　Tim Kasser and Aaron Ahuvia, "Materialistic Values and Well-Being in Business Students," *European Journal of Social Psychology*, Vol.32, No.1(2002), pp.137~146.

8　James E. Burroughs and Aric Rindfleisch, "Materialism and Well-Being: A Conflicting Values Perspective," *Journal of Consumer Research*, Vol.29, No.3(2002), pp.348~370.

9　Abraham Harold Maslow, "A Theory of Human Motivation," *Psychological Review*, Vol.50, No.4(1943), p.370.

Chapter 4 　학교를 풍요롭게 하는 법, 행복

1　Nel Noddings, *Happiness and Education*(Cambridge: Cambridge University Press, 2003); Harry Brighouse, *On Education*(New York: Routledge, 2005); Martin E. P.

Seligman, *Flourish: A Visionary New Understanding of Happiness and Well-Being*(New York: Simon & Schuster, 2012); Ed Diener and Martin E. P. Seligman, "Beyond Money: Toward an Economy of Well-Being," *Psychological Science in the Public Interest*, Vol.5, No.1(2004), pp.1~31; Daniel Gilbert, *Stumbling on Happiness*(New York: Random House, 2009).

2   Joseph E. Stiglitz, Amartya Sen, and Jean-Paul Fitoussi, *Mismeasuring Our Lives: Why GDP Doesn't Add Up*(New York: The New Press, 2010).

3   Mihaly Csikszentmihalyi, *Creativity: Flow and the Psychology of Discovery and Invention*(New York: HarperPerennial, 1997).

4   Jerome S. Bruner, *The Process of Education*(Cambridge, MA: Harvard University Press, 1960).

5   Ann Brown, "Transforming Schools into Communities of Thinking and Learning About Serious Matters," *American Psychologist*, Vol.52, No.4(997), pp.399~413.

6   Erik H. Erikson, *Childhood and Society*(New York: W.W. Norton, 1993).

7   William Damon, *The Path to Purpose: Helping Our Children Find Their Calling in Life* (New York: Simon & Schuster, 2008).

8   Jerry Stanley, *Children of the Dust Bowl: The True Story of the School at Weedpatch Camp*(New York: Random House, 1993).

9   Susan Engel, *The Hungry Mind: The Origins of Curiosity*(Cambridge, MA: Harvard University Press, 2015).

10   같은 책.

11   Andrew Shtulman, "Epistemic Similarities Between Students' Scientific and Supernatural Beliefs," *Journal of Educational Psychology*, Vol.105, No.1(2013), pp.199~212.

12   Jerome S. Bruner, *The Process of Education*.

13   Lev S. Vygotsky, *Mind in Society: The Development of Higher Psychological Processes* (Cambridge, MA: Harvard University Press, 1978).

Chapter 5 행복한 학교를 위한 청사진

1   Esme Raji Codell, *Educating Esme: Diary of a Teacher's First Year*(Chapel Hill, NC: Algonquin Books, 2001).

2   Betty Hart and Todd R. Risley, *Meaningful Differences in the Everyday Experience of Young American Children*(Baltimore: Paul H. Brookes, 1995).

3   James Thurber, "A Curb in the Sky," *New Yorker*, November 28, 1931, p.18.

4   Catherine E. Snow and Paola Uccelli, "The Challenge of Academic Language," David R. Olson and Nancy Torrance(ed.), in *The Cambridge Handbook of Literacy* (New York: Cambridge University Press, 2009), pp.112~133.

5   Joyce Carol Oates, "Deep Reader: Rebecca Mead's 'My Life in Middlemarch,'" *New York Times Book Review*, January 23, 2014.

6   Laura Lippman, "By the Book," *New York Times Book Review*, February 13, 2014.

7   Esme Raji Codell, *Educating Esme: Diary of a Teacher's First Year.*

8   Elliot Aronson and Shelley Patnoe, *The Jigsaw Classroom: Building Cooperation in the Classroom*(New York: Longman Press, 1997).

9   Theodore R. Sizer, *Horace's Compromise: The Dilemma of the American High School* (1984; New York: Houghton Mifflin Harcourt, 2004).

Chapter 6 무엇을 측정해야 할까

1   Arthur R. Jensen, "How Much Can We Boost IQ and Scholastic Achievement?" *Harvard Educational Review*, Vol.39, No.1(1969), pp.1~123.

2   Jerome Groopman, *How Doctors Think*(New York: Houghton Mifflin, 2007).

3   Atul Gawande, *Better: A Surgeon's Notes on Performance*(New York: Metropolitan Books, 2007).

4   Wendy M. Craig, Debra Pepler, and Rona Atlas, "Observations of Bullying in the Playground and in the Classroom," *School Psychology International*, Vol.21, No.1 (2000), pp.22~36.

5   Sigmund Freud, *Civilization and Its Discontents*(1930; New York: W.W. Norton, 2005).

6   James Thurber, *Many Moons*(New York: Harcourt Brace, 1943).

옮긴이의 글

수전 엥겔은 발달 심리학자로 교육의 목적이 무엇인가에 대한 고민을 해온 분이다. 이 책은 2015년 출간된 것으로 같은 해에 나온 『호기심의 두 얼굴 *The Hungry Mind: The Origins of Curiosity in Childhood*』에 비하면 미국에서 상대적으로 주목받지 못했던 책이다. 엥겔은 한국의 사회학자가 2023년이 되어서야 이 책을 번역하는 이유가 자못 궁금할지도 모르겠다. 2016년 알파고의 충격으로 한국 사회는 이른바 제4차 산업혁명의 소용돌이에 빠져들었다. 그렇게 시작된 인공지능 기술의 심화는 우리의 교육에도 깊은 파장을 일으켰다. 기왕에 켜켜이 쌓여 있던 교육 문제에 더해 사람의 일과 직업의 세계가 혼란에 빠져든 것이다. 역자는 이 책이 출간된 다음 해인 2016년에 이 책을 읽었다. 책의 내용은 미국 교육의 이야기임에도 한국 교육이 보이는 난맥상에 도움이 될 내용들로 가득하다는 판단을 했다. 이 책의 번역을 마무리하던 2023년 올해 전 세계에 생성형 인공지능generative AI의 돌풍이 몰아쳤다. 그 하나가 바로 챗GPTchatGPT다. 그리고 세계는 과연 인간이 무엇을 하고 살아야 하는지에 대해 깊은 고민에 빠져들고 있다. 창의적이지 않은 인간은 살아남지 못한다는 협박도 많이 들렸다. 음악도 만들고 그림도 그리는 인공지능이라고 하니 학교가 아이들에게 무엇을 교육해야 하는지 혼란에 빠진 것이다. 그러더니 AI 활용 능력을 잽싸게 미래 교육의 전면에 내세우는 학자들도 있다. 하지만 아니다. 우리는 그럴수록 더더욱 교육의 본래 의미로 돌아가야 한다. 이 말이 과학기술이 보여주는 최신의 성과를 무시하자는 말이 절대 아니다. 오히려 그래서 더더욱 교육의 목적은 교육이어야 한다. 아이들이 이 혼란스러운 세상을 잘 살아가기 위해서라면 정말 그렇다.

시대의 전환이라고 말하지만 사고의 전환이 필요하다. 고대 그리스의 아리스토텔레스는 당시에 자동기계는 불가능했기 때문에 그리스 자유시민의 삶을 위해 노예가 필요하다는 주장을 정당화하는 과정에서 자동기계를 언급했다. 그렇다면 현재는 어떤가? 자, 이제 인공지능을 장착한 자동로봇이 생겨났으니 지루하고 반복적인 노동은 그것이 정신적인 것이든 육체적인 것이든 자동기계에 맡기고 인간은 자유롭게 자기를 창조하는 삶을 살 수 있는 세상이 오고 있는 것은 아닐까? 현재 많은 사람이 과학기술의 변화를 중심으로 시대전환을 이야기한다. 인공지능 시대, 디지털 시대로 빠르게 바꾸어 나가자고. 하지만 역자는 그런 과학기술의 진보가 인간 보편의 삶을 어떻게 바꿀 수 있는지에 대한 생각의 전환이 더 절실하다고 본다. 그 전환은 우리 시대의 리버럴 아츠Liberal Arts, 즉 자유인의 삶의 기량이 무엇이고 그 기량을 육성하는 것이 교육의 내용이 되어야 한다는 주장이다. 엥겔은 바로 그 자유인의 기량을 이 책에서 이야기한다. 잘 살 수 있게 해주는 삶의 기술 말이다. 그것을 양성하는 곳으로서 학교 말이다.

최근에 국회미래연구원에서 발간한 한 보고서는 '어디서나 계층 상승의 도전 기회 확대'를 교육 영역의 선호 미래상으로 제시했다. 언뜻 별 문제가 없어 보이지만 '사회 분배의 형평성, 고용의 안정성 강화'나, '지방대학 자율성 강화와 지역 대학 중심의 직업훈련 체계 구축, 분산 사무실과 원격 근무 확대' 등이 교육의 영역, 즉 학교가 감당할 일인가? 사회학자로서 교육의 문제가 사회의 문제이고 사회의 문제가 교육의 문제라는 인식에 동의한다. 그럼에도 학교가 감당해야 할 일은 다른 무엇보다도 교육 그 자체여야 한다. 교육 그 자체에 충실할 때 학교는 '멋진 나를 만드는 즐거운 배움터'*가 되고 아이들이 매일 가서 머물고 싶은 곳이 된다.

엥겔의 책을 읽으며 학교의 모습은 이래야 한다고 생각했다. 그가 그리는 학교에서라면 우리 아이들이 자신의 삶을 잘 살고 있다는 느낌으로 학창 시절을 보낼 것이다. 또한 어른이 되어서 자기 삶을 잘 살아갈 수 있을 것이다. 그래서 학교에 아이를 보내고 있는 부모님들, 사범대에서 교사가 되기 위해 공부하는 대학생, 학교에서 가르치고 있는 현직 교사들께 이 책이 도움이 되었으면 좋겠다. 대학에서 가르치고 있는 역자에게도 수많은 영감을 주었다. 이 책을 읽고 수업과 강의실의 안과 밖에서 일어나는 상호작용에 대한 깊은 반성과 성찰의 기회를 가질 수 있었다.

번역을 마무리할 즈음 『교육은 왜 교육하지 않는가: 교육 낭비의 사회학 *Wasted: why education isn't educating*』(2019)을 읽었다. 혹시 이 책을 읽은 독자들이 교육은 다른 무엇의 수단이 아니고 그 자체로 목적이라는 저자 프랭크 푸레디Frank Furedi의 주장이 언뜻 행복을 강조하는 엥겔의 입장과 어긋나는 것으로 오해할 수 있겠다는 생각이 들었다. 아니다. 푸레디가 교육의 목적은 교육 그 자체라고 주장하는 것과 엥겔의 입장은 정확하게 일치한다.

푸레디의 책이 좀 더 학술적이고 이론적 주장이라면 엥겔의 책은 학교와 학교를 둘러싼 지역에서 벌어지는 수많은 사례를 통해 교육의 목적으로서 교육 그 자체를 학교에서 어떻게 실천할 수 있는지 그 길을 안내한다. 하나의 예를 들자면 책의 서두에서 엥겔이 해마다 자신이 학생들에게 던진다는

---

* 역자의 대학 앞에 있는 초등학교의 정문에 몇 해 동안 걸려 있던 현수막의 내용.

질문이다. 자신의 주변에서 교육을 잘 받았다고 생각하는 사람이 누구이고, 왜 그렇게 생각하는지 묻는다. 여러분들도 스스로에게 물어보시라. 나도 매해 학생들과 고전을 읽고 토론하는 수업의 첫 시간에 이 질문을 한다. 질문에 대한 답들은 시험 점수를 잘 받은 사람이 아니다. 물론 그런 사람도 '교육을 잘 받은' 사람으로 언급되지만 이유는 시험 점수가 아니다.

수전 엥겔은 이제 원로 교수로 은퇴한 상태에 가깝지만 최근인 2021년에도 『아이의 생각은 어떻게 만들어지는가? *The Intellectual Lives of Children*』를 출판하는 등 활발한 연구 활동을 이어가고 있다. 이 책은 교육의 목적은 무엇인가라는 질문에 대한 엥겔의 답이다. 책의 부제에 나오는 '행복을 위한 교육'은 교육이 그 자체가 목적이 되었을 때 아이들이 그리고 그게 누구라도 도달하게 될 마음의 상태를 표현하고 있을 뿐이다.

교육사회학자로서 역자는 논문을 쓰면서 여러 번 엥겔의 주장을 인용했다. 그 하나가 미국 역사에서 대중 교육이 시작될 때 엘리트주의자들이 그 대중 교육에 어떻게 반응했는지 하는 부분이다. "지난날 부유한 소수의 사람들이 학습한 것을 모든 아이가 배울 수도, 그래서도 안 된다는 만장일치에 가까운 합의가 있었다(23쪽)." 부유한 소수의 사람들이 학습한 것? 21세기 한국 사회에 이러한 생각이 사라졌을까? 자유인으로서 삶은 가난한 가정에서 자라는 아이에게는 어울리지 않은 것인가? 아니다. 오히려 그래서 학교는 소중한 장소다. 학교에서는 누구나 자신을 발견하고, 자신을 만들어가고, 세상을 잘 살아갈 수 있는 힘을 기를 수 있어야 한다. 엥겔의 이야기가 우리의 학교를 그런 곳으로 만들어가는 길에 도움이 되길 바란다. 무지개 끝에 놓인 황금 단지는 이 세상을 잘 살아갈 힘이어야 하지 않겠나?

2023년 8월

김두환

수 전 엥 겔 Susan Engel

수전 엥겔은 현재 윌리엄스 대학(Williams College) 심리학과의 원로 강사 (senior lecturer)이며 윌리엄스 대학의 교육(teaching) 프로그램 창립자이 다. 그녀는 지금도 윌리엄스 대학에서 고디노(Gaudino) 학자로 활동하면서 학생들이 익숙한 것 이상의 경험을 할 수 있는 기회를 창출하고 촉진하는 역할을 하고 있다. 엥겔의 교육 경력은 3세 어린이부터 대학생까지 모두를 가르치는 것이었다. 학자로서 연구 관심사는 호기심, 어린이 이야기, 놀이, 그리고 좀 더 일반적으로 교육과 학습이다. 그녀는 현재 어린이들의 아이디 어 발전이 일어나는 과정을 살펴보는 연구를 하고 있다. 엥겔의 학술적인 작업은 *Cognitive Development, Harvard Educational Review, American Education Research Journal* 등 저명 학술지에 게재되었다. 가장 최근에 출간 한 *The Intellectual Lives of Children*(한국어 제목: 아이의 생각은 어떻게 만 들어지는가?)를 포함하여 여러 권의 단독 저서가 있고 2016년에 출간한 *A School of Our Own: The Story of the First Student-Run High School*은 그녀 의 아들 샘(Sam)과 공동 저작이다. 엥겔은 교육에 대한 생각을 ≪뉴욕 타임 스(*The New York Times*)≫, ≪더 네이션(*The Nation*)≫, ≪더 애틀랜틱 먼 슬리(*The Atlantic Monthly*)≫, ≪살롱(*Salon*)≫, ≪더 허핑턴 포스트(*The Huffington Post*)≫, ≪더 보스턴 글로브(*The Boston Globe*)≫ 등에 기고하 였으며 뉴욕주에서 실험적인 학교 하나를 창립한 사람 중 한 명이고 18년간 그곳의 교육 자문을 맡았다.

옮긴이

김두환

김두환은 시카고 대학(University of Chicago)에서 사회학으로 박사학위를 받았다. 당시 지도교수는 2013~2014년 미국교육연구학회(American Educational Research Association) 회장을 지낸 바바라 쉬나이더(Barbara Schneider)이다. 그 후 노틀담 대학(University of Notre Dame)과 미시간 주립대학(랜싱)〔Michigan State University(Lansing)〕에서 박사후 과정(2004~2005)을 거쳐 홍콩중문대학(Chinese University of Hong Kong)에서 사회학과 교수(2006~2011)로 가르치다 귀국하여 현재는 덕성여자대학교 사회학 전공 교수로 있다. 교육사회학을 중심으로 다양한 사회학적 연구를 *Social Forces* 등 미국 및 유럽, 아시아 등 해외 및 국내 학술지에 다수 출간하였고 『압축성장의 고고학(한울 2015)』, 『한국사회의 발전과 행복(학지사 2016)』, 『대한민국 교육트렌드 2022(2021 에듀니티)』, 『청년을 위한 나라는 없다(2022 에듀니티)』 등의 공동 저작의 집필진으로 참여했다. 또한 교육부 대학설립심사위원회 위원장과 교육부 고등교육자문위원, 국가교육회의 전문위원을 역임하고 교사, 학부모, 학생들을 대상으로 하는 강연을 하고 있다.

학교의 미래, 이룰 수 없는 꿈?

돈이 목적이 아닌 행복한 삶을 위한 교육이 바꿀 미래 학교

지은이 **수전 엥겔** ｜ 옮긴이 **김두환** ｜ 펴낸이 **김종수** ｜ 펴낸곳 **한울엠플러스(주)** ｜ 편집 **조인순**

초판 1쇄 인쇄 **2023년 9월 15일** ｜ 초판 1쇄 발행 **2023년 9월 25일**

주소 **10881 경기도 파주시 광인사길 153 한울시소빌딩 3층**
전화 **031-955-0655** ｜ 팩스 **031-955-0656**
홈페이지 **www.hanulmplus.kr** ｜ 등록번호 **제406-2015-000143호**

Printed in Korea.
ISBN 978-89-460-8268-7 03370
※ 책값은 겉표지에 표시되어 있습니다.